Die Nacht leuchtet wie der Tag

Bibel für junge Leute

Diese Bibel ist ein
Geschenk der Evangelischen Kirche
in Hessen und Nassau
für

____

Die Nacht leuchtet wie der Tag

Bibel für junge Leute

Konzeption und Redaktion:
Hans Heller und Hans Biesenbach

Erarbeitet von:
Hans Biesenbach, Hans Heller
Irmintraud Eckard und Gerd Eichhorn

Künstlerische Beratung: Gerhard Brockmann

Verlag Moritz Diesterweg
Frankfurt am Main

Eine Übertragung für Kinder und Jugendliche auf der Basis der Übersetzung Martin Luthers unter Hinzuziehung des Urtextes.
Eine Reihe von auf Seite 294 ausgewiesenen Stücken sind Originaltexte der revidierten Fassung des Luthertextes aus dem Jahr 1984. Sie werden mit freundlicher Genehmigung der Deutschen Bibelgesellschaft, Stuttgart, abgedruckt.

ISBN 3-425-07800-3

2. Auflage 1994

Einbandentwurf: Unter Verwendung eines Bildes von Karel Malich durch Atelier Richter, Seeheim-Jugenheim, und Raaf & Gratzfeld Design, Mainz
Satz und Druck: Appl, Wemding
Reproduktionen: PHG-Litho, München
Bindearbeiten: Conzella, Pfarrkirchen

Das wird erzählt

Kapitelübersicht

Ein ausführliches Inhaltsverzeichnis
findest Du auf Seite 295.

Das Alte Testament

Das Neue Testament

Ich sinne nach

Ich sinne nach über die uralte Zeit,
längst vergangener Jahre gedenke ich.

Ich denke des Nachts vor mich hin
und rede mit meinem Herzen,
mein Geist muß forschen.

Ich gedenke der großen Taten des HERRN,
ja, ich gedenke seiner früheren Wunder.

Ich rede von allen seinen Werken
und singe von seinem Tun.

Gott, dein Weg ist heilig.
Wo ist ein so mächtiger Gott, wie du, Gott, bist!

Psalm 77,6–7.
12–14

Das Alte Testament

Karte zum Alten Testament

Landschaft in der Wüste Sinai

So sehen die Landschaften aus, in denen sich wichtige Geschichten des Alten Testaments abspielen.

Landschaft im Jordantal

1. Adam, wer bist du

Die biblische Urgeschichte

Im Anfang – Ein Schöpfungsgedicht

1. Mose 1,1–31; 2,1–4 a

Dieses Gedicht ist um das Jahr 570 vor Christi Geburt entstanden. Damals war das Volk Israel in der babylonischen Gefangenschaft. Darüber kannst Du auf den Seiten 143–145 lesen.

Am Anfang schuf Gott Himmel und Erde.
Und die Erde war wüst und leer,
und es war finster auf dem tiefen Wasser,
und der Geist Gottes brauste über dem Wasser.

Geist heißt hebräisch „ruach" und ist weiblich.

Und Gott sprach: „Es werde Licht!"
Und es wurde Licht.
Und Gott sah, daß das Licht gut war.
So schied Gott das Licht von der Finsternis
und nannte das Licht Tag,
und die Finsternis nannte er Nacht.
Es wurde Abend und es wurde Morgen:
der erste Tag.

Und Gott sprach:
„Es werde etwas Festes zwischen den Wassern,
das trenne das Wasser über dem Festen
von dem Wasser unter dem Festen!"
So machte Gott das Feste
und schied das Wasser unter dem Festen
von dem Wasser über dem Festen.
Und es geschah so.
Und Gott nannte das Feste Himmel.
Es wurde Abend und es wurde Morgen:
der zweite Tag.

Für die Menschen damals wölbte sich der blaue Himmel wie eine feste Glocke über der Erde.

Karel Malich

Und Gott sprach:
„Wasser, sammle dich unter dem Himmel
an besondere Orte, damit man das Trockene sehen kann!"
Und es geschah so.
Und Gott nannte das Trockene Erde,
und das gesammelte Wasser nannte er Meer.
Und Gott sah, daß es gut war.

Und Gott sprach:
„Erde, laß aufgehen
Gras und Kraut, die ihren Samen in sich tragen,
und fruchtbare Bäume bringe hervor,
ein jeder trage nach seiner Art Früchte,
und inwendig darin sei ihr eigener Same!"
Und es geschah so.

Und die Erde ließ aufgehen
Gras und Kraut, die ihren Samen in sich tragen.
Sie brachte hervor fruchtbare Bäume,
die ein jeder nach seiner Art Früchte tragen,
und inwendig darin war ihr eigener Same.
Und Gott sah, daß es gut war.
Es wurde Abend und es wurde Morgen:
der dritte Tag.

Und Gott sprach:
„Lichter, leuchtet auf an der Himmelsfeste
und scheidet so Tag und Nacht!
Ihr sollt als Zeichen dienen
für Zeiten, für Tage und Jahre!
Ihr sollt Lichter an der Himmelsfeste sein
und auf die Erde scheinen!"
Und es geschah so.
Und Gott machte zwei große Lichter:
ein großes Licht, das den Tag regiere,
und ein kleines Licht, das die Nacht regiere,
dazu auch die Sterne.
Und Gott setzte sie an die Himmelsfeste,
damit sie auf die Erde scheinen
und den Tag und die Nacht regieren
und Licht und Finsternis scheiden.

Karel Malich

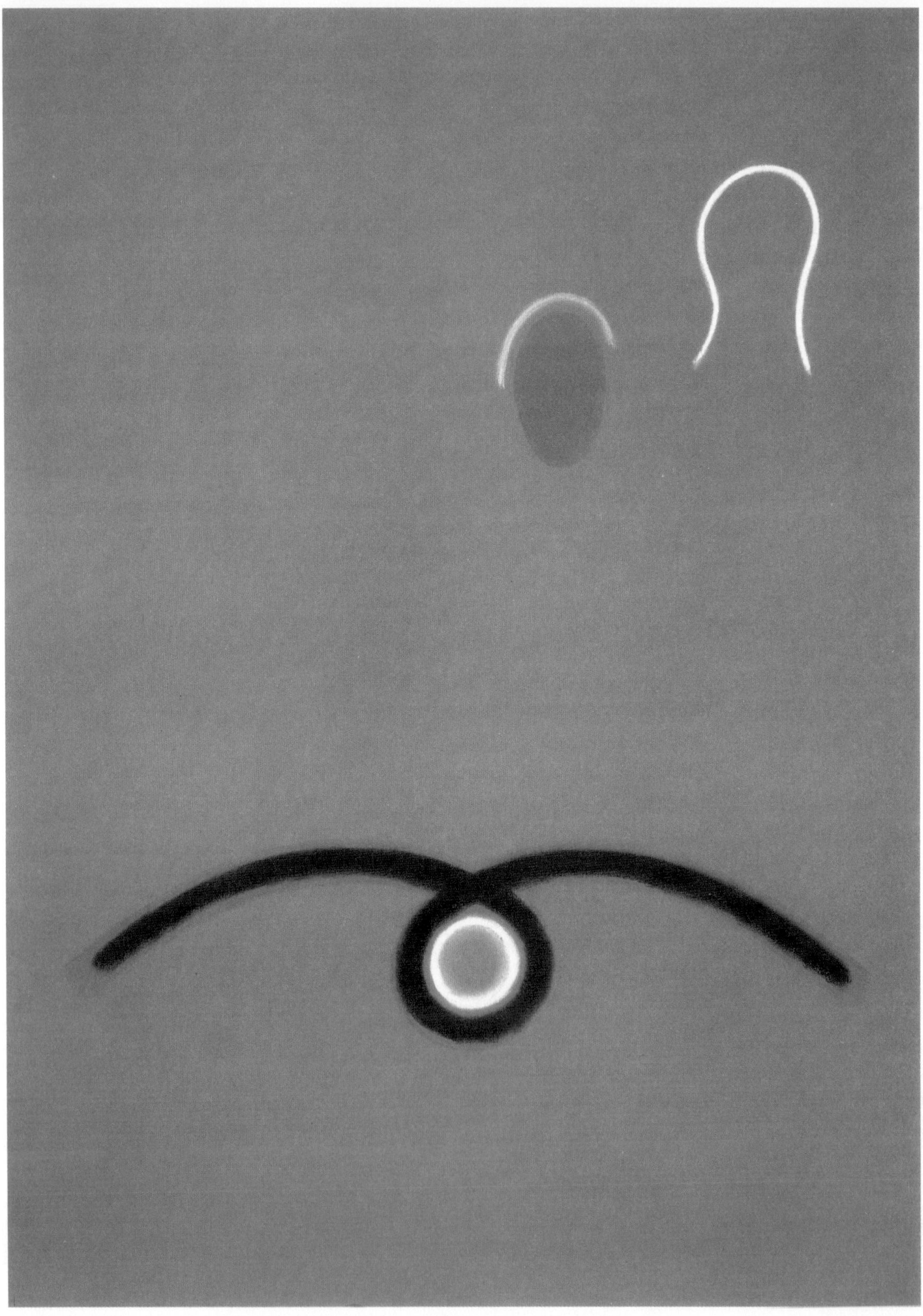

Und Gott sah, daß es gut war.
Es wurde Abend und es wurde Morgen:
der vierte Tag.

Und Gott sprach:
„Wasser, in dir wimmle es von lebendigen Tieren!
Vögel, fliegt unter der Himmelsfeste
über die Erde!“
Und Gott schuf große Seetiere
und alle Arten von Tieren,
die da leben und schweben und im Wasser wimmeln,
und alle gefiederten Vögel,
einen jeden nach seiner Art.
Und Gott sah, daß es gut war.

Und Gott segnete sie und sprach:
„Seid fruchtbar und vermehrt euch
und füllt das Wasser im Meer,
und die Vögel sollen sich vermehren
auf der Erde!“
Es wurde Abend und es wurde Morgen:
der fünfte Tag.

Und Gott sprach:
„Erde, bring hervor
lebendige Tiere jeder Art:
Vieh, Kriechtiere
und Tiere des Feldes jeder Art!“
Und es geschah so.
Und Gott machte die Tiere des Feldes, jede Art,
und Vieh, jede Art,
und alle Kriechtiere, jede Art.
Und Gott sah, daß es gut war.

Und Gott sprach:
„Lasset uns Menschen machen,
ein Bild, das uns gleich sei!
Die sollen herrschen über die Fische im Meer
und über die Vögel unter dem Himmel
und über das Vieh und über alle Tiere des Feldes
und über alle Kriechtiere auf dem Erdboden!“

Und Gott schuf den Menschen sich selbst zum Bilde,
zum Bilde Gottes schuf er ihn;
und er schuf ihn als Mann und Frau.

Karel Malich

Und Gott segnete sie und sprach zu ihnen:
„Seid fruchtbar und vermehrt euch
und füllt die Erde und macht sie euch untertan
und herrscht über die Fische im Meer
und über die Vögel unter dem Himmel
und über alle Tiere,
die auf dem Erdboden leben!“

Und Gott sprach:
„Seht, was ich euch gegeben habe:
Gras und Kraut, die Samen bringen, auf der ganzen Erde;
alle fruchtbaren Bäume mit Früchten und die Samen
zu eurer Speise.
Aber allen Tieren auf der Erde
und allen Vögeln unter dem Himmel
und allen Kriechtieren auf dem Erdboden
habe ich allerlei grünes Kraut zur Nahrung gegeben.“
Und es geschah so.

Und Gott sah alles an, was er gemacht hatte,
und siehe da: Es war sehr gut.
Es wurde Abend und es wurde Morgen:
der sechste Tag.

So wurden vollendet Himmel und Erde
in ihrer ganzen Fülle.
Und so vollendete Gott am siebten Tag
seine Werke, die er gemacht hatte,
und ruhte am siebten Tage
von allen seinen Werken, die er gemacht hatte.

Das heißt: Er machte ihn zu seinem Tag, daher heißt der Tag Sabbat, „Ruhetag“.

Und Gott segnete den siebten Tag
und heiligte ihn,
weil er an ihm geruht hatte
von allen seinen Werken.

Im Alten Testament hat der Gott des Volkes Israel einen Namen, er heißt „Jahwe“. Man hat ihn aber später bei diesem Namen nicht mehr genannt, weil man den Namen Gottes nicht „mißbrauchen“ wollte (lies dazu das 2. Gebot auf Seite 65). Stattdessen sagte man „adonaj“, das heißt: Herr. In den meisten deutschen Bibeln wird dann auch „Jahwe“ mit „Herr“ übersetzt.
Damit Du aber unterscheiden kannst, wo in Wirklichkeit „Jahwe“ steht und nicht „Herr“ im Sinne von „Herrscher“ oder „Gebieter“, wird hier – wie in der Lutherbibel – an allen diesen Stellen „HERR“ geschrieben.

Der Garten Eden

1. Mose 2,4b–10a.
15–23a.25

Diese Geschichte ist um das Jahr 950 vor Christi Geburt entstanden. Damals regierte der König Salomo. Darüber kannst Du auf den Seiten 101–105 lesen.

Es war zu der Zeit, als Gott der HERR Erde und Himmel machte:
Es gab noch keine Sträucher auf dem Feld, und all die Pflanzen auf dem Feld waren noch nicht gewachsen. Gott der HERR hatte es nämlich noch nicht regnen lassen auf der Erde, und kein Mensch war da, der das Land bebaute. Und ein Nebel stieg aus der Erde auf und befeuchtete alles Land.

Da formte Gott der HERR den Menschen aus Erde vom Ackerboden und blies ihm den Atem des Lebens in seine Nase. Und so wurde der Mensch ein lebendiges Wesen. Gott der HERR pflanzte einen Garten in Eden gegen Osten hin und setzte den Menschen hinein.

Mensch heißt hebräisch „adam". Der Ackerboden heißt „adama", das ist die weibliche Form des gleichen Wortes.

Gott der HERR ließ aus der Erde allerlei Bäume wachsen, verlockend anzusehen und mit köstlichen Früchten. Den Baum des Lebens aber pflanzte er mitten im Garten, dazu den Baum der Erkenntnis des Guten und des Bösen. Es entsprang in Eden ein Strom, um den Garten zu bewässern.

Gott der HERR nahm den Menschen und setzte ihn in den Garten Eden, damit er ihn bebaue und bewahre.Gott der HERR gebot dem Menschen und sprach: „Du darfst von allen Bäumen im Garten essen, aber von dem Baum der Erkenntnis des Guten und des Bösen sollst du nicht essen: An dem Tag, an dem du von ihm ißt, mußt du sterben."

Gott der HERR sprach: „Es ist nicht gut, daß der Mensch allein sei; ich will ihm eine Hilfe schaffen, die zu ihm paßt." Und Gott der HERR formte aus Erde alle Tiere auf dem Feld und alle Vögel unter dem Himmel. Er brachte sie zu dem Menschen: Wie der Mensch jedes Tier nennen würde, so sollte es heißen. Der Mensch gab jedem Vieh auf der Erde und jedem Vogel unter dem Himmel und jedem Tier auf dem Feld seinen Namen; aber für den Menschen selbst wurde keine Hilfe gefunden, die zu ihm paßte.

Da ließ Gott der HERR den Menschen in einen tiefen Schlaf fallen. Er nahm eine seiner Rippen und schloß die Stelle mit Fleisch. Aus dieser Rippe baute Gott der HERR eine Frau und brachte sie zu dem Menschen. Da sagte der Mensch: „Das ist ja Gebein von meinem Gebein und Fleisch von meinem Fleisch!" Und sie waren beide nackt, der Mensch und seine Frau, und schämten sich nicht.

M·HOMINE·AD·YMAGINE·7SIMILITUDINE·NRAM
AVIT·I·FACIE·EI·SPIRAC
LUM·UITE

Von allen Bäumen darfst du essen, aber . . .

1. Mose 3,1–14. 16–23a

Aber die Schlange war listiger als alle Tiere auf dem Feld, die Gott der HERR gemacht hatte. Sie sprach zu der Frau: „Ja, hat Gott wirklich gesagt, daß ihr nicht von allen Bäumen im Garten essen sollt?" Da sprach die Frau zu der Schlange: „Wir essen von den Früchten der Bäume im Garten; aber von den Früchten des Baumes mitten im Garten hat Gott gesagt: Eßt nicht davon, rührt sie auch nicht an, sonst müßt ihr sterben."

Da sprach die Schlange zur Frau: „Nein! Ihr werdet bestimmt nicht sterben. Aber Gott weiß: Wenn ihr davon eßt, werden euch die Augen geöffnet, und ihr werdet sein wie Gott und wissen, was gut und böse ist."

Und die Frau sah den Baum an: es wäre gut, von ihm zu essen. Und er stach ihr in die Augen, und er verlockte sie, weil er klug machte. Und sie nahm von der Frucht und aß und gab ihrem Mann davon, und er aß auch. Da wurde beiden die Augen geöffnet, und sie erkannten, daß sie nackt waren. Sie flochten Feigenblätter zusammen und bedeckten sich.

Als der Tag kühl geworden war, hörten sie Gott den HERRN, wie er im Garten ging. Und Adam versteckte sich mit seiner Frau unter den Bäumen im Garten. Und Gott der HERR rief Adam: „Wo bist du?" Und er antwortete: „Ich hörte dich im Garten und fürchtete mich. Ich bin nackt, darum versteckte ich mich." Und Gott sprach: „Wer hat dir gesagt, daß du nackt bist? Hast du von dem Baum gegessen, obwohl ich es verboten habe?" Adam antwortete: „Die Frau, die du mir gegeben hast, gab mir von dem Baum, und ich aß." Da sprach Gott der HERR zur Frau: „Warum hast du das getan?" Die Frau antwortete: „Die Schlange hat mich verführt, und so habe ich gegessen."

Da sprach Gott der HERR zu der Schlange: „Weil du das getan hast, bist du verflucht. Verstoßen bist du aus allem Vieh und aus allen Tieren auf dem Feld." Und zur Frau sprach er: „Ich will dir viel Mühe schaffen, wenn du schwanger wirst; unter Schmerzen sollst du deine Kinder gebären."

Und zum Mann sprach er: „Weil du auf deine Frau gehört und von dem Baum gegessen hast: Verflucht sei der Acker um deinetwillen! Mühsam sollst du dich von ihm ernähren müssen, dein Leben lang. Dornen und Disteln soll er dir tragen. Die Pflanzen auf dem Feld sollst du essen. Im Schweiße deines Angesichts sollst du dein Brot essen, bis du wieder zu Erde wirst! Daraus bist du gemacht. Du bist Erde und sollst zu Erde werden!"

Mosaik in Monreale aus dem 12./13. Jahrhundert

Eva heißt „Leben".

Und Adam nannte seine Frau Eva; denn sie wurde die Mutter aller Lebenden. Gott der HERR machte Adam und seiner Frau Röcke aus Fellen und zog sie ihnen an. Und Gott der HERR sprach: „Siehe, der Mensch ist geworden wie wir und weiß, was gut und böse ist. Jetzt aber soll er nicht auch noch seine Hand ausstrecken, vom Baum des Lebens essen und ewig leben!" Deshalb wies ihn Gott der HERR aus dem Garten Eden.

1. Mose 4,1–16

Kains Brudermord

Abel heißt „Hauch".

Adam liebte seine Frau Eva, sie wurde schwanger, gebar einen Sohn und nannte ihn Kain. Danach gebar sie seinen Bruder und nannte ihn Abel. Abel wurde ein Schäfer, Kain aber wurde ein Ackerbauer.

Kain brachte dem HERRN Opfer von den Früchten des Feldes, und Abel brachte Opfer von den Erstlingen seiner Herde und von ihrem Fett. Der HERR sah Abel und sein Opfer gnädig an, aber Kain und sein Opfer sah er nicht gnädig an. Da ergrimmte Kain sehr und senkte finster seinen Blick. Und der HERR sprach zu Kain: „Warum ergrimmst du und senkst deinen Blick? Ist's nicht so: Wenn du recht tust, kannst du den Blick frei heben. Tust du aber nicht recht, so lauert die Sünde vor der Tür." Da sprach Kain zu seinem Bruder Abel: „Laß uns aufs Feld gehen!" Als sie auf dem Feld waren, ergriff Kain seinen Bruder Abel und schlug ihn tot.

Da sprach der HERR zu Kain: „Wo ist dein Bruder Abel?" Er antwortete: „Ich weiß nicht; soll ich meines Bruders Hüter sein?" Der HERR aber sprach: „Was hast du getan? Das Blut deines Bruders schreit zu mir von der Erde. Verflucht seist du, verbannt vom Ackerboden; denn er hat deines Bruders Blut von deinen Händen aufgenommen. Wenn du den Acker bebaust, soll er dir keinen Ertrag mehr geben. Rastlos und flüchtig sollst du auf der Erde sein."

Kain antwortete dem HERRN: „Meine Strafe ist zu schwer. Ich kann sie nicht tragen. Du vertreibst mich heute vom Acker; ich muß mich vor deinem Angesicht verbergen und muß rastlos und flüchtig auf der Erde sein. Wer mich findet, wird mich totschlagen. So wird mir's gehen." Da antwortete ihm der HERR: „Nein, sondern wer Kain totschlägt, soll eines siebenfachen Todes sterben." Der HERR machte ein Zeichen an Kain, damit ihn niemand erschlage.

Kain ging hinweg aus dem Angesicht des HERRN und wohnte jenseits von Eden.

Die Sintflut

1. Mose 6,5–8.14; 7,1a.2–5.7.16b. 10.12.17b.22–23; 8,2b.3a.6–12.13b. 20–22;9,13–15

Aber der HERR sah, daß die Schlechtigkeit der Menschen auf der Erde groß war. Alles, was sie dachten und taten, war immer nur böse. Da reute es ihn, daß er die Menschen gemacht hatte, und es bekümmerte ihn in seinem Herzen. Der HERR sprach: Ich will die Menschen, die ich geschaffen habe, von der Erde vertilgen, mit ihnen das Vieh, die Kriechtiere und die Vögel unter dem Himmel; denn es reut mich, daß ich sie gemacht habe.

Nur Noah fand Gnade vor dem HERRN. Er sprach zu Noah: „Bau dir eine Arche aus Tannenholz mit Kammern darin, innen und außen mit Pech abgedichtet. Dann geh in die Arche, du, deine Frau und deine Söhne Sem, Ham und Jafet mit ihren Familien. Von allen reinen Tieren nimm dir je sieben Paare mit, je sieben Männchen und sieben Weibchen, von den unreinen je ein Paar, ein Männchen und ein Weibchen. Genauso von den Vögeln unter dem Himmel je sieben Paare, Männchen und Weibchen, um das Leben auf dem ganzen Erdboden zu erhalten. Denn in sieben Tagen will ich es vierzig Tage und vierzig Nächte regnen lassen. So will ich vom Erdboden alles vertilgen, was ich gemacht habe."

Noah tat alles, was ihm der HERR gebot, und ging mit seinen Söhnen, seiner Frau und den Frauen seiner Söhne in die Arche, bevor die Wasser der Sintflut kamen; und der HERR schloß hinter ihm zu.

Als die sieben Tage vergangen waren, kamen die Wasser der Sintflut auf die Erde, und es regnete vierzig Tage und vierzig Nächte. Die Wasser stiegen, hoben die Arche auf und trugen sie über die Erde. Alles starb auf der Erde, was Atem des Lebens hatte. So wurde alles vertilgt, was auf der Erde war. Nur Noah blieb übrig und was mit ihm in der Arche war. Der Regen vom Himmel hörte auf, da verliefen sich die Wasser von der Erde. Nach vierzig Tagen öffnete Noah das Fenster der Arche. Er ließ einen Raben ausfliegen, der flog immer hin und her, bis das Wasser vertrocknet war. Danach ließ er eine Taube ausfliegen, um zu erfahren, ob die Wasser auf der Erde sich verlaufen hätten. Da aber die Taube nichts fand, wo ihr Fuß ruhen konnte, kam sie wieder zu ihm in die Arche. Denn noch war Wasser auf der ganzen Erde. Da streckte er seine Hand aus und nahm sie zu sich in die Arche.

Sintflut heißt: die gewaltige Flut, oder auch: die immerwährende Flut.

Noah wartete noch weitere sieben Tage, dann ließ er wieder eine Taube aus der Arche fliegen. Die kam gegen Abend zu ihm zurück und siehe da: Sie hatte ein Ölblatt abgebrochen und trug es in ihrem Schnabel. Da merkte er, daß die Wasser sich verlaufen hatten. Noah wartete aber noch weitere sieben Tage und ließ wieder eine Taube ausfliegen. Die kam nicht wieder zu ihm zurück. Da öffnete Noah das Dach von der Arche und sah, daß der Erdboden trocken war. Noah baute dem HERRN einen Altar, nahm von

OE ARCV·MEV·PONAM
IT SIGNV·FEDIS·I
NDA·VNI
EM
NOE

allem reinen Vieh und von allen reinen Vögeln und opferte Brandopfer auf dem Altar. Der HERR roch den lieblichen Geruch und sprach in seinem Herzen: Ich will die Erde nicht noch einmal wegen der Menschen verfluchen. Denn das Denken und Streben des Menschen ist böse von Jugend an. Ich will in Zukunft nie mehr alles Lebendige vernichten, wie ich es getan habe.

Solange die Erde steht,
soll nicht aufhören
Saat und Ernte,
Frost und Hitze,
Sommer und Winter,
Tag und Nacht.

Und Gott sprach: „Meinen Bogen habe ich in die Wolken gesetzt. Dieser Regenbogen soll das Zeichen des Bundes sein zwischen mir und der Erde. Und wenn ich Wetterwolken über die Erde führe, dann soll man meinen Bogen in den Wolken sehen. Dann will ich an meinen Bund denken und keine Sintflut mehr kommen lassen!"

Dies ist eine andere Überlieferung. Sie erzählt, daß Gott sein Versprechen mit einem Zeichen verbunden hat.

Der Turmbau zu Babel

1.Mose 11,1–9

Alle Menschen hatten die gleiche Sprache und gebrauchten die gleichen Worte.

Als sie von Osten aufbrachen, fanden sie eine Ebene im Land Schinar und siedelten sich dort an. Sie sprachen zueinander: „Nun laßt uns Ziegel formen und brennen!" – Und sie nahmen Ziegel als Steine und Erdpech als Mörtel. Dann sagten sie: „Jetzt laßt uns eine Stadt und einen Turm bauen, dessen Spitze bis an den Himmel reicht, damit wir uns einen Namen machen. Wir werden sonst in alle Länder zerstreut."

Das ist der Name für die Landschaft um die Flüsse Euphrat und Tigris, auch Babylonien genannt.

Erdpech ist ein teerähnliches Material.

Da stieg der HERR herab, um sich die Stadt und den Turm ansehen zu können. Er sprach: Siehe, es ist ein Volk, und sie sprechen eine Sprache. Dies ist erst der Anfang ihres Tuns: Dann wird sie nichts mehr daran hindern, alles zu tun, was sie sich vornehmen. Also laßt uns herniederfahren und ihre Sprache verwirren, damit keiner mehr die Sprache des anderen verstehen kann!
So zerstreute sie der HERR von dort in alle Länder, also mußten sie aufhören, die Stadt zu bauen. Daher heißt die Stadt Babel, weil der HERR dort aller Menschen Sprache verwirrt und sie von dort in alle Länder zerstreut hat.

Babel heißt „Verwirrung".

Mosaik in Monreale
aus dem 12./13. Jahrhundert

Ein uraltes Glaubensbekenntnis

Ein wandernder Aramäer war mein Vater,
dem Verhungern nahe.
Der zog hinab nach Ägypten,
war dort ein Fremdling mit wenigen Leuten.
Daraus wurde ein großes, starkes
und zahlreiches Volk.
Aber die Ägypter behandelten uns schlecht,
bedrückten uns
und legten uns einen harten Dienst auf.
Da schrien wir zu dem HERRN,
dem Gott unserer Väter.
Und der HERR *erhörte unser Schreien;*
er sah unser Elend,
unsere Angst und unsere Not.
Er führte uns aus Ägypten
mit mächtiger Hand und ausgestrecktem Arm,
mit großem Schrecken, durch Zeichen und Wunder.
Er brachte uns an diese Stätte
und gab uns dies Land,
darin Milch und Honig fließen.

5. Mose 26,5b–9

In den folgenden Geschichten erfährst Du ausführlich, was von dem „wandernden Aramäer" berichtet wird. Du kannst nachlesen, wie es dem „großen, starken und zahlreichen Volk" in Ägypten ergangen ist und wie ihr Gott sie herausgeführt hat. Du wirst einige Sätze aus diesem uralten Glaubensbekenntnis in den Hauptüberschriften wiederfinden.

2. Ein wandernder Aramäer

Geschichten von Abraham, Isaak und Jakob

Abrahams Berufung und sein Zug nach Kanaan

1. Mose 12,1–9

Und der HERR sprach zu Abraham: „Geh aus deinem Vaterland! Verlaß deine Verwandtschaft! Zieh weg aus deines Vaters Haus in ein Land, das ich dir zeigen will! Dann will ich dich zum großen Volk machen und will dich segnen. Ich will dir einen großen Namen machen, und du sollst ein Segen sein:

Die Erklärung für diese Schreibweise findest Du auf der Seite 10.

Ich will segnen, die dich segnen,
ich will verfluchen, die dich verfluchen;
durch dich sollen gesegnet werden
alle Geschlechter auf der Erde."

Da zog Abraham aus, wie es der HERR zu ihm gesagt hatte. Sara, seine Frau, und Lot, sein Neffe, zogen mit ihm. Abraham aber war fünfundsiebzig Jahre alt, als er aus Haran zog. Mit all ihrem Besitz und mit den Knechten und Mägden, die sie in Haran erworben hatten, zogen sie aus, um ins Land der Kanaanäer zu reisen.

Haran liegt hoch oben im Norden, in Mesopotamien, an der südlichen Grenze der heutigen Türkei.

Und sie kamen in das Land. Abraham durchzog es bis an einen Ort bei Sichem, bis zur Eiche More. Da erschien der HERR dem Abraham und sprach: „Deinen Nachkommen will ich dies Land geben." Und Abraham baute dort dem HERRN einen Altar. Danach zog Abraham weiter nach Süden, der Wüste zu.

Abraham und Lot trennen sich

1. Mose 13,2.5–7a.8–10a.11.12

Abraham war sehr reich an Vieh, Silber und Gold. Auch sein Neffe Lot, der mit Abraham zog, hatte viele Schafe, Rinder und Zelte. Darum ertrug es das Land nicht mehr, daß sie beieinander wohnten. Ihr Besitz war so groß,

A.J.

sie konnten nicht zusammenbleiben. Und es gab immer Zank und Streit zwischen den Hirten von Abrahams Vieh und den Hirten von Lots Vieh.

Da sagte Abraham zu Lot: „Laß doch nicht Zank sein zwischen mir und dir und zwischen meinen und deinen Hirten! Wir sind doch Verwandte! Steht dir nicht das ganze Land offen? Trenne dich doch von mir! Willst du nach links, so gehe ich nach rechts, oder willst du nach rechts, so gehe ich nach links."

Darauf besah sich Lot die ganze Gegend am Jordan. Sie war sehr wasserreich. Und Lot wählte sich die ganze Ebene am Jordan und zog nach Osten. So trennten sie sich. Abraham wohnte im Land Kanaan, und Lot zog an den unteren Jordan nach Sodom.

Gott verspricht Abraham einen Sohn und schließt mit ihm den Bund

1.Mose 13,14–15. 17;15,2a. 3–6; 17, 10.12a

Als nun Lot sich von Abraham getrennt hatte, sprach der HERR zu Abraham: „Erhebe deine Augen und sieh nach Norden, nach Süden, nach Osten und nach Westen: All das Land, das du siehst, will ich dir und deinen Nachkommen geben für alle Zeit. Darum mach dich auf und durchzieh das ganze Land in seiner Länge und Breite!" Abraham antwortete aber: „HERR, mein Gott, wozu willst du mir das alles geben? Du hast mir keine Nachkommen geschenkt; einer von meinen Knechten wird deshalb mein Erbe sein."

Aber der HERR sprach zu ihm: „Nein! Sondern ein Sohn, der von dir selbst abstammt, der soll dein Erbe sein." Und er hieß ihn hinausgehen ins Freie und sprach: „Sieh hinauf zum Himmel und zähle die Sterne; kannst du sie zählen? – So zahlreich sollen deine Nachkommen sein!" Abraham glaubte dem HERRN, und das rechnete der ihm zur Gerechtigkeit an.

So schloß der HERR an dem Tag mit Abraham einen Bund und sprach: „Das soll das Zeichen des Bundes sein zwischen mir und dir und allen deinen Nachkommen: Alles, was männlich ist unter euch, soll beschnitten werden. Ihr sollt eure Vorhaut beschneiden, an jedem Jungen, wenn er acht Tage alt ist!"

Alexej von Jawlensky

1.Mose 16,1–2. 4–11a.13a.15

Hagar und Ismael

Sara, Abrahams Frau, hatte ihm aber bis dahin kein Kind geboren. Nun hatte sie aber eine ägyptische Magd, die hieß Hagar. Da sagte Sara zu Abraham: „Siehe, der HERR hat mir Kinder versagt. Geh doch zu meiner Magd, vielleicht werde ich durch sie zu einem Sohn kommen." Und Abraham hörte auf den Vorschlag Saras, und Hagar wurde schwanger. Als sie das merkte, fühlte sie sich höher als ihre Herrin.

Ein uraltes Recht: Eine Frau, die keine Kinder bekommen konnte, gab ihrem Mann eine ihrer Mägde zur Frau. Das Kind der Magd galt dann als Kind der Frau. So starb die Familie nicht aus, und die Frau blieb nicht kinderlos.

Da redete Sara mit Abraham: „Mir geschieht Unrecht. Ich habe dir meine Magd gegeben. Seit sie gemerkt hat, daß sie ein Kind bekommen wird, bin ich in ihren Augen nur noch gering geachtet." Abraham aber anwortete: „Sie ist doch nur deine Magd; tu mit ihr, wie es dir gefällt." Als Sara sie daraufhin demütigen wollte, floh Hagar von ihr.

Aber der Engel des HERRN fand sie bei einer Wasserquelle in der Wüste und sprach zu ihr: „Hagar, Saras Magd, wo kommst du her, und wo willst du hin?" Sie antwortete: „Ich bin von Sara, meiner Herrin, geflohen."

Der Engel des HERRN sprach zu ihr: „Kehre wieder zu deiner Herrin zurück und beuge dich unter ihre Hand. Siehe, du bist schwanger geworden und wirst einen Sohn gebären, den sollst du Ismael nennen. Ich will deine Nachkommen so zahlreich machen, daß sie nicht gezählt werden können."

Ismael heißt „Gott hat gehört". Er gilt als der Stammvater der Araber.

Und Hagar gab dem HERRN den Namen: „Du bist ein Gott, der mich sieht." Sie gebar Abraham einen Sohn, und Abraham nannte diesen Sohn Ismael.

1.Mose 18,1–15

Der HERR bei Abraham und Sara in Mamre

Der HERR erschien Abraham im Hain Mamre, und das war so:
Es war zur heißesten Zeit des Tages, während Abraham am Eingang seines Zeltes saß. Als er seine Augen erhob und um sich sah, standen drei Männer vor ihm. Er lief ihnen entgegen, verneigte sich bis zur Erde und sagte: „Herr, wenn ich Gnade vor deinen Augen gefunden habe, dann gehe nicht an mir vorüber. Man soll euch ein wenig Wasser bringen, um eure Füße zu waschen. Dann laßt euch unter dem Baum nieder. Ich will euch einen Bissen Brot bringen, damit ihr euer Herz stärkt. Danach mögt ihr weiterziehen." Sie sprachen: „Tu, wie du gesagt hast."

Abraham eilte in das Zelt zu Sara und bat sie: „Nimm rasch drei Maß feinstes Mehl, knete und backe Kuchen!" Er aber lief zu den Rindern, holte ein zartes, gutes Kalb und gab's dem Knecht, der es eilends schlachtete und zubereitete. Danach trug Abraham Butter und Milch auf, dazu auch das zubereitete Kalb. Während sie aßen, blieb er vor ihnen unter dem Baum stehen. Da fragten ihn die Männer: „Wo ist Sara, deine Frau?" Er antwortete: „Drinnen im Zelt." Darauf sprach der HERR: „Ich will in einem Jahr wieder zu dir kommen, dann soll Sara, deine Frau, einen Sohn haben."

Das hörte Sara im Zelt. Sie lachte vor sich hin: „Nun bin ich so alt und soll noch ein Kind bekommen!" Da sprachen die Männer zu Abraham: „Warum lacht Sara? Sollte dem HERRN etwas unmöglich sein?" Da leugnete Sara: „Ich habe nicht gelacht!" Denn sie fürchtete sich.

Abrahams Fürbitte für Sodom

1.Mose 18,16–33

Da brachen die Männer auf und wandten sich nach Sodom. Abraham ging mit ihnen, um sie ein Stück zu begleiten. Da sprach der HERR: „Wie könnte ich Abraham verbergen, was ich tun will? Aus ihm soll doch ein großes und mächtiges Volk hervorgehen, und alle Völker auf der Erde sollen in ihm gesegnet werden. Dazu habe ich ihn ja auserkoren!"

Und der HERR sprach weiter: „Ich höre ein großes und lautes Klagen über Sodom und Gomorra. Ihre Sünden sind sehr schwer. Darum will ich in diese Städte hinabfahren. Ich will sehen, ob sie all das Böse getan haben, das mir vorgebracht wird."

Abraham blieb vor dem HERRN stehen: „Willst du denn die Gerechten mit den Gottlosen umbringen? Das sei fern von dir, daß du das tust! Es könnten vielleicht fünfzig Gerechte in der Stadt sein; willst du dem Ort nicht vergeben wegen dieser fünfzig Gerechten, die dort wohnen?"

Der HERR antwortete: „Finde ich fünfzig Gerechte zu Sodom in der Stadt, dann will ich dem ganzen Ort vergeben." Abraham antwortete dem HERRN: „Ach, ich habe nun einmal gewagt, mit dem Herrn zu reden, obwohl ich Staub und Asche bin. Es könnten vielleicht fünf weniger als fünfzig Gerechte darin sein; willst du wegen dieser fünf die ganze Stadt verderben?" Der HERR sprach: „Finde ich darin fünfundvierzig, so will ich sie nicht verderben."

Und Abraham fuhr fort mit ihm zu reden: „Man könnte vielleicht vierzig darin finden." Der HERR aber sprach: „Ich will ihnen nichts tun, wegen dieser vierzig." Abraham redete weiter: „Zürne nicht, Herr, daß ich noch mehr rede. Man könnte vielleicht nur dreißig darin finden." Er aber antwortete: „Finde ich darin dreißig, so will ich ihnen nichts tun."

Da fuhr Abraham fort zu reden: „Man könnte vielleicht nur zwanzig darin finden." Und der HERR antwortete: „Ich will sie nicht verderben wegen dieser zwanzig." Darauf Abraham: „Ach, zürne nicht, Herr, daß ich noch einmal rede. Man könnte vielleicht nur zehn darin finden." Er aber sprach: „Ich will sie nicht verderben wegen dieser zehn." Dann ging der HERR weg, und Abraham kehrte um.

1. Mose 19,1–3. 15–26

Der Untergang von Sodom und Gomorra – Lots Errettung

Die zwei Boten Gottes kamen gegen Abend nach Sodom. Lot saß gerade unter dem Tor. Und als er sie sah, stand er auf, ging ihnen entgegen und verneigte sich bis zur Erde und redete sie an: „Liebe Herren, kehrt doch in meinem Haus ein und bleibt über Nacht. Laßt eure Füße waschen: Erfrischt euch bei mir. Frühmorgens könnt ihr dann aufbrechen und eures Weges weiterziehen." Aber sie antworteten: „Nein, wir wollen über Nacht im Freien bleiben." Da nötigte er sie sehr, und sie kehrten bei ihm ein. Er bereitete ihnen ein Mahl. Sie aßen und blieben über Nacht.

In der Nacht wurden die Boten von den Einwohnern Sodoms bedroht, Lot schützte seine Gastfreunde.

Als nun die Morgenröte aufging, drängten die Boten Gottes Lot zur Eile: „Nimm deine Frau und deine beiden Töchter! Macht euch auf und geht aus diesem Ort, damit ihr nicht auch umkommt!" Als Lot zögerte, ergriffen die Männer ihn, seine Frau und seine beiden Töchter bei der Hand und führten sie hinaus vor die Stadt. Erst draußen ließen sie sie wieder los.

Der eine sprach zu Lot: „Rette dein Leben! Sieh nicht hinter dich, bleib auch nicht stehen in dieser ganzen Gegend! Auf das Gebirge rette dich, damit du nicht umkommst!"

Die Sonne war gerade aufgegangen, als Lot das Gebirge erreichte. Da ließ der HERR Schwefel und Feuer vom Himmel herab auf Sodom und Gomorra regnen. So vernichtete er die Städte und die ganze Gegend, alle Einwohner der Städte und was auf dem Land gewachsen war. Aber Lots Weib sah hinter sich, da wurde sie zur Salzsäule.

Isaaks Geburt – Die Vertreibung Ismaels und seiner Mutter

1. Mose 21,1–20

Und Sara wurde schwanger zu der Zeit, die Gott vorausgesagt hatte. Sie gebar dem Abraham einen Sohn. Diesen Sohn Saras nannte Abraham Isaak. Wie es ihm Gott geboten hatte, beschnitt er ihn am achten Tag nach der Geburt. Und Sara sang:

Isaak heißt vielleicht „hat gelacht". Lies dazu die Geschichte auf Seite 22.

„Gott hat mir ein Lachen bereitet.
Jeder, der davon hört,
wird mir zulachen.
Wer hätte wohl zu Abraham gesagt:
Sara wird noch Kinder stillen!"

Das Kind gedieh und wuchs heran. Eines Tages sah Sara, wie Ismael, der Sohn ihrer Magd Hagar, etwas Böses anstellte. Zornig eilte sie zu Abraham: „Jage diese Magd mit ihrem Sohn fort! Denn der Sohn dieser Magd soll nicht zusammen mit meinem Sohn Isaak erben!" Diese Worte mißfielen Abraham sehr. Aber Gott sprach zu ihm: „Laß es dir nicht mißfallen! Alles, was Sara dir gesagt hat, das tu! Denn deine Nachkommenschaft soll sich nur durch Isaak ausbreiten. Aber aus Ismael, dem Sohn der Magd, will ich ein eigenes großes Volk machen, weil er auch dein Sohn ist."

Lies dazu die Erklärung auf Seite 22.

Da stand Abraham früh am Morgen auf, nahm Brot und einen Schlauch mit Wasser und legte es Hagar auf ihre Schulter, dazu den Knaben und schickte sie fort. Da zog sie hin und irrte in der Wüste umher bei Beerscheba.

Als ihr nun das Wasser in dem Schlauch ausgegangen war, warf sie den Knaben unter einen Strauch. Der Knabe schrie vor Hunger und Durst. Sie aber ging hin und setzte sich gegenüber, einen Bogenschuß weit entfernt, und klagte und weinte: „Das Sterben des Kindes kann ich nicht mitansehen!"

Da erhörte Gott das Weinen des Knaben. Und der Bote Gottes rief Hagar vom Himmel her zu: „Was ist dir, Hagar? Fürchte dich nicht; denn Gott hat die Stimme deines Knaben gehört. Steh auf, nimm den Knaben und führe ihn an deiner Hand; denn ich will ihn zum großen Volk machen!" Und Gott tat ihr die Augen auf, und sie sah einen Wasserbrunnen. Da ging sie hin, füllte den Schlauch mit Wasser und gab dem Knaben zu trinken.

Und Gott war mit dem Knaben. Der wuchs heran, wohnte in der Wüste und wurde ein guter Schütze.

Abrahams Versuchung

1. Mose 22,1–19

Nach diesen Geschichten prüfte Gott Abraham, und das war so: Er rief ihn an: „Abraham!“ Und Abraham antwortete: „Hier bin ich.“ Da sprach Gott: „Nimm Isaak, deinen einzigen Sohn, den du liebhast, und geh hin in das Land Morija! Opfere ihn dort als Brandopfer auf einem Berg, den ich dir zeigen werde!“

Da stand Abraham früh am Morgen auf und sattelte seinen Esel. Er nahm zwei Knechte und seinen Sohn Isaak mit sich. Für das Brandopfer spaltete er Holz und machte sich auf den Weg zu dem Ort, den Gott ihm genannt hatte. Am dritten Tag erhob Abraham seine Augen und sah den Ort von ferne. Da sagte er zu seinen Knechten: „Bleibt ihr mit dem Esel hier! Ich und der Knabe wollen dorthin gehen; und wenn wir Gott angebetet haben, wollen wir wieder zu euch kommen.“

Und Abraham nahm das Holz zum Brandopfer und lud es seinem Sohn auf. Er selbst nahm das Feuer und das Messer in seine Hand; und so gingen die beiden miteinander. Da sagte Isaak zu seinem Vater: „Mein Vater!“

Abraham antwortete: „Hier bin ich, mein Sohn.“ Isaak fragte: „Sieh, hier ist Feuer und Holz; wo ist aber das Schaf für das Brandopfer?“ Abraham antwortete: „Mein Sohn, Gott wird sich schon ein Schaf für das Brandopfer auswählen.“ Und so gingen die beiden miteinander weiter.

Und als sie an den Ort kamen, den ihm Gott genannt hatte, baute Abraham einen Altar, legte das Holz darauf, band seinen Sohn Isaak und legte ihn auf den Altar, oben auf das Holz. Dann streckte Abraham seine Hand aus und nahm das Messer, um seinen Sohn zu schlachten.

Da rief ihm der Engel des HERRN vom Himmel her zu: „Abraham! Abraham!“ Er antwortete: „Hier bin ich.“ Und der Engel sprach: „Lege deine Hand nicht an den Knaben und tu ihm nichts; denn nun weiß ich, daß du Gott fürchtest! Mir zuliebe hättest du selbst deinen einzigen Sohn nicht geschont.“

Da erhob Abraham seine Augen und sah hinter sich einen Widder, der sich mit seinen Hörnern in der Hecke verfangen hatte. Er ging hin, nahm den Widder und opferte ihn als Brandopfer an der Stelle seines Sohnes. Und Abraham nannte den Ort „Der HERR sieht“.

Dann rief der Bote des HERRN Abraham abermals vom Himmel her zu: „Ich habe bei mir selbst geschworen, spricht der HERR: Weil du mir zuliebe deinen einzigen Sohn nicht verschont hättest, will ich deine Nachkommen segnen. Ich will sie vermehren wie die Sterne am Himmel und wie den Sand

Alexej von Jawlensky

am Ufer des Meeres. Durch dich und alle deine Nachkommen sollen alle Völker auf der Erde gesegnet werden." Danach kehrte Abraham zurück zu seinen Knechten, und sie zogen wieder heim.

1. Mose 25,8–11a. 21b. 24–28

Esaus und Jakobs Geburt

Und Abraham starb in einem guten Alter, als er alt und lebenssatt war. Seine Söhne Isaak und Ismael begruben ihn in der Höhle von Machpela. Dort ist Abraham mit Sara, seiner Frau, begraben. Und nach dem Tod Abrahams segnete Gott Isaak, seinen Sohn.

Rebekka, Isaaks Frau, wurde schwanger und gebar ihm Zwillinge. Der erste, der geboren wurde, war rötlich, ganz und gar rauh, wie ein Fell. Und sie nannten ihn Esau. Der zweite hielt sich bei seiner Geburt mit der Hand an der Ferse seines Bruders fest. Sie nannten ihn Jakob. Als die Knaben groß wurden, wurde Esau ein Jäger und streifte auf dem Feld umher. Jakob aber blieb bei den Zelten. Und Isaak hatte Esau lieb und aß gern von seiner Jagdbeute. Rebekka aber hatte Jakob lieb.

1. Mose 25,29–34

Esau verkauft sein Erstgeburtsrecht

Einmal kochte Jakob ein Gericht. Da kam Esau vom Feld heim; er war müde und bat Jakob: „Laß mich doch schnell von dem roten Gericht essen, denn ich bin müde!" Aber Jakob forderte: „Verkaufe mir zuvor dein Erstgeburtsrecht!"

Nach altem Recht erbte der älteste Sohn den ganzen Besitz. Er wurde auch der Anführer der wandernden Nomadengruppe. Die Brüder wurden seine Knechte.

Esau antwortete: „Ich muß ja doch sterben; was soll mir da das Recht der Erstgeburt?" Jakob erwiderte: „So schwöre es mir!" Und Esau schwor ihm und verkaufte so sein Erstgeburtsrecht an Jakob. Erst darauf gab ihm Jakob das Brot und das Linsengericht. Er aß und trank, stand auf und ging davon. So gering schätzte Esau sein Erstgeburtsrecht!

1. Mose 27,1–40

Rebekka verschafft Jakob den Erstgeburtssegen

Als Isaak alt geworden war und seine Augen zu schwach zum Sehen wurden, rief er Esau, seinen älteren Sohn, und sagte zu ihm: „Mein Sohn!" Der antwortete: „Hier bin ich." Da sagte Isaak: „Du siehst, ich bin alt geworden und weiß nicht, wann ich sterben werde. So nimm nun dein Jagdgerät, deinen Köcher und deinen Bogen, geh aufs Feld und jage mir ein Stück Wild! Mach mir ein Essen, wie ich's gerne habe! Dann bring mir's herein, ich will es essen! Danach will ich dich segnen, ehe ich sterbe."

Der väterliche Segen wurde nach altem Brauch vor dem Sterben über den ältesten Sohn und Erben gesprochen.

Rebekka aber hatte das gehört. Sie rief ihren Sohn Jakob: „Ich habe deinen Vater mit deinem Bruder Esau reden hören: Er soll ihm ein Stück Wild bringen und ihm ein Essen machen. Das will er essen und ihn segnen, ehe er stirbt. So hör nun auf mich, mein Sohn, und tu, was ich dir sage: Geh zur Herde und hol mir zwei gute Ziegenböckchen! Ich will deinem Vater ein Essen davon machen, wie er's gerne hat. Das sollst du deinem Vater zum Essen hineintragen, damit er dich statt Esau vor seinem Tod segne."

Jakob entgegnete: „Mein Bruder Esau ist rauh und ganz haarig, und ich bin doch glatt. Mein Vater könnte mich betasten. Dann würde ich vor ihm dastehen wie einer, der ihn betrügen wollte. Er brächte einen Fluch über mich und nicht seinen Segen." Doch seine Mutter überredete ihn: „Der Fluch, der dir gilt, soll mich treffen! Hör du nur auf mich; geh und hol mir die Zicklein!"

Da gehorchte er ihr, und seine Mutter machte ein Essen, wie es sein Vater gerne hatte. Danach nahm sie Esaus Feierkleider und zog sie Jakob an. Und die Felle von den Zicklein legte sie ihm um seine Hände und um den glatten Hals. Dann gab sie ihm das Essen mit dem Brot, das sie zubereitet hatte.

Und Jakob ging hinein zu seinem Vater und sagte: „Mein Vater!" Er antwortete: „Hier bin ich. Wer bist du, mein Sohn?" Jakob erwiderte: „Ich bin Esau, dein erstgeborener Sohn; ich habe getan, was du mir gesagt hast. Komm nun, setz dich, iß von meinem Wild, dann segne mich!" Isaak fragte: „Wie hast du das Wild so bald gefunden, mein Sohn?" Jakob antwortete: „Der HERR, dein Gott, ließ mir's über den Weg laufen."

Darauf sagte Isaak: „Tritt näher, mein Sohn! Ich will dich betasten, ob du mein Sohn Esau bist oder nicht." Da trat Jakob zu seinem Vater. Als der ihn betastet hatte, sagte er: „Die Stimme ist Jakobs Stimme, aber die Hände sind Esaus Hände." Und er erkannte ihn nicht; denn seine Hände waren rauh wie Esaus Hände.

Da gebot Isaak: „So bring mir dein Wildgericht, mein Sohn, damit ich dich segne!" Da brachte er's ihm, und Isaak aß; er trug ihm auch Wein hinein, und Isaak trank. Danach sagte Isaak zu Jakob: „Komm her und küsse mich, mein Sohn!" Jakob trat hinzu und küßte ihn. Da roch Isaak den Geruch seiner Kleider, segnete ihn und sprach:

A. J.
29.

„Siehe, der Geruch meines Sohnes
ist wie der Geruch des Feldes,
das der HERR gesegnet hat.
Gott gebe dir vom Tau des Himmels
und von der Fettigkeit der Erde
und Korn und Wein die Fülle.
Völker sollen dir dienen,
und Stämme sollen dir zu Füßen fallen.
Sei ein Herr über deine Brüder,
und deiner Mutter Söhne
sollen dir zu Füßen fallen.
Verflucht sei, wer dir flucht;
gesegnet sei, wer dich segnet!"

Als nun Isaak den Segen über Jakob gesprochen hatte und Jakob kaum hinausgegangen war, da kam Esau, sein Bruder, von seiner Jagd zurück. Er machte auch ein Essen und trug's hinein zu seinem Vater und sagte zu ihm: „Setz dich auf, mein Vater, iß von meinem Wild und segne mich!"

Da fragte ihn Isaak, sein Vater: „Wer bist du?" Er antwortete: „Ich bin Esau, dein erstgeborener Sohn." Da erschrak Isaak über alle Maßen und sagte: „Wer? Wo ist denn der Jäger, der mir zuvor das Gericht gebracht hat, und ich habe ihn gesegnet? Jetzt wird er auch gesegnet bleiben!"

Als Esau diese Worte seines Vaters hörte, schrie er laut, und maßlos erbittert flehte er: „Segne mich auch, mein Vater!" Isaak aber antwortete: „Dein Bruder ist gekommen mit List und hat deinen Segen weggenommen." Darauf entgegnete Esau: „Er heißt mit Recht Jakob, denn er hat mich nun zweimal überlistet. Mein Erstgeburtsrecht hat er mir genommen, und nun hat er mir auch meinen Segen gestohlen. Hast du denn nur einen Segen, mein Vater? Vater, segne auch mich!" Und er erhob seine Stimme und weinte.

Möglicherweise heißt das hebräische Wort für Jakob soviel wie „Hinterlistiger".

Da antwortete Isaak, sein Vater:

„Siehe, du wirst wohnen ohne Fettigkeit der Erde
und ohne Tau des Himmels von oben her.
Von deinem Schwerte wirst du dich nähren,
und deinem Bruder sollst du dienen.
Aber es wird geschehen,
daß du einmal sein Joch von deinem Halse reißen wirst."

Alexej von Jawlensky

1. Mose 27,41–45a; 28,5

Jakobs Flucht nach Haran

Und Esau haßte Jakob wegen des gestohlenen Segens und sagte zu sich: „Es wird bald die Zeit kommen, daß mein Vater stirbt, dann will ich meinen Bruder Jakob umbringen!"

Rebekka wurden diese Worte ihres älteren Sohnes hinterbracht. Da ließ sie Jakob, ihren jüngeren Sohn, rufen und sagte zu ihm: „Dein Bruder Esau droht dir. Er will dich umbringen! Und nun höre auf mich, mein Sohn: Mach dich auf und flieh zu meinem Bruder Laban nach Haran! Bleib eine Weile bei ihm, bis sich der Zorn deines Bruders legt und er vergißt, was du ihm angetan hast. Dann will ich jemanden schicken und dich von dort holen lassen."

Rebekka stammte wie ihr Schwiegervater Abraham aus Haran; lies dazu die Erklärung auf Seite 19.

So entließen Isaak und Rebekka ihren Sohn Jakob. Er zog zu Laban, dem Bruder seiner Mutter, nach Haran in Mesopotamien.

1.Mose 28,10–21

Jakobs Traum von der Himmelsleiter

Auf seiner Flucht nach Haran kam Jakob an einen Ort, der Lus hieß. Die Sonne war untergegangen. Er nahm einen Stein und legte ihn unter sein Haupt, um zu schlafen.

Und ihm träumte: Eine Leiter stand auf der Erde, die reichte mit der Spitze bis an den Himmel. Und die Engel Gottes stiegen daran auf und nieder. Und der HERR stand oben darauf und sprach: „Ich bin der HERR, der Gott deines Vaters Abraham und Isaaks Gott. Das Land, auf dem du liegst, will ich dir und deinen Nachkommen geben. Und siehe, ich bin mit dir und will dich behüten, wo du hinziehst, und ich will dich wieder in dieses Land zurückbringen."

Als nun Jakob aufwachte, sagte er: „Der HERR ist an diesem Ort, und ich wußte es nicht!" Und er fürchtete sich: „Wie heilig ist dieser Ort! Hier ist ja Gottes Haus; hier ist ja die Pforte des Himmels!"

Und Jakob stand früh am Morgen auf und nahm den Stein, auf dem er gelegen hatte. Er richtete ihn als Denkstein auf und goß Öl oben darauf. Er nannte den Ort „Bethel". Und Jakob tat ein Gelübde: „Wenn Gott mit mir ist und mich auf meinem Weg behüten wird, wenn er mich gut und mit Frieden wieder heim zu meinem Vater bringen wird, dann soll der HERR mein Gott sein."

Das heißt „Haus Gottes".

Jakob dient um Lea und Rahel

1. Mose 29,1.14–30

Und der HERR war mit Jakob auf seinem Weg nach Haran. Laban, der Bruder seiner Mutter, nahm ihn dort mit Freuden auf. Als Jakob nun einen Monat bei ihm gewesen war und für ihn gearbeitet hatte, sagte Laban zu Jakob: „Du bist zwar mein Verwandter, aber sollst du deshalb umsonst bei mir arbeiten? Sag mir: Was soll dein Lohn sein?"

Nun hatte Laban zwei Töchter, die ältere hieß Lea, die jüngere hieß Rahel. Leas Augen waren trüb und ohne Glanz, Rahel dagegen war sehr schön. Jakob gewann Rahel lieb. Darum antwortete er: „Ich will sieben Jahre für dich arbeiten. Danach soll Rahel meine Frau werden. Das soll mein Lohn sein." Laban antwortete: „Es ist besser, ich gebe sie dir als einem anderen. Bleib bei mir!"

So diente Jakob sieben Jahre um Rahel. Es kam ihm vor, als wären es sieben Tage, so lieb hatte er sie. Dann sagte Jakob zu Laban: „Die Zeit ist um. Gib mir nun Rahel, meine Braut, damit ich sie heirate!" Da lud Laban alle Leute des Ortes ein und machte ein großes Hochzeitsmahl. Am Abend aber nahm er seine Tochter Lea und brachte sie zu Jakob; und der heiratete sie.

Damals war es üblich, daß ein Mann für seine Frau an deren Vater etwas bezahlte; aber Jakob hatte ja keinen Besitz!

Am Morgen aber zeigte sich, daß es Lea war. Da fragte Jakob den Laban erbittert: „Warum hast du mir das angetan? Habe ich denn nicht wegen Rahel für dich gearbeitet? Warum hast du mich betrogen?" Laban antwortete: „Es ist nicht Sitte in unserem Land, daß man die Jüngere vor der Älteren verheiratet. Nach der Hochzeitswoche will ich dir Rahel auch geben. Dafür sollst du aber noch weitere sieben Jahre umsonst bei mir arbeiten."

Jakob stimmte zu, und so gab ihm Laban nach einer Woche auch Rahel zur Frau. Jakob diente noch weitere sieben Jahre umsonst bei ihm. Er hatte aber Rahel lieber als Lea.

Jakobs Rückkehr

1.Mose 30,22–24a; 31,1–3a.13.17–18

Und Gott der HERR war mit Jakob bei allem, was er tat. So vermehrte der den Reichtum seines Schwiegervaters Laban, aber auch seine eigenen Herden wuchsen, und er wurde sehr reich. Lea, seine erste Frau gebar ihm Söhne und eine Tochter. Nur Rahel, seine Liebste, hatte lange Jahre keine Kinder.

Gott aber gedachte an Rahel. Sie wurde schwanger, gebar einen Sohn und rief aus: „Gott hat meine Schmach von mir genommen!" Den Sohn nannte sie Josef.

Eines Tages erfuhr Jakob, daß die Söhne Labans über ihn redeten: „Jakob hat alle Güter unseres Vaters an sich gebracht! Nur mit den Gütern unseres Vaters hat er solchen Reichtum zuwege gebracht."

Und Jakob sah auch am Gesicht Labans, daß der ihm nicht mehr so wohlgesinnt war wie zuvor. Da sprach der HERR zu Jakob: „Ich bin der Gott, der dir zu Bethel erschienen ist, wo du den Stein aufgerichtet und mit Öl übergossen hast. Nun mach dich auf, zieh aus diesem Land und kehre zurück in das Land deiner Verwandtschaft!"

Da machte sich Jakob auf und lud seine Kinder und Frauen auf die Kamele. Und er führte sie weg mit all seinem Vieh und all seinem Besitz, den er in Mesopotamien erworben hatte, um ins Land Kanaan heimzukehren.

Jakobs Kampf am Jabbok: Sein neuer Name

1. Mose 32,23–32

Auf dem Weg kamen sie an die Furt des Flusses Jabbok. Und Jakob nahm seine beiden Frauen mit ihren Mägden und seine Söhne und führte sie über den Fluß. Auch all seinen Besitz brachte er hinüber. Er aber blieb allein zurück.

Da rang ein Mann mit ihm, bis die Morgenröte anbrach. Und als er sah, daß er ihn nicht überwinden konnte, schlug er ihn auf das Hüftgelenk, und es wurde ausgerenkt. Der Mann sagte: „Laß mich gehen, denn die Morgenröte bricht an!" Aber Jakob antwortete: „Ich lasse dich nicht, es sei denn, du segnest mich!" Da fragte der: „Wie heißt du?" Er antwortete: „Jakob."

Der sprach: „Du sollst nicht mehr Jakob heißen, sondern Israel; denn du hast mit Gott und Mensch gekämpft und hast gewonnen." Und Jakob fragte ihn: „Sag doch, wie heißt du?" Der aber sprach: „Warum fragst du, wie ich heiße?" Und er segnete Jakob.

Das heißt „Mann kämpft Gott".

Und Jakob nannte den Ort Pnuël. Denn: „Ich habe Gott von Angesicht gesehen, und doch wurde mein Leben gerettet." Die Sonne ging vor ihm auf, und er hinkte an seiner Hüfte.

Pnuël heißt „Angesicht". Das unmittelbare Anschauen Gottes bringt nach alter Ansicht den Menschen den Tod.

Jakobs Versöhnung mit Esau

1. Mose 33,1a.3–4. 12–16

Jakob erhob seine Augen und sah seinen Bruder Esau mit vierhundert Mann auf sein Lager zukommen. Da ging er ihm entgegen und verneigte sich siebenmal zur Erde, bis er zu seinem Bruder kam. Esau aber lief auf ihn zu, herzte ihn, fiel ihm um den Hals und küßte ihn. Und sie weinten.

Alexej von Jawlensky

Und Esau sagte: „Ich will mit dir ziehen." Jakob aber antwortete: „Mein Herr weiß, daß ich zarte Kinder bei mir habe. Dazu auch säugende Schafe und Kühe; wenn sie nur einen Tag übermäßig angestrengt würden, würde mir die ganze Herde sterben. Mein Herr ziehe vor seinem Knechte her. Ich will gemächlich weiterwandern wie das Vieh und die Kinder gehen können, bis ich zu dir nach Seïr komme." Darauf Esau: „So will ich doch etliche von meinen Leuten bei dir lassen." Er antwortete: „Ist das denn nötig? Laß mich nur Gnade vor dir finden!" So zog Esau an jenem Tag seinen Weg nach Seïr zurück.

1. Mose 35,1–4

„Schafft die fremden Götter weg!"

Und Gott sprach zu Jakob: „Mach dich auf, zieh nach Bethel und wohne dort! Errichte einen Altar dem Gott, der dir erschienen ist, als du vor deinem Bruder Esau geflohen bist."

Da befahl Jakob allen, die mit ihm waren: „Schafft die fremden Götter weg, die ihr bei euch habt! Reinigt euch und wechselt eure Kleider! Laßt uns aufbrechen und nach Bethel ziehen! Dort will ich Gott einen Altar errichten. Dem Gott, der mich erhört hat zur Zeit meiner Trübsal und mit mir gezogen ist auf meinen Wegen." Da gaben sie ihm alle fremden Götter, die sie bei sich hatten, und ihre Ohrringe, und er vergrub sie unter der Eiche, die bei Sichem stand.

1. Mose 35,16b–19. 22b–26a

Benjamins Geburt und Rahels Tod

Und Rahel, die Frau, die Jakob am liebsten hatte, war zum zweiten Mal schwanger. Auf dem Weg kamen die Geburtswehen. Die Geburt war sehr hart und ging ihr ans Leben. Als die Hebamme sah, wie schwer Rahel die Geburt wurde, sagte sie zu ihr: „Fürchte dich nicht, auch diesmal wirst du einen Sohn haben!"

Ben-Oni heißt „Sohn meines Unglücks". Ben-Jamin heißt „Sohn meines Glücks".

Als ihr nun das Leben ausging, und sie sterben mußte, nannte sie ihren neugeborenen Sohn Ben-Oni; aber Jakob nannte ihn später Ben-Jamin. So starb Rahel und wurde auf dem Weg nach Efrata begraben. Efrata heißt heute Bethlehem.

Nach den zwölf Söhnen Jakobs wurden später die zwölf Stämme Israels benannt.

Das sind die Kinder, die Jakob in Mesopotamien geboren wurden, zwölf Söhne und eine Tochter. Die Tochter hieß Dina.

Die Söhne hießen: Ruben, Simeon, Levi, Juda, Issaschar, Sebulon, Dan, Naftali, Gad, Asser, Josef, Benjamin.

3. Der zog hinab nach Ägypten

Die Geschichte Josefs

Josefs Träume

1. Mose 37,3–10

Jakob wohnte mit seinen zwölf Söhnen im Land Kanaan. Den Josef aber hatte Jakob lieber als alle seine Söhne, weil er ihm noch im hohen Alter geboren worden war. Deshalb machte er ihm einen bunten Rock. Als seine Brüder sahen, daß ihr Vater ihn lieber hatte als sie, wurden sie ihm feind und konnten ihm kein freundliches Wort sagen.

Ein bunter Rock war damals sehr wertvoll, denn alle Farben mußten ja mühsam aus der Natur gewonnen werden.

Einmal hatte Josef einen Traum. Als er ihn seinen Brüdern erzählte, wurden sie ihm noch mehr feind. Denn er erzählte ihnen: „Hört doch, was mir geträumt hat: Wir banden Garben auf dem Feld, und meine Garbe richtete sich auf und stand. Eure Garben stellten sich um meine herum und verneigten sich vor ihr." Da fragten ihn seine Brüder: „Willst du etwa unser König werden und über uns herrschen?" Und sie wurden ihm noch mehr feind.

Josef hatte noch einen zweiten Traum. Auch den erzählte er seinen Brüdern: „Mir träumte noch einmal: Die Sonne, der Mond und elf Sterne verneigten sich vor mir." Als er das seinem Vater und seinen Brüdern erzählt hatte, schalt ihn sein Vater: „Sollen etwa ich, deine Mutter und deine Brüder kommen und vor dir niederfallen?"

Josef wird nach Ägypten verkauft

1. Mose 37,12–14. 18–36

Als Josefs Brüder fort waren, um das Vieh ihres Vaters in Sichem zu weiden, sagte Jakob zu Josef: „Deine Brüder weiden das Vieh in Sichem. Geh, ich will dich zu ihnen schicken. Du sollst mir berichten, wie es ihnen und dem Vieh geht." So schickte er ihn nach Sichem.

Die Brüder sahen ihn von weitem und sagten zueinander: „Da kommt ja dieser Träumer. Kommt, wir wollen ihn töten und in eine Grube werfen und sagen, ein böses Tier habe ihn gefressen. Dann werden wir ja sehen,

Rembrandt

was aus seinen Träumen wird." Als Ruben das hörte, wollte er Josef retten und sagte: „Wir wollen ihn nicht töten! Vergießt kein Blut, sondern werft ihn in die Grube hier in der Wüste; aber bringt ihn nicht um."

Als Josef bei seinen Brüdern angekommen war, zogen sie ihm seinen bunten Rock aus, den er anhatte. Sie packten ihn und warfen ihn in einen Brunnen, der war leer und ohne Wasser. Ruben aber ging danach weg.

Als sie dann beim Essen saßen, sahen sie eine Karawane mit ihren Kamelen kommen. Die Kamele trugen kostbares Harz, Balsam und Myrrhe und waren auf dem Weg nach Ägypten. Da schlug Juda seinen Brüdern vor: „Was haben wir davon, wenn wir unseren Bruder töten? Kommt, wir wollen ihn den Kaufleuten verkaufen, damit sich unsere Hände nicht an ihm vergreifen. Er ist doch unser Bruder."

Seine Brüder waren einverstanden. Als die Kaufleute herankamen, zogen sie Josef aus dem Brunnen und verkauften ihn für zwanzig Silberstücke; die Kaufleute brachten ihn nach Ägypten.

Ruben kam zum Brunnen zurück und fand Josef nicht darin. Da zerriß er seine Kleider und rief seine Brüder: „Der Kleine ist nicht mehr da, was soll ich jetzt tun?“ Da nahmen sie Josefs Rock, schlachteten einen Ziegenbock und tauchten den Rock in das Blut. Sie schickten den bunten Rock zu ihrem Vater und ließen ihm sagen: „Wir haben dies gefunden; sieh doch, ob es deines Sohnes Rock ist oder nicht!“ Jakob erkannte ihn und rief: „Es ist der Rock meines Sohnes; ein wildes Tier hat ihn gefressen, ein reißendes Tier hat Josef zerrissen!“

Und Jakob zerriß seine Kleider, legte einen Sack um seine Hüften und trauerte viele Tage um seinen Sohn. Alle seine Söhne und Töchter kamen zu ihm, um ihn zu trösten. Er wollte sich aber nicht trösten lassen und sagte: „Ich werde ohne Trost bleiben, bis ich sterbe und bei meinem Sohn bin.“ So beweinte der Vater seinen Sohn.

Die Kaufleute aber verkauften Josef in Ägypten an Potifar, einen Hofbeamten und Obersten der Leibwache des Pharao.

Die Könige von Ägypten wurden „Pharao“ genannt.

1.Mose 39 zusammengefaßt

Bei Potifar ging es Josef sehr gut, denn Gott war mit ihm. Er ließ alles gelingen, was immer Josef auch anpackte. Potifar machte Josef zu seinem Hausverwalter.
Potifars Frau fand Gefallen an Josef. Als Josef sich weigerte, Potifar mit ihr zu betrügen, klagte sie ihn bei ihrem Mann an: „Er hat mir nachgestellt!“ Potifar glaubte seiner Frau und ließ Josef ins Gefängnis werfen.
Aber auch im Gefängnis war Gott mit Josef. Der Gefängnisleiter machte ihn zum Aufseher über alle Gefangenen.

Josef deutet zwei Gefangenen ihre Träume

1.Mose 40,2–23

Eines Tages wurde der Pharao zornig über zwei seiner Hofbeamten, den Obermundschenk und den Oberbäcker, und ließ sie in das Gefängnis werfen, in dem auch Josef gefangen war. Der Gefängnisleiter gab ihnen Josef als Diener.

Das waren die beiden Verantwortlichen für Getränke und Speisen am Hof. Vermutlich war ein Attentat mit Gift auf den Pharao verübt worden.

Sie saßen einige Zeit im Gefängnis. Und dann träumte ihnen beiden in einer Nacht einem jeden sein eigener Traum. Jeder Traum hatte seine Bedeutung. Am Morgen kam Josef zu ihnen hinein. Er sah, daß sie traurig waren, und fragte: „Warum seid ihr heute so traurig?“ Sie antworteten: „Wir

Rembrandt

haben geträumt, und niemand ist da, der uns sagt, was es bedeutet." Josef sagte: „Nur Gott kann euch die Bedeutung sagen; aber erzählt mir doch eure Träume!"

Da erzählte der Obermundschenk Josef seinen Traum: „Mir träumte von einem Weinstock mit drei Reben. Der war grün, wuchs und blühte, und seine Trauben wurden reif. Ich hatte den Becher des Pharao in meiner Hand, nahm die Beeren, zerdrückte sie in den Becher und gab den Becher dem Pharao."

Josef erwiderte: „Dein Traum bedeutet: Drei Reben sind drei Tage. In drei Tagen wird dich der Pharao wieder in dein Amt einsetzen, und du wirst ihm wieder den Becher in die Hand geben, wie du es früher getan hast.

Aber denk an mich, wenn es dir wieder gut geht: Erzähl dem Pharao von mir und hol mich aus diesem Haus heraus! Ich habe nichts getan, wofür man mich ins Gefängnis hätte werfen müssen."

Als der Oberbäcker merkte, daß die Deutung gut war, erzählte auch er: „Mir träumte von drei Körben. In ihnen war feinstes Backwerk, und ich trug sie auf meinem Kopf. Im obersten Korb lag allerlei Backwerk für den Pharao, aber die Vögel fraßen es aus dem Korb heraus." Josef antwortete: „Dein Traum bedeutet: Drei Körbe sind drei Tage. In drei Tagen wird der Pharao dich hängen lassen, und die Vögel werden dein Fleisch von dir abfressen."

Drei Tage später feierte der Pharao seinen Geburtstag. Er veranstaltete ein Festmahl für alle seine Hofbeamten. Er ließ auch den Obermundschenk und den Oberbäcker kommen. Er setzte den Obermundschenk wieder in sein Amt ein; der durfte ihm nun wieder den Becher in die Hand geben. Den Oberbäcker jedoch ließ er hängen, genau wie Josef es gesagt hatte.

Der Obermundschenk aber dachte nicht mehr an Josef und vergaß ihn.

Josef deutet die Träume des Pharao

1. Mose 41,1–16. 17–24 zusammengefaßt.25-36

Zwei Jahre später hatte der Pharao einen Traum: Er stand am Nil und sah sieben schöne, wohlgenährte Kühe aus dem Wasser steigen. Die weideten im Gras. Nach ihnen stiegen weitere sieben Kühe aus dem Wasser. Die waren häßlich und mager und standen neben den schönen Kühen am Nilufer. Die häßlichen, mageren Kühe fraßen die schönen, wohlgenährten Kühe auf. Da wachte der Pharao auf.

Er schlief aber wieder ein und träumte einen zweiten Traum: Er sah sieben Ähren an einem einzigen Halm wachsen. Sie waren voll und dick. Danach wuchsen sieben dünne Ähren, die vom Ostwind ausgedörrt waren. Die sieben dünnen Ähren verschlangen die sieben vollen, dicken Ähren. Da wachte der Pharao auf und merkte, daß es ein Traum gewesen war.

Am Morgen war der Pharao sehr bekümmert. Er schickte Boten ins Land und ließ alle Wahrsager und Weisen Ägyptens herbeirufen. Ihnen erzählte er seine Träume. Aber keiner von ihnen konnte sie ihm erklären.

Da sprach der Obermundschenk den Pharao an: „Heute muß ich daran denken: Du, Pharao, warst zornig über deine Beamten. Du warfst mich und den Bäcker ins Gefängnis. Da träumte uns beiden in einer Nacht einem

Rembrandt

jeden sein eigener Traum. Wir erzählten unseren Traum einem jungen Hebräer, der Aufseher beim Gefängnisleiter war. Der erklärte jedem von uns beiden, was sein Traum bedeutete. Wie er sie uns deutete, so ist es gekommen: Ich bin wieder in mein Amt eingesetzt, der Oberbäcker aber wurde gehängt."

Da ließ der Pharao Josef aus dem Gefängnis herbeirufen. Josef ließ sich Haare und Bart schneiden, zog andere Kleider an und kam zum Pharao. Der Pharao sagte zu Josef: „Ich habe einen Traum gehabt, aber niemand kann ihn deuten. Nun habe ich erfahren, daß du einen Traum deuten kannst, wenn du ihn hörst." Josef antwortete: „Nicht ich, sondern Gott wird dem Pharao eine gute Antwort geben."

Der Pharao erzählte Josef den Traum von den sieben schönen, wohlgenährten Kühen, die von den häßlichen, mageren Kühen gefressen wurden. Er erzählte auch den zweiten Traum von den vollen, dicken Ähren, die von den dünnen, ausgetrockneten Ähren verschlungen wurden.

Darauf erklärte Josef dem Pharao: „Beide Träume bedeuten das gleiche – Gott sagt dem Pharao, was er vorhat: Die sieben schönen Kühe sind sieben Jahre, und die sieben vollen Ähren sind dieselben sieben Jahre; es sind Jahre voll Überfluß. Die sieben mageren und häßlichen Kühe, die nachher heraufkamen, das sind sieben Jahre, und die sieben dünnen und ausgetrockneten Ähren sind dieselben sieben Jahre; es sind Jahre der Hungersnot.

Gott zeigt in diesen Träumen dem Pharao, was er vorhat: Sieben Jahre werden kommen, da wird großer Überfluß in Ägypten sein. Nach ihnen werden sieben Hungerjahre kommen. Man wird den vorigen Überfluß vergessen; Hunger wird das ganze Land beherrschen. Daß der Pharao zweimal träumte, bedeutet: Gott wird dieses ganz sicher und sehr bald tun.

Nun sollte sich der Pharao nach einem klugen und weisen Mann umsehen und ihn über Ägypten setzen. Dieser Mann sollte im ganzen Land Beamte einstellen, die den fünften Teil der Ernte in den sieben reichen Jahren einziehen. Sie sollen diesen Ertrag der guten Jahre sammeln und das Getreide in Kornhäusern des Pharao aufschütten, als Vorrat in den Städten.

Dann ist für Nahrung gesorgt in den sieben Jahren der Hungersnot in Ägypten, und das Land wird nicht am Hunger zugrunde gehen."

1. Mose 41,37–43

Josefs Erhöhung

Diese Rede gefiel dem Pharao und allen seinen Hofbeamten gut. Deshalb sagte er zu Josef: „Weil der Geist Gottes mit dir ist, ist keiner so verständig und weise wie du. Du sollst über meinen Besitz und über alle meine Diener gesetzt sein. Deinem Befehl soll all mein Volk gehorchen; nur der königliche Thron unterscheidet mich noch von dir!"

Das Siegel ist soviel wie eine Unterschrift. Also kann Josef jetzt in Pharaos Namen Befehle erteilen.

Er nahm seinen Siegelring von seiner Hand und steckte ihn Josef an, kleidete ihn mit kostbaren Gewändern und legte ihm eine goldene Kette um seinen Hals. Er ließ ihn auf seinem zweiten Wagen fahren und ließ vor ihm her ausrufen: „Dieser ist des Landes Vater!" So setzte er ihn über ganz Ägypten.

1. Mose 41,47–49. 53–54a.57a

Josefs Fürsorge für Ägypten

Und das Land brachte in den sieben reichen Jahren reiche Ernte. Josef ließ die ganze Ernte der sieben Jahre Überfluß einsammeln und viel Getreide aufschütten. Als nun die sieben reichen Jahre um waren in Ägypten, fingen die sieben Hungerjahre an. Und der Hunger beherrschte alle Länder, nur in Ägypten gab es Brot, denn Josef ließ die Kornhäuser öffnen. Und alle Welt kam nach Ägypten, um bei Josef zu kaufen.

1. Mose 42,1–10. 13–29.36–38

Die erste Reise der Söhne Jakobs nach Ägypten

Als Jakob hörte, daß Getreide in Ägypten zu haben war, sagte er zu seinen Söhnen: „Zieht hinab und kauft uns Getreide!" Da zogen zehn der Brüder Josefs hinab, um in Ägypten Getreide zu kaufen. Nur Josefs Bruder Benjamin, den anderen Sohn seiner Mutter Rahel, ließ der Vater nicht mitziehen, weil er fürchtete, es könnte ihm ein Unglück zustoßen.

Als die Brüder in Ägypten ankamen, fielen sie vor Josef zur Erde nieder auf ihr Angesicht. Er sah sie an und erkannte sie, aber er stellte sich fremd gegen sie und redete hart mit ihnen: „Wo kommt ihr her?" Sie erkannten ihn aber nicht und antworteten: „Aus dem Land Kanaan, um Getreide zu kaufen." Josef dachte an die Träume, die er von ihnen geträumt hatte, und beschuldigte sie: „Ihr seid Kundschafter!"

Sie verteidigten sich: „Nein, mein Herr! Deine Knechte sind gekommen, um Getreide zu kaufen. Wir, deine Knechte, sind zwölf Brüder. Wir sind die Söhne eines Mannes im Land Kanaan. Der jüngste von uns ist noch bei unserem Vater, und einer ist nicht mehr da." Josef beharrte: „Ich bleibe dabei: Kundschafter seid ihr! Ich will euch prüfen. Beim Leben des Pharao: Ihr kommt nicht von hier weg, bis euer jüngster Bruder hierhergekommen ist. Sendet einen von euch hin, der euren Bruder holt! Andernfalls – so wahr der Pharao lebt! – seid ihr Kundschafter!"

Und er ließ sie zusammen einschließen. Nach drei Tagen aber sagte er zu ihnen: „Um Gottes Willen will ich barmherzig sein. Wenn ihr am Leben bleiben wollt, dann tut, was ich sage: Laßt einen eurer Brüder hier im Gefängnis; ihr anderen zieht hin und bringt heim, was ihr gegen den Hunger gekauft habt. Bringt ihr dann euren jüngsten Bruder zu mir, dann will ich euren Worten glauben."

Sie gingen darauf ein, sagten aber untereinander: „Das haben wir an unserem Bruder Josef verschuldet! Darum kommt nun dieses Unglück über uns." Ruben antwortete ihnen: „Ich habe es doch damals schon gesagt: Versündigt euch nicht an dem Knaben! Aber ihr wolltet ja nicht hören!"

Sie wußten aber nicht, daß Josef alles verstand; denn er redete durch einen Dolmetscher mit ihnen. Er wandte sich ab und weinte. Dann nahm er Simeon und ließ ihn vor ihren Augen fesseln. Josef befahl, ihre Säcke mit Getreide zu füllen und ihnen ihr Geld wiederzugeben. Einem jeden wurde Geld in seinen Sack gelegt, dazu auch Reiseproviant. Sie luden ihre Ware auf ihre Esel und zogen von dannen.

Als aber in einer Herberge einer seinen Sack öffnete, um seinen Esel zu füttern, sah er das Geld oben im Sack liegen. Er rief seinen Brüdern zu: „Mein Geld ist wieder da, hier in meinem Sack!" Da blieb ihnen fast das Herz stehen vor Schreck: „Warum hat Gott uns das angetan?"

Als sie heimgekommen waren zu ihrem Vater Jakob, erzählten sie ihm alles. Jakob entsetzte sich: „Ihr beraubt mich meiner Kinder! Josef ist nicht mehr da, Simeon ist nicht mehr da, Benjamin wollt ihr auch wegnehmen. Das alles geht über meine Kräfte!" Ruben antwortete: „Wenn ich ihn dir nicht wiederbringe, magst du meine Söhne töten! Vertrau mir, ich will ihn dir wiederbringen."

Jakob aber weigerte sich: „Mein Sohn soll nicht mit euch hinabziehen! Sein Bruder Josef ist tot, und er ist allein übriggeblieben. Wenn ihm etwas zustößt, seid ihr schuld, daß ich in Trauer sterben muß. Mein Haar ist schon grau, ich könnte nie mehr getröstet werden."

Rembrandt

1. Mose 43,1–9. 11.15–16.26–31. 34 b

Die zweite Reise der Söhne Jakobs nach Ägypten

Aber die Hungersnot bedrückte weiter das Land. Als alles verzehrt war, was sie an Getreide aus Ägypten gebracht hatten, sagte ihr Vater: „Zieht wieder hin und kauft uns nochmal Getreide!" Da antwortet Juda: „Der Mann hat uns doch hart eingeschärft: Kommt mir nicht ohne euren Bruder unter die Augen! Nur wenn du unseren Bruder mit uns schickst, ziehen wir wieder nach Ägypten!"

Jakob fragte: „Warum habt ihr mir das angetan und dem Mann gesagt, daß ihr noch einen Bruder habt?" Sie antworteten: „Der Mann fragte uns so genau nach unserer Verwandtschaft." Darauf entschloß sich Juda: „Wir müssen nach Ägypten, sonst sterben wir und du und unsere Kinder! Ich will Bürge für Benjamin sein; von meinen Händen sollst du ihn fordern. Wenn ich ihn dir nicht wiederbringe und vor deine Augen stelle, so will ich mein Leben lang die Schuld tragen." Da gab Jakob nach: „Wenn es denn so ist, dann geht!"

Die Brüder nahmen Geschenke und das doppelte Geld, dazu Benjamin, machten sich auf, zogen nach Ägypten und traten vor Josef. Als Josef sie mit Benjamin sah, befahl er seinem Hausverwalter: „Führe diese Männer ins Haus, denn sie sollen mit mir zu Mittag essen!"

Als nun Josef kam, gaben sie ihm die Geschenke und fielen vor ihm nieder zur Erde. Er aber grüßte sie freundlich und fragte: „Geht es eurem alten Vater gut, von dem ihr mir erzählt habt? Lebt er noch?" Sie antworteten: „Es geht deinem Knecht, unserm Vater, gut, und er lebt noch." Josef blickte auf seinen Bruder Benjamin, den anderen Sohn seiner Mutter Rahel: „Ist das euer jüngster Bruder, von dem ihr mir berichtet habt?" Zu Benjamin sagte er: „Gott sei dir gnädig, mein Sohn!"

Dann eilte Josef hinaus; denn sein Herz war tief bewegt beim Anblick seines jüngeren Bruders. Er ging in seine Kammer und weinte. Nachdem er sein Gesicht gewaschen hatte, kam er zurück. Sie aßen und tranken und waren fröhlich miteinander.

Josefs Brüder werden hart geängstigt

1. Mose 44,1–18a. 32–34

Nach dem Essen befahl Josef seinem Verwalter: „Füll den Männern ihre Säcke mit Getreide, soviel sie fortbringen können, und leg jedem sein Geld oben in seinen Sack. Meinen silbernen Becher aber leg oben in den Sack des Jüngsten!"

Früh am Morgen, als es hell wurde, ließen sie die Männer mit ihren Eseln ziehen. Als sie zur Stadt hinaus und noch nicht weit gekommen waren, sagte Josef zu seinem Verwalter: „Auf! Jag den Männern nach! Wenn du sie eingeholt hast, frage sie: Warum habt ihr Gutes mit Bösem vergolten? Warum habt ihr den silbernen Becher gestohlen? Ist das nicht der, aus dem mein Herr trinkt? Ihr habt übel getan, so zu handeln!"

Als der Verwalter die Brüder eingeholt hatte, sagte er ihnen genau das. Sie antworteten ihm: „Warum redet mein Herr solche Worte? Es liegt deinen Knechten fern, so zu handeln. Das Geld, das wir oben in unseren Säcken fanden, haben wir wiedergebracht. Wie sollten wir da aus dem Haus dei-

Rembrandt

nes Herrn Silber oder Gold gestohlen haben? Bei wem von deinen Knechten der Becher gefunden wird, der soll sterben. Dazu wollen wir auch Sklaven sein." Er antwortete: „Es soll so sein, wie ihr gesagt habt. Bei wem der Becher gefunden wird, der sei mein Sklave, ihr aber sollt frei sein."

Schnell luden sie die Säcke ab und öffneten sie. Der Verwalter suchte und fand den Becher in Benjamins Sack. Da zerrissen die Brüder ihre Kleider. Sie beluden ihre Esel und zogen in die Stadt zurück. Juda ging mit seinen Brüdern in Josefs Haus.

Sie fielen vor Josef auf die Erde nieder. Josef aber herrschte sie an: „Wie habt ihr das tun können?" Juda antwortete: „Womit können wir uns rechtfertigen? Gott hat die Untat deiner Knechte aufgedeckt. Wir sind nun Sklaven meines Herrn." Josef widersprach: „Das sei ferne vor mir. Nur der, bei dem der Becher gefunden wurde, soll mein Sklave sein. Ihr anderen aber zieht hinauf in Frieden zu eurem Vater."

Da trat Juda vor: „Mein Herr, laß mich, deinen Knecht, noch ein Wort sagen: Ich, dein Knecht, habe mich für den Knaben bei meinem Vater verbürgt. Nimm darum mich, deinen Knecht, an Stelle des Knaben zum Sklaven. Ihn aber laß mit seinen Brüdern hinaufziehen. Wie sollte ich ohne den Knaben vor meinen Vater treten? Ich könnte den Jammer nicht sehen, der über meinen Vater käme."

Josef gibt sich seinen Brüdern zu erkennen

1. Mose 45,1.4b–5. 9–11a.25–26a.28

Da konnte Josef nicht länger an sich halten. Er rief: „Laßt mich mit ihnen allein!" Und dann gab sich Josef seinen Brüdern zu erkennen: „Ich bin Josef, euer Bruder, den ihr nach Ägypten verkauft habt. Aber habt keine Angst und denkt nicht, daß ich zornig bin, weil ihr mich hierher verkauft habt. Gott hat mich vor euch hergesandt, damit ihr leben könnt. Eilt nun, zieht hinauf zu meinem Vater und sagt ihm: Das läßt dir Josef, dein Sohn, sagen: Gott hat mich zum Herrn über ganz Ägypten gesetzt; komm herab zu mir, säume nicht! Du sollst im Land Goschen wohnen und nahe bei mir sein, du und deine Kinder und deine Kindeskinder, dein Kleinvieh und Großvieh und alles, was du hast. Ich will dich dort versorgen!"

Das Land Goschen liegt im Nildelta.

Die Brüder zogen hinauf von Ägypten und kamen ins Land Kanaan zu ihrem Vater Jakob. Sie berichteten ihm: „Josef lebt noch und ist Herr über ganz Ägypten." Da rief Jakob: „Mein Sohn Josef lebt! Ich will hin und ihn sehen, ehe ich sterbe!"

Jakobs Reise nach Ägypten

1. Mose 46,5a.6; 47,11–12

Da brach Jakob auf von Beerscheba. Sie nahmen ihr Vieh und ihre Habe, die sie im Land Kanaan erworben hatten, und kamen so nach Ägypten, Jakob und seine ganze Familie mit ihm. Josef ließ seinen Vater und seine Brüder in Ägypten wohnen und gab ihnen Besitz im besten Teil des Landes. Er sorgte für seinen Vater und für seine Brüder und deren Familien.

1. Mose 47–50 zusammengefaßt

Jakob lebte noch viele Jahre. Als er spürte, daß er sterben sollte, versammelte er seine Söhne um sich. Er bat sie, ihn in Kanaan zu begraben in der Höhle, wo schon Abraham und Isaak mit ihren Frauen und Lea, seine Frau, begraben waren. Nachdem er seine Söhne gesegnet hatte, legte sich Jakob auf seinem Lager zurück und starb.
Josef zog mit seinen Brüdern und einem großen Gefolge nach Kanaan und begrub dort seinen Vater, wie er es ihm versprochen hatte. Als sie Jakob begraben hatten, zog Josef wieder zurück nach Ägypten zusammen mit seinen Brüdern und allen, die mit ihm gezogen waren.

4. Der Herr erhörte unser Schreien

Die Geschichte Moses

Die Israeliten werden unterdrückt

2. Mose 1,6.8–9. 10b-12.22

Als Josef, seine Brüder und alle, die zu jener Zeit gelebt hatten, gestorben waren, kam in Ägypten ein neuer König zur Herrschaft. Der wußte nichts von Josef und sprach zu seinem Volk: „Das Volk Israel ist zu groß und stärker als wir. Wenn ein Krieg ausbricht, könnten sie sich auf die Seite unserer Feinde schlagen und gegen uns kämpfen."

Da setzte man Aufseher ein, die sie mit Zwangsarbeit unterdrückten. So baute das Volk Israel für den Pharao Städte. Aber es vermehrte sich immer stärker, so daß die Ägypter sich vor dem Volk Israel fürchteten. Da befahl der Pharao: „Werft alle ihre Söhne, die geboren werden, in den Nil; alle Töchter aber laßt leben!"

Nach einer anderen Überlieferung erging der Tötungsbefehl an die Hebammen Schifra und Pua. Mutig verweigerten sie jedoch den Gehorsam. Vom Pharao zur Rede gestellt, erfanden sie eine Ausrede, und der glaubte ihnen. (2. Mose 1,15–21)

Mose wird geboren

2. Mose 2,1–10a

Damals nahm ein Mann aus dem Stamm Levi ein Mädchen, ebenfalls aus dem Stamm Levi, zur Frau. Sie wurde schwanger und gebar einen Sohn, den versteckte sie drei Monate lang. Als sie ihn nicht mehr länger verstecken konnte, machte sie aus Schilfrohr ein Kästchen und verklebte es mit Erdharz und Pech. Sie legte das Kind hinein und setzte das Kästchen am Ufer des Nils ins Schilf. Seine Schwester stand in einiger Entfernung, um zu sehen, was mit ihm geschehen würde.

Das ist ein teerähnliches Material.

Da ging die Tochter des Pharao zum Nil, um zu baden, und ihre Dienerinnen gingen am Ufer auf und ab. Sie sah das Kästchen am Nil und schickte eine Magd, um es zu holen. Als sie es öffnete, sah sie das Kind. Der Junge weinte. Sie hatte Mitleid mit ihm und sagte: „Das ist eins von den hebräischen Kindern!"

Hebräer ist ein anderes Wort für Israeliten.

Marc Chagall

Früher gab es ja noch keine künstliche Muttermilch; deshalb brauchte die Tochter des Pharao eine Amme, die ihr das Kind stillte.

Da sprach die Schwester des Jungen die Tochter des Pharao an: „Soll ich eine von den hebräischen Frauen rufen, die gerade stillt, damit sie für dich das Kind auch stillt?“ Die Tochter des Pharao antwortete: „Geh!“ Da ging das Mädchen und rief die Mutter des Kindes. Die Mutter kam, und die Tochter des Pharao sagte zu der Frau: „Nimm das Kind mit und stille es für mich; ich will dir Lohn dafür geben.“ Die Frau nahm das Kind mit und stillte es.

Und als der Junge groß war, brachte ihn seine Mutter der Tochter des Pharao zurück. Die nahm ihn als ihren Sohn an und nannte ihn Mose.

2. Mose 2,11–22a

Mose flieht nach Midian

Als Mose herangewachsen war, ging er einmal hinaus zu seinen Brüdern und sah ihre Sklavenarbeit. Er wurde Zeuge, wie ein Ägypter einen seiner hebräischen Brüder schlug. Da schaute er sich nach allen Seiten um, und als er sah, daß kein Mensch da war, erschlug er den Ägypter und verscharrte ihn im Sand.

Als er am nächsten Tag wieder hinausging, sah er zwei Hebräer miteinander streiten. Da sagte er zu dem, der im Unrecht war: „Warum schlägst du deinen Nächsten?“ Der aber entgegnete: „Wer hat denn dich zum Aufseher oder Richter über uns gesetzt? Willst du mich etwa auch umbringen wie den Ägypter?“ Da fürchtete sich Mose und sagte: „Wieso ist das bekannt geworden?“

Das Land Midian liegt im Süden der Halbinsel Sinai.

Die Sache kam vor den Pharao; der wollte Mose töten lassen. Aber Mose floh ins Land Midian. Dort rastete er an einem Brunnen. Da kamen die sieben Töchter des Priesters von Midian, um Wasser zu schöpfen und die Schafe ihres Vaters zu tränken. Hirten kamen und jagten sie weg. Aber Mose half ihnen und tränkte ihre Schafe.

Das heißt vielleicht „Fremdling“.

Als sie zu ihrem Vater zurückkamen, fragte er: „Warum seid ihr heute so früh?“ Sie antworteten: „Ein Ägypter half uns gegen die Hirten. Er schöpfte Wasser für uns und tränkte die Schafe.“ Da fragte er seine Töchter: „Wo ist er? Warum habt ihr den Mann draußen gelassen? Ladet ihn doch ein, mit uns zu essen!“ Und Mose willigte ein, bei dem Mann zu bleiben. Er gab Mose seine Tochter Zippora zur Frau, und sie gebar einen Sohn. Mose nannte ihn Gershom.

Der brennende Dornbusch: Mose wird von Gott berufen

2. Mose 3,1–3. 5. 7–8a.13b.14. 16–17a; 4,10.12–16a

Mose hütete die Schafe seines Schwiegervaters. Einmal trieb er die Schafe weit über die Steppe hinaus bis in die Steinwüste und kam an den Gottesberg. Da erschien ihm der HERR in einer feurigen Flamme aus einem Dornbusch. Mose sah, daß der Busch brannte, aber er wurde vom Feuer nicht aufgezehrt. Er dachte: Ich will mir diese wundersame Erscheinung ansehen, warum der Busch nicht verbrennt!

Die Erklärung dieser Schreibweise findest Du auf der Seite 10.

Da rief ihn der HERR aus dem Busch an: „Komm nicht näher! Zieh erst deine Schuhe aus; du stehst auf heiligem Land!" Mose fürchtete sich. Da sprach der HERR weiter: „Ich habe das Elend meines Volkes in Ägypten gesehen und ihr Geschrei über ihre Unterdrücker gehört; ich habe ihr Leiden erkannt. Ich will sie aus der Hand der Ägypter retten und sie aus diesem Land herausführen in ein gutes und weites Land – in ein Land, wo Milch und Honig fließen."

Da fragte Mose: „Wie ist dein Name?" Der HERR antwortete:

„Ich bin Jahwe:
Ich bin, der ich bin,
ich war, der ich war,
ich werde sein, der ich sein werde.

Deshalb geh und versammle die Ältesten von Israel. Sage ihnen: Der HERR, der Gott eurer Väter, der Gott Abrahams, der Gott Isaaks, der Gott Jakobs, ist mir erschienen. Er hat gesagt: Ich habe mich eurer angenommen und gesehen, wie es euch in Ägypten geht. Aus dem Elend Ägyptens will ich euch in das Land führen, wo Milch und Honig fließen!"

Aber Mose entgegnete dem HERRN: „Ach, ich konnte doch noch nie gut reden, auch jetzt nicht, wo du mit deinem Knecht sprichst. Ich habe eine plumpe Sprache und eine schwerfällige Zunge." Aber der HERR erwiderte: „Geh nur; ich will mit deinem Mund sein und dich lehren, was du sagen sollst!" Mose aber antwortete: „Ach, schick doch, wen du willst!"

Jetzt wurde der HERR sehr zornig über Mose und sprach: „Ich weiß doch, daß dein Bruder Aaron gut reden kann! Der wird dir entgegenkommen und sich von Herzen freuen, wenn er dich sieht. Rede mit ihm und lege ihm die Worte in den Mund! Ich will mit deinem und mit seinem Mund sein und euch lehren, was ihr tun sollt. Er soll dann für dich zum Volk sprechen."

1931 Marc Chagall

Mose kehrt nach Ägypten zurück

2. Mose 4,19b-20. 27–31

Und der HERR sprach weiter zu Mose: „Geh wieder nach Ägypten, denn die Leute sind tot, die dir nach dem Leben trachteten!" Da nahm Mose seine Frau und seinen Sohn, setzte sie auf einen Esel und zog wieder nach Ägypten.

Der HERR sprach zu Aaron: „Geh Mose in der Wüste entgegen!" Aaron ging, begegnete Mose und küßte ihn. Mose berichtete Aaron alle Worte des HERRN, der ihn gesandt hatte. Dann versammelten sie alle Ältesten der Israeliten, und Aaron sagte ihnen alles, was der HERR mit Mose gesprochen hatte. Als sie hörten, daß der HERR sich der Israeliten angenommen und ihre Not gesehen hatte, verneigten sie sich und beteten den HERRN an.

Mose und Aaron vor dem Pharao

2. Mose 5,1–4.6–9. 12–15a.22–23;6,1

Danach gingen Mose und Aaron zum Pharao und sagten: „So spricht der HERR, der Gott Israels: Laß mein Volk ziehen, damit es für mich ein Opferfest in der Wüste feiert!" Der Pharao aber antwortete: „Der HERR? Wer ist das? Wieso soll ich dem gehorchen? Ich weiß nichts von diesem HERRN, und ich will Israel nicht ziehen lassen!"

Da sagten sie: „Er ist uns erschienen, der Gott der Hebräer. Laß uns drei Tagesreisen weit in die Wüste ziehen und dem HERRN, unserem Gott, opfern!" Da entgegnete der Pharao: „Warum wollt ihr das Volk von der Arbeit abhalten? Geht wieder an euren Dienst!"

Und am selben Tag befahl er den Aufsehern: „Gebt dem Volk kein gehacktes Stroh mehr für die Ziegel wie bisher, sondern laßt sie das Stroh dafür selbst zusammenlesen. Aber die gleiche Zahl an Ziegeln, wie sie bisher gemacht haben, sollt ihr von ihnen verlangen und nichts weniger. Es ist ihnen wohl langweilig, deshalb wollen sie wegziehen und ihrem Gott opfern. Man soll die Leute mit Arbeit eindecken, damit sie etwas zu tun haben und sich nicht um falsche Reden kümmern!"

Lehm wurde mit gehacktem Stroh vermischt und zu Klötzen geformt. An der Sonne getrocknet oder gebrannt, gab das die Ziegel für die Häuser.

So mußte sich das Volk Israel in ganz Ägypten verteilen und Stroh sammeln, um Häcksel zu haben. Und die ägyptischen Aufseher trieben sie an: „Erfüllt euer Pensum wie damals, als ihr Häcksel hattet!" Und wenn sie ihr Pensum nicht schafften, wurden die israelitischen Unteraufseher geschlagen. Da beschwerten sie sich beim Pharao.

Marc Chagall

Und Mose ging zum HERRN und fragte: „Wir sind zum Pharao gegangen und haben mit ihm in deinem Namen geredet. Seitdem hat er das Volk noch härter geplagt! Du hast dein Volk nicht errettet! Warum tust du dem Volk Übles an? Wozu hast du mich denn hergesandt?"

Der HERR antwortete Mose: „Du sollst jetzt sehen, was ich dem Pharao antun werde! Durch eine starke Hand gezwungen, muß er das Volk ziehen lassen. Durch eine starke Hand gezwungen, wird er sie sogar selbst aus seinem Land vertreiben müssen!"

2. Mose 7,14–18. 20–21.25a.23

Gott plagt die Ägypter: Wasser wird in Blut verwandelt

Und der HERR sprach zu Mose: „Geh morgen früh zum Pharao, wenn er ans Wasser geht. Tritt ihm am Ufer des Nils entgegen. Sag zu ihm: Der HERR, der Gott der Hebräer, hat mich zu dir gesandt. Er hat dir sagen lassen, du sollst sein Volk ziehen lassen, um ihm in der Wüste zu dienen. Aber du hast bisher nicht hören wollen! Darum spricht der HERR: Jetzt sollst du erfahren, daß ich der HERR bin: Mit dem Stab in meiner Hand will ich das Wasser im Nil schlagen, und es soll in Blut verwandelt werden, so daß die Fische im Strom sterben und das Wasser stinkt. Die Ägypter wird es ekeln, das Wasser aus dem Nil zu trinken."

Mose und Aaron taten, wie ihnen der HERR geboten hatte. Mose hob den Stab und schlug ins Wasser des Nils vor dem Pharao und seinen Großen, und alles Wasser wurde zu Blut verwandelt. Die Fische im Strom starben, und der Strom wurde so stinkend, daß die Ägypter das Wasser aus dem Nil nicht trinken konnten. Überall am Nil entlang gruben die Ägypter nach Trinkwasser, denn das Wasser aus dem Strom konnten sie nicht trinken. Und das dauerte sieben Tage lang.

Der Pharao wandte sich um und ging heim und nahm es sich nicht zu Herzen.

Auszüge aus 2. Mose 7–10

Sechs weitere Plagen

Dann sprach der HERR zu Mose: „Geh zum Pharao und sage ihm: So spricht der HERR: Laß mein Volk ziehen, damit es mir dient! Aber wenn du dich weigerst, will ich dein ganzes Gebiet mit *Fröschen* plagen." Und es kamen so viele Frösche herauf, daß ganz Ägypten bedeckt wurde. Aber der Pharao nahm es sich nicht zu Herzen.

Der HERR sprach zu Mose: „Geh zum Pharao und sage ihm: So spricht der HERR: Laß mein Volk ziehen, damit es mir dient! Wenn du es nicht tust, will ich *Stechfliegen* über dich kommen lassen." Und viele Stechfliegen kamen in das Haus des Pharao, in die Häuser seiner Großen und über ganz Ägypten. Das Land wurde von den Stechfliegen ganz verseucht. Aber der Pharao nahm es sich nicht zu Herzen.

Da sprach der HERR zu Mose: „Geh zum Pharao und sage ihm: So spricht der HERR, der Gott der Hebräer: Laß mein Volk ziehen, damit es mir dient. Wenn du dich weigerst und sie weiter aufhältst, dann wird die Hand des HERRN über dein Vieh auf dem Feld kommen mit sehr schwerer *Pest* über die Pferde, die Esel, die Kamele, die Rinder und über die Schafe." Und am andern Morgen tat es der HERR: Alles Vieh der Ägypter starb, aber vom Vieh der Israeliten starb nicht ein Tier. Aber der Pharao nahm es sich nicht zu Herzen.

Da sprach der HERR zu Mose: „Geh zum Pharao und sage ihm: So spricht der HERR, der Gott der Hebräer: Laß mein Volk ziehen, damit es mir dient. Du stellst dich noch immer gegen mein Volk und willst es nicht ziehen lassen! Morgen um diese Zeit will ich einen sehr schweren *Hagel* fallen lassen, wie es noch nie einen in Ägypten gegeben hat." Dann ließ es der HERR donnern und hageln, so schwer wie noch nie, seitdem die Menschen dort wohnten. Feuer schoß auf die Erde nieder, und Blitze zuckten dazwischen. Der Hagel erschlug alles in Ägypten, was auf dem Feld war. Aber der Pharao nahm es sich nicht zu Herzen.

Da sprach der HERR zu Mose: „Geh zum Pharao und sage ihm: So spricht der HERR, der Gott der Hebräer: Laß mein Volk ziehen, damit es mir dient! Wenn du dich weigerst, dann will ich morgen über dein Gebiet *Heuschrecken* kommen lassen. Sie sollen das Land so bedecken, daß man nichts mehr sehen kann." Da kamen die Heuschrecken. Aber der Pharao nahm es sich nicht zu Herzen.

Da sprach der HERR zu Mose: „Recke deine Hand zum Himmel. Dann werde eine *Finsternis* in Ägypten, daß man sie greifen kann!" Und Mose reckte seine Hand zum Himmel. Da trat eine so tiefe Finsternis in ganz Ägypten ein, drei Tage lang, daß keiner mehr den anderen sehen konnte. Aber der Pharao nahm es sich nicht zu Herzen.

Chagall 1931

5. Er führte uns aus Ägypten mit mächtiger Hand

Der Auszug aus Ägypten

Gott kündigt die letzte Plage an

2. Mose 11,1–2. 4b-6;12,21–23

Der HERR sprach zu Mose: „Noch eine Plage will ich über den Pharao und über Ägypten kommen lassen! Dann wird er euch von hier wegziehen lassen, und nicht nur das: er wird euch von hier sogar vertreiben!

Sage zu dem Volk, daß jeder sich von seinem Nachbarn und jede sich von ihrer Nachbarin silbernes und goldenes Geschmeide geben lassen soll. Um Mitternacht will ich durch Ägypten gehen, und alle Erstgeburt in Ägypten soll sterben, vom ersten Sohn des Pharao bis zum ersten Sohn der Magd und alle Erstgeburt des Viehs. Dann wird ein großes Geschrei sein in ganz Ägypten wie noch nie zuvor und später nie mehr wieder."

Und der HERR gab Mose genaue Anweisungen, wie sie sich zu verhalten hätten.

Dann rief Mose alle Ältesten Israels zusammen und sagte ihnen: „Sucht Schafe aus und schlachtet sie. Dann nehmt ein Büschel Ysop, taucht es in das Blut und bestreicht damit die obere Türschwelle und die beiden Pfosten. Und kein Mensch soll das Haus verlassen bis zum Morgen. Denn der HERR wird umhergehen und die Ägypter schlagen. Aber wenn er das Blut an der Türschwelle und an den beiden Pfosten sieht, wird er an dieser Tür vorübergehen und euch verschonen."

Das ist eine Heil- und Gewürzpflanze.

Das hat eine andere Überlieferung noch ergänzt:

2. Mose 12, 24–25. 27a

„Und wenn ihr in das Land kommt, das euch der HERR geben wird, wie er gesagt hat, dann haltet das als Brauch Jahr für Jahr: Feiert das Passafest des HERRN, der die Ägypter schlug und an uns Israeliten vorüberging."

Marc Chagall

2. Mose 12,29–35. 37.39;13,20–22

Die Erstgeborenen in Ägypten werden getötet – Das Volk zieht aus

Die Erklärung für diese Schreibweise findest Du auf der Seite 10.

Um Mitternacht schlug der HERR alle erstgeborenen Söhne in Ägypten, vom ersten Sohn des Pharao bis zum ersten Sohn des Gefangenen im Gefängnis. Da stand der Pharao auf in der Nacht und auch alle seine Großen und alle Ägypter. Es war ein großes Geschrei in Ägypten. Es gab kein Haus, in dem nicht ein Toter war.

Da ließ der Pharao Mose und Aaron rufen in der Nacht und sagte zu ihnen: „Macht euch auf und zieht weg aus meinem Volk. Geht und dient dem HERRN, wie ihr gesagt habt. Nehmt auch eure Schafe und Rinder mit, wie ihr das wolltet. Geht und bittet auch um Segen für mich." Und die Ägypter drängten und trieben das Volk in Eile aus dem Land, denn sie sagten: „Wir sind alle des Todes!"

So zogen sie jetzt alle aus. Den ungesäuerten Teig trugen die Israeliten auf ihren Schultern, die Backschüsseln hatten sie in ihre Mäntel gewickelt. Sie hatten auch getan, was Mose gesagt hatte, und hatten sich von den Ägyptern silbernes und goldenes Geschmeide, auch Kleider, geben lassen.

So zogen sie von Ramses nach Sukkot, sechshunderttausend Mann zu Fuß, die Frauen und Kinder nicht mitgerechnet. Aus dem rohen Teig backten sie ungesäuerte Brote, denn er war noch nicht durchsäuert, weil sie so schnell aus Ägypten weggetrieben worden waren. Sie hatten sich auch nicht länger aufhalten können, um sich Wegzehrung zuzubereiten. Von Sukkot zogen sie weiter und lagerten am Rand der Wüste.

Der HERR aber zog vor ihnen her, am Tag in einer Wolkensäule, um sie den rechten Weg zu führen, und bei Nacht in einer Feuersäule, um ihnen zu leuchten. So konnten sie Tag und Nacht wandern. Die Wolkensäule bei Tag und die Feuersäule bei Nacht wichen niemals vom Volk.

2. Mose 14,5b.7. 9a.10.13.14. 19b-21.24.25b.27. 30.31

Israels Durchzug durchs Schilfmeer

Da wandte sich das Herz des Pharao und das seiner Großen gegen das Volk. Sie sagten: „Warum haben wir das getan und Israel ziehen lassen, so daß sie uns nicht mehr dienen?" Und sie nahmen sechshundert auserlesene Wagen und alles, was sonst noch an Wagen in Ägypten war. Auf jedem Wagen waren Kämpfer. Und sie jagten ihnen nach.

Die Israeliten sahen, daß die Ägypter hinter ihnen herzogen. Da fürchteten sie sich sehr. Mose aber sagte: „Fürchtet euch nicht, seid standhaft und habt acht, welches Heil der HERR heute an euch tun wird! So wie ihr die Ägypter heute seht, werdet ihr sie niemals wieder sehen. Der HERR wird für euch streiten, und ihr werdet Ruhe finden!"

Da erhob sich die Wolkensäule vor ihnen, trat hinter sie und kam so zwischen das Heer der Ägypter und das Heer Israels. Drüben war die Wolke finster, hier aber erleuchtete sie die Nacht. Auf diese Weise kamen sich die Heere die ganze Nacht nicht näher.

Dann ließ der HERR das Meer durch einen starken Ostwind die ganze Nacht zurückweichen und legte es trocken. Zur Zeit der Morgenwache aber schaute der HERR aus der Wolke auf das Heer der Ägypter und erschreckte sie so sehr, daß sie sagten: „Laßt uns vor Israel fliehen; der HERR streitet für sie gegen Ägypten!" Gegen Morgen kehrte dann das Meer zurück in sein Bett. Die Ägypter flohen geradewegs dem Meer entgegen. So stürzte der HERR sie mitten ins Meer!

Auf diese Weise rettete der HERR an jenem Tage Israel aus der Hand der Ägypter. Sie sahen die Ägypter tot am Ufer des Meeres liegen. So sah also Israel die mächtige Hand des HERRN; sie fürchteten den HERRN und glaubten ihm und seinem Knecht Mose.

So berichtet eine andere Überlieferung den Schluß der Geschichte.

Mose reckte auf Befehl des HERRN seine Hand über das Meer, und da teilte sich das Wasser. Die Israeliten gingen auf dem Trockenen hinein in das Meer, wobei das Wasser wie eine Mauer rechts und links stand.

2. Mose 14,21–23. 27a.28

Die Ägypter folgten ihnen mit allen Rossen, Wagen und Männern nach. Da reckte Mose auf Befehl des HERRN seine Hand wieder über das Meer. Das Wasser kam zurück und überflutete das Heer des Pharao, so daß nicht einer übrigblieb.

Mirjams Siegeslied

2. Mose 15,20–21

Die Prophetin Mirjam, Aarons Schwester, nahm eine Pauke in die Hand, und alle Frauen folgten ihr im Reigen nach mit Pauken.
Mirjam sang ihnen vor:

„Laßt uns dem HERRN singen,
denn er hat eine herrliche Tat getan:
Roß und Mann hat er ins Meer gestürzt!"

2. Mose 15,22b-25

Bitteres Wasser in Mara

Drei Tage wanderten sie in der Wüste und fanden kein Wasser. Dann kamen sie nach Mara, aber auch das Wasser von Mara konnten sie nicht trinken, weil es zu bitter war. Da begann das Volk gegen Mose zu murren: „Was sollen wir trinken?“ Mose rief den HERRN an, da zeigte ihm der HERR ein Stück Holz. Das warf Mose ins Wasser, da wurde es süß.

2. Mose 16,1–4a.5. 14.20.31

Die Speisung mit Manna

Sie zogen weiter, sieben Wochen lang. Und das Volk murrte wieder gegen Mose: „Lieber wären wir in Ägypten gestorben, als wir bei den Fleischtöpfen saßen. Wozu hast du uns in die Wüste herausgeführt? Sollen wir hier an Hunger sterben?“ Mose rief den HERRN an.

Da sprach der HERR zu Mose: „Ich will euch Brot vom Himmel regnen lassen. Das Volk soll hinausgehen und täglich sammeln, was es für den einen Tag braucht. Am sechsten Tag aber wird es doppelt so viel sein, was sie sammeln. Das ist für den Sabbattag.“

So geschah es. Sie fanden Brot, rund und klein, wie Tautropfen auf der Erde. Man konnte es nicht aufbewahren; am nächsten Tag war es verdorben. Nur die Menge des sechsten Tages reichte für den siebten Tag mit und verdarb nicht. Und Israel nannte es „Manna“; es war wie weißer Koriandersamen und schmeckte wie Semmel mit Honig.

4. Mose 11,4b.10a. 11a.13.18–24. 31–32

Die Speisung mit Wachteln

Aber bald fingen die Israeliten wieder an zu weinen: „Wer wird uns Fleisch zu essen geben? Wir denken an die Fische, die wir in Ägypten umsonst gegessen haben, und an die Kürbisse, die Melonen, den Lauch, die Zwiebeln und den Knoblauch! Jetzt aber sind wir matt, denn wir sehen nichts als Manna!“

Als Mose das Volk so weinen hörte, alle miteinander, jeder vor dem Eingang seines Zeltes, da verdroß ihn das sehr, und er sagte zum HERRN: „Woher soll ich Fleisch nehmen, um es diesem Volk zu geben? Sie weinen und sagen zu mir: Gib uns Fleisch zu essen!“

Und der HERR antwortete Mose: „Sage dem Volk: Macht euch bereit für mich! Denn morgen sollt ihr Fleisch zu essen haben. Ich werde euch Fleisch zu essen geben. Nicht nur für einen Tag oder zwei, auch nicht nur für fünf, zehn oder zwanzig Tage, nein, für einen ganzen Monat, bis ihr es nicht mehr riechen könnt und es euch zum Ekel wird! Denn ihr habt den HERRN, der doch bei euch ist, verworfen. Indem ihr vor seinen Ohren weint und jammert: Warum sind wir aus Ägypten fortgegangen?, habt ihr ihn verworfen!"

Mose fragte: „Ich lebe hier mit sechshunderttausend Mann Fußvolk, Frauen und Kinder gar nicht mitgerechnet, und da sagst du: Ich will ihnen Fleisch zu essen geben, daß sie einen Monat lang zu essen haben? Kann man denn soviele Rinder und Schafe schlachten, daß es für sie reicht? Oder kann man alle Fische im Meer einfangen, daß es für sie genug ist?"

Der HERR antwortete Mose: „Glaubst du etwa, die Hand des HERRN sei zu kurz? Jetzt sollst du sehen, ob mein Wort sich erfüllt oder nicht!" Und Mose ging hin und sagte dem Volk die Worte des HERRN.

Da erhob sich ein Wind, vom HERRN gesandt, und ließ vom Meer her Wachteln kommen. Der Wind ließ sie auf das Lager fallen, eine Tagesreise weit im Umkreis des Lagers; zwei Ellen hoch bedeckten sie den Erdboden. Da machte sich das Volk auf und sammelte Wachteln, diesen Tag, dann die ganze Nacht und den nächsten Tag. Und wer das wenigste sammelte, der sammelte immer noch hundert Scheffel voll. Dann breiteten sie sie rings um das Lager aus, um sie zu trocknen.

Eine Elle sind etwa 46 cm.

Ein Scheffel ist ein altes Hohlmaß; hier: 39 Liter.

Israel kommt an den Berg Sinai

2. Mose 19,1.2b. 10–12.18.20

Zwei Monate nach dem Auszug kamen sie in die Wüste Sinai und lagerten dort gegenüber dem Berg. Der HERR sprach zu Mose: „Geh zum Volk und bereite sie auf mich vor. Sie sollen ihre Kleider waschen und für den dritten Tag bereit sein. Am dritten Tag will ich vor allem Volk auf den Berg Sinai herabfahren. Zieh eine Grenze und sage ihnen, daß niemand auf den Berg steigen oder ihn anrühren soll, sonst soll er des Todes sterben!"

Am Morgen des dritten Tages rauchte der ganze Berg Sinai, weil der HERR im Feuer auf ihn herabfuhr. Rauch stieg auf wie von einem Schmelzofen, und der ganze Berg bebte gewaltig. Als der HERR so auf den Gipfel des Berges herabgefahren war, berief er Mose zu sich, und Mose stieg hinauf.

1931 Marc
Chagall

Die zehn Gebote

2. Mose 20,2–17

Gott sprach zu Mose diese Worte, und Mose schrieb sie auf steinerne Tafeln:

Ich bin der HERR, dein Gott, der ich dich aus Ägyptenland, aus der Knechtschaft, geführt habe:

Du sollst keine anderen Götter haben neben mir.

Du sollst dir kein Bildnis noch irgendein Gleichnis machen, weder von dem, was oben im Himmel, noch von dem, was unten auf Erden, noch von dem, was im Wasser unter der Erde ist:
Bete sie nicht an und diene ihnen nicht! Denn ich, der HERR, dein Gott, bin ein eifernder Gott, der die Missetat der Väter heimsucht bis ins dritte und vierte Glied an den Kindern derer, die mich hassen, aber Barmherzigkeit erweist an vielen Tausenden, die mich lieben und meine Gebote halten.

Das heißt hier: Abbild.

Du sollst den Namen des HERRN, deines Gottes, nicht mißbrauchen; denn der HERR wird den nicht ungestraft lassen, der seinen Namen mißbraucht.

Gedenke des Sabbattages, daß du ihn heiligest. Sechs Tage sollst du arbeiten und alle deine Werke tun. Aber am siebenten Tage ist der Sabbat des HERRN, deines Gottes. Da sollst du keine Arbeit tun, auch nicht dein Sohn, deine Tochter, dein Knecht, deine Magd, dein Vieh, auch nicht dein Fremdling, der in deiner Stadt lebt.

Denn in sechs Tagen hat der HERR Himmel und Erde gemacht und das Meer und alles, was darinnen ist, und ruhte am siebenten Tage. Darum segnete der HERR den Sabbattag und heiligte ihn.

Das heißt: Er machte ihn zu seinem Tag. Lies dazu Seite 10.

Du sollst deinen Vater und deine Mutter ehren, auf daß du lange lebest in dem Lande, das dir der HERR, dein Gott, geben wird.

Du sollst nicht töten.

Du sollst nicht ehebrechen.

Du sollst nicht stehlen.

Du sollst nicht falsch Zeugnis reden wider deinen Nächsten.

Du sollst nicht begehren deines Nächsten Haus. Du sollst nicht begehren deines Nächsten Weib, Knecht, Magd, Rind, Esel noch alles, was dein Nächster hat.

Marc Chagall

1931
Chagall Marc

Da stiegen Mose und Aaron und siebzig von den Ältesten hinauf und sahen den Gott Israels. Unter seinen Füßen war es wie eine Fläche von Saphir und wie der Himmel, wenn es klar ist. Und er streckte seine Hand nicht aus gegen die Edlen Israels. Und als sie Gott geschaut hatten, aßen und tranken sie.

So berichtet eine andere Überlieferung von der Erscheinung Gottes auf dem Sinai.

2. Mose 24,9–11

Das goldene Stierbild

2. Mose 24,18b; 32,1–6. 15.19.20a

Vierzig Tage und Nächte blieb Mose auf dem Berg. Als aber das Volk sah, daß Mose ausblieb und nicht wieder von dem Berg zurückkam, versammelten sie sich vor Aaron und sagten: „Auf, mach uns einen Gott, der vor uns hergeht! Denn wir wissen nicht, was aus diesem Mann Mose geworden ist!" Aaron antwortete: „Dann reißt die goldenen Ohrringe von den Ohren eurer Frauen, Söhne und Töchter ab und bringt sie mir!"

Sie rissen sich alle goldenen Ohrringe von den Ohren und brachten sie zu Aaron. Der nahm sie aus ihren Händen und formte daraus ein gegossenes Kalb. Da riefen sie: „Das ist dein Gott, Israel, der dich aus Ägypten geführt hat!" Und Aaron baute davor einen Altar und ließ ausrufen: „Morgen ist des HERRN Fest!"

Der kanaanäische Gott Baal, über den Du mehr in Kapitel 8 lesen kannst, wurde oft als Stier abgebildet. Weil die Israeliten so wenig Gold hatten, reichte es nur für ein Kälbchen!

Dann standen sie früh am anderen Morgen auf und brachten Brandopfer und Dankopfer dar. Anschließend setzte sich das Volk, um zu essen und zu trinken, danach standen sie wieder auf, um ihre Lust zu treiben.

Mose kam wieder vom Berg zurück, die beiden Tafeln mit den Geboten in seiner Hand. Als er sich dem Lager näherte, sah er das Kalb und das Tanzen. Da entbrannte sein Zorn, und er warf die Tafeln aus der Hand und zerbrach sie. Da nahm er das Kalb, das sie gemacht hatten, und zerschmolz es im Feuer.

Mose bittet für das Volk

2. Mose 32,30–34

Am nächsten Morgen sprach Mose zum Volk: „Ihr habt eine große Sünde getan! Aber ich will hinaufsteigen zum HERRN, ob ich vielleicht Vergebung erwirken kann für eure Sünde!"

Als Mose wieder zum HERRN kam, sagte er: „Ach, das Volk hat eine große Sünde getan: Sie haben sich einen Gott aus Gold gemacht. Vergib ihnen doch ihre Sünde; wenn nicht, dann streiche *mich* aus deinem Buch der Lebenden!"

Marc Chagall

Der HERR antwortete Mose: „Ich will den strafen, der an mir sündigt! Also geh, und führe das Volk dahin, wo ich dir gesagt habe. Aber ihre Sünde werde ich ihnen vergelten, wenn die Zeit gekommen ist!"

Und der HERR diktierte dem Mose die Gebote ein zweites Mal. Zur Strafe für den Treuebruch durfte niemand das Land Kanaan betreten, der beim Auszug dabei war; erst ihre Kinder. So blieb das Volk vierzig Jahre lang in der Wüste. Auch Mose starb, er starb beim Anblick des gelobten Landes. Sein Nachfolger wurde Josua.

Gesetze

Über die Propheten kannst Du auf den Seiten 135–165 nachlesen.

Es gibt im Alten Testament viele Gesetzesvorschriften, denn das Alte Testament war auch das Gesetzbuch des jüdischen Volkes. Gott selbst garantierte diese Gesetze. Die Propheten haben immer wieder angeprangert, wenn die Mächtigen oder das ganze Volk gegen diese Gesetze verstoßen hatten. Einige Gesetze, die in biblischen Erzählungen eine Rolle spielen:

2. Mose 22,21

Niemals sollt ihr Witwen und Waisen bedrücken!

2. Mose 22,24–26

Wenn du an jemand aus meinem Volk Geld verleihst – an einen Armen, der neben dir wohnt –, dann sollst du nicht wie ein Wucherer an ihm handeln: Du sollst keine Zinsen von ihm nehmen!
Wenn du den Mantel deines Nächsten als Pfand nimmst, dann sollst du ihn zurückgeben, bevor die Sonne untergeht! Sein Mantel ist vielleicht seine einzige Decke, worin soll er sonst schlafen?

3. Mose 19,9–10

Wenn du deinen Acker aberntest, sollst du nicht alles bis zum äußersten Rand abschneiden. Du sollst nach der Ernte auch keine Nachlese halten! Auch in deinem Weinberg sollst du keine Nachlese halten und die abgefallenen Beeren nicht auflesen! Das alles sollst du dem Armen und dem Fremden lassen! Ich bin der HERR, euer Gott!

3. Mose 19,13

Du sollst deinen Nächsten nicht bedrängen, nicht übervorteilen und berauben! Den Lohn des Tagelöhners sollst du nicht bis zum nächsten Morgen bei dir behalten!

3. Mose 19,17–18b

Du sollst deinen Bruder nicht hassen, kein Groll sei in deinem Herzen! Nein, du sollst deinen Nächsten zurechtweisen, damit du nicht seinetwegen Schuld auf dich lädst.
Du sollst deinen Nächsten lieben wie dich selbst! Ich bin der HERR!

Wenn ein Fremder bei euch im Land wohnt, dann sollt ihr ihn nicht bedrücken! Wie ein Einheimischer soll er bei euch wohnen – und du sollst ihn lieben wie dich selbst! Denn ihr seid auch Fremde gewesen, damals in Ägypten. Ich bin der HERR, euer Gott!

3. Mose 19,33–34

Wer den Namen des HERRN lästert, soll mit dem Tod bestraft werden; die ganze Gemeinde soll ihn steinigen. Ob es ein Fremder ist oder ein Einheimischer: Wer den Namen des HERRN lästert, soll sterben.

3. Mose 24, 16

Wer irgendeinen Menschen erschlägt, soll mit dem Tod bestraft werden. Aber wer ein Stück Vieh erschlägt, der soll es ersetzen, Tier um Tier – Leben um Leben.
Und wer seinen Nächsten verletzt, dem soll man das auch antun, was er getan hat: Schaden um Schaden, Auge um Auge, Zahn um Zahn. So wie er einen Menschen verletzt hat, so soll auch er verletzt werden.
Es soll unter euch ein und dasselbe Recht gelten für die Fremden wie für die Einheimischen! Ich bin der HERR, euer Gott.

3. Mose 24,17–20. 22

Sechs Jahre sollst du deine Felder bestellen und sechs Jahre deine Weinberge pflegen, beschneiden und die Früchte ernten. Im siebten Jahr aber soll das Land eine völlige Ruhe haben. Es soll dem HERRN einen feierlichen Sabbat halten: Da sollst du deine Felder nicht bestellen und deine Weinberge nicht pflegen und beschneiden!

3. Mose 25,3–4

Dieses Jahr nannte man „Sabbatjahr“.

Und du sollst sieben Sabbatjahre zählen, also siebenmal sieben Jahre, das sind dann neunundvierzig Jahre; das darauffolgende fünfzigste Jahr sollt ihr heiligen. Es soll ein Erlaß für euch sein: Für alle, die im Land wohnen, sollt ihr dann Freilassung ausrufen, da soll jeder bei euch wieder zu seiner Habe und zu seiner Familie kommen – alle Schulden sollen erlassen sein.

3. Mose 25,8.10

Dieses Jahr nannte man „Erlaßjahr“.

In dem Land, das dir der HERR, dein Gott, gegeben hat, sollst du die Grenze zu deinem Nachbarn nicht verrücken; denn sie ist ja von den Vorfahren festgesetzt.

5. Mose 19,14

Wegen irgendeiner Untat oder Sünde, was für eine auch immer es sei, genügt kein einzelner Zeuge, sondern eine Aussage soll nur durch den Mund von zwei oder drei Zeugen gültig sein.

5. Mose 19,15

6. Ins Land, darin Milch und Honig fließen

Geschichten von Josua, Gideon und Simson

Josua 1,1–2.5–6

„Zieht ins gelobte Land!“

Die Erklärung für diese Schreibweise findest Du auf der Seite 10.

Nachdem Mose, der Knecht des HERRN, gestorben war, sprach der HERR zu Josua: „Mein Knecht Mose ist gestorben, so mach du dich jetzt auf und zieh mit dem ganzen Volk über den Jordan in das Land, das ich ihnen gegeben habe. Und niemand soll dir widerstehen dein Leben lang. So wie ich mit Mose gewesen bin, so will ich jetzt auch mit dir sein! Ich will dich nicht verlassen und nicht von dir weichen. Sei getrost und unverzagt, denn du sollst diesem Volk das Land austeilen, das ich ihnen zum Erbbesitz geben will, so wie ich es euren Vätern geschworen habe!“

Josua 2,1–16.22–24

Rahab versteckt die Kundschafter in Jericho

Von Schittim aus schickte Josua zwei Männer heimlich als Kundschafter mit dem Auftrag: „Geht, seht euch das Land an, auch die Stadt Jericho!“ Die Männer gingen los und kamen dort in das Haus einer Hure, die hieß Rahab. Dort kehrten sie ein. Das wurde dem König von Jericho gemeldet. Der König sandte zu Rahab und ließ ihr sagen: „Gib die beiden Männer heraus: Sie wollen das ganze Land auskundschaften!“

Die Frau hatte die beiden auf dem Dach unter Flachsstengeln versteckt; zu den Boten des Königs aber sagte sie: „Ja, es sind Männer zu mir gekommen. Aber ich wußte nicht, woher sie waren! Als es finster wurde und man die Stadttore schließen wollte, sind sie hinausgegangen. Wohin sie gegangen sind, weiß ich nicht. Wenn ihr ihnen schnell nachjagt, werdet ihr sie sicher noch ergreifen!“ So jagten die Boten des Königs den Männern durch das Stadttor nach, den Weg zum Jordan bis zu den Furten.

Ehe sich die Männer schlafen legten, stieg Rahab zu ihnen hinauf auf das Dach. Sie sagte: „Ich weiß, daß der HERR euch das Land gegeben hat, denn wir haben davon gehört, wie der HERR das Wasser vor euch im Schilfmeer ausgetrocknet hat, als ihr aus Ägypten ausgezogen seid. Seitdem wir das gehört haben, fürchten wir uns; keiner wagt mehr, vor euch zu atmen!

Schwört mir jetzt bei dem HERRN, daß ihr mit mir und meiner Familie barmherzig sein werdet, wenn ihr alle hier ins Land kommt. Ich war ja auch mit euch barmherzig. Rettet uns vor dem Tod!" Die Männer antworteten: „Wir bürgen dafür mit unserem Leben!"

Rahab wohnte an der Stadtmauer. Also ließ sie die Männer an einem Seil durchs Fenster hinunter. Sie sagte: „Geht auf das Gebirge hinauf, damit euch die Verfolger nicht begegnen. Verbergt euch drei Tage, bis sie zurück sind; dann zieht eures Weges."

Die Männer taten, wie ihnen Rahab geraten hatte. Nach drei Tagen verließen sie das Gebirge, setzten über den Jordan und kamen zu Josua zurück. Sie erzählten ihm alles, was ihnen begegnet war. Sie sagten: „Der HERR hat uns das ganze Land in die Hände gegeben; alle Bewohner des Landes sind feige geworden und fürchten sich vor uns!"

Israel zieht durch den Jordan

Josua 3,14–16a; 4,10–11.13.18b;5,1

Als Josua mit dem Volk früh am Morgen aus seinen Zelten aufbrach, um durch den Jordan zu gehen, trug man die Lade des HERRN vornweg. Die Träger der Lade kamen an den Jordan und tauchten ihre Füße vorne ins Wasser. Da blieb das Wasser, das von oben herabfloß, wie ein Wall stehen, weit weg bei der Stadt Adam; aber das Wasser, das nach unten zum Salzmeer floß, nahm ab und lief ganz weg.

Die Träger der Lade blieben mitten im Jordan stehen, bis das ganze Volk hinübergegangen war. Dann zog die Lade des HERRN auch hinüber. Es waren an die vierzigtausend Männer, die vor dem HERRN her ins Jordantal vor Jericho zum Kampf zogen. Dann kehrte das Wasser in sein Bett zurück.

Als die Könige der Amoriter, die jenseits des Jordan im Westen wohnten, und alle Könige der Kanaaniter am Meer das hörten, fürchteten sie sich. Keiner wagte mehr zu atmen vor Israel.

Die Lade des HERRN oder Bundeslade war ein Holzkasten, 1,25 m lang und 0,75 m hoch und breit; sie war vergoldet und hatte Ringe, damit man sie mit Stangen tragen konnte. Auf dem Deckel waren zwei Engelfiguren. Vielleicht enthielt sie die Tafeln mit den Zehn Geboten (Seite 65). Sie galt als Gottes Thron und war im „Heiligen Zelt" untergebracht. Auf Seite 96 kannst Du lesen, wie David sie später nach Jerusalem holte; noch später kam sie dann in Salomos Tempel (Seite 104).

Byzantinische Miniatur
Buchmalerei aus dem 13. Jahrhundert

Jericho wird erobert und zerstört

Josua 6,1–5.7a.10. 12a.14–17.19–22. 24–25a

Die Stadt Jericho war verschlossen und gut gesichert wegen der Israeliten, so daß niemand heraus- oder hineinkommen konnte. Der HERR aber sprach zu Josua: „Ich habe Jericho mitsamt seinem König und seinen Soldaten in deine Hand gegeben. Laß alle Kriegsmänner die Stadt umkreisen. Sie sollen sechs Tage lang jeden Tag einmal um die Stadt ziehen.

Und am siebten Tag sollt ihr siebenmal um die Stadt ziehen. Wenn man die Posaunen bläst, sollt ihr alle ein großes Kriegsgeschrei erheben. Dann wird die Stadtmauer einfallen und ihr sollt hinübersteigen, jeder an der Stelle, wo er sich gerade befindet!"

Josua sprach zum Volk: „Geht los und zieht um die Stadt, aber erhebt kein Kriegsgeschrei und laßt eure Stimmen nicht ertönen! Kein Wort soll aus eurem Mund kommen bis zu dem Tag, an dem ich zu euch sage: Erhebt ein Kriegsgeschrei! – dann erst sollt ihr das Kriegsgeschrei erheben!"

Und am frühen Morgen machten sie sich auf, zogen einmal um die Stadt und kehrten ins Lager zurück. So machten sie es sechs Tage lang. Aber am siebten Tag brachen sie früh in der Morgenröte auf und zogen siebenmal um die Stadt. Nur an diesem Tag zogen sie siebenmal um die Stadt! Und beim siebtenmal rief Josua: „Macht Kriegsgeschrei! Der HERR hat euch die Stadt gegeben! Aber die Stadt und alles, was darin ist, soll dem Bann des HERRN verfallen sein. Einzig die Hure Rahab und alle in ihrem Haus sollen am Leben bleiben, denn sie hat unsere Boten versteckt. Alles Silber aber und alles Gold, alles kupferne und eiserne Gerät soll dem HERRN geheiligt sein; es soll zum Schatz des HERRN gehören!"

„Bann" heißt, daß die Israeliten keine Beute machen sollen, weil die Kriegsbeute Gott gehört. Deshalb wurden ihm Gefangene geopfert und kamen die Schätze in das Heilige Zelt Gottes.

Da erhob das Volk ein großes Kriegsgeschrei, sie bliesen die Posaunen, und die Mauer stürzte zusammen. Sie stiegen in die Stadt hinein, jeder da, wo er gerade war. So eroberten sie die Stadt.

An allem, was in der Stadt war, vollstreckten sie den Bann mit der Schärfe des Schwertes, an Mann und Weib, jung und alt, an Rindern, Schafen und Eseln. Zu den beiden Kundschaftern sagte Josua: „Geht in Rahabs Haus und führt sie heraus mit allen, die bei ihr sind. So habt ihr es geschworen!"

Die Stadt aber verbrannten sie mit allem, was darin war. Nur das Silber und Gold und die kupfernen und eisernen Geräte legten sie in den Schatz des HERRN.

So ließ Josua Rahab und ihre Familie am Leben, und sie blieb in Israel wohnen.

Josua 24,1–5a. 6a.7b.11.13–14a. 15–18.25a

Der Landtag zu Sichem

Josua versammelte alle Stämme Israels in Sichem. Als sie vor Gott getreten waren, sprach Josua zum ganzen Volk:

„So spricht der HERR, der Gott Israels: Eure Väter wohnten vorzeiten jenseits des Euphratstromes und dienten anderen Göttern. Da nahm ich euren Vater Abraham von jenseits des Stromes und ließ ihn das ganze Land Kanaan durchziehen. Ich schenkte ihm zahlreiche Nachkommen und gab ihm den Isaak. Dem Isaak gab ich Jakob und Esau, und Esau gab ich das Gebirge Seïr. Jakob aber und seine Söhne zogen hinab nach Ägypten.

Da plagte ich Ägypten und führte euch heraus. Und als ihr ans Meer kamt und die Ägypter euch nachjagten mit Wagen und Gespannen, setzte ich eine Finsternis zwischen euch und die Ägypter. Dann ließ ich das Meer kommen und bedeckte sie damit. Eure Augen haben gesehen, was ich in Ägypten getan habe!

Danach habt ihr lange Zeit in der Wüste gewohnt. Als ihr über den Jordan gegangen wart und nach Jericho kamt, kämpften die Bürger von Jericho gegen euch, aber ich habe sie in eure Hände gegeben. Ich habe euch ein Land gegeben, um das ihr euch nicht bemüht habt! Ihr eßt von Weinbergen und Ölbäumen, die ihr nicht gepflanzt habt. Also fürchtet nun den HERRN und dient ihm treu und rechtschaffen!

Wenn es euch aber nicht gefällt, dem HERRN zu dienen, dann entscheidet euch heute, wem ihr stattdessen dienen wollt: den Göttern, denen eure Väter jenseits des Stromes gedient haben, oder den Göttern der Amoriter, in deren Land ihr wohnt. Ich aber und mein Haus wollen dem HERRN dienen!“

Das heißt: die Familie mit allen Knechten und Mägden.

Da antwortete das Volk: „Das sei ferne von uns, daß wir den HERRN verlassen und anderen Göttern dienen! Denn der HERR ist unser Gott; er hat uns aus Ägypten geführt. Er hat uns behütet auf dem ganzen Weg. Er hat uns beschützt vor allen Völkern, durch deren Land wir gezogen sind. Er hat die Amoriter vor uns verjagt, die in diesem Land wohnten. Darum wollen auch wir dem HERRN dienen, denn er ist unser Gott!“

So schloß Josua an diesem Tag in Sichem einen Bund für das Volk.

Gideon wird von Gott zum Richter berufen

Richter 6,1–4.6b. 11.14

In der Zeit nach der Einwanderung und Eroberung lebten die Israeliten in einem lockeren Verband einzelner Sippen und Stämme. Die Sippenoberhäupter waren ihre einzigen Anführer. In Not- und Kriegszeiten allerdings wurde von Gott oft ein Heerführer berufen, der dann einen Stamm, oder manchmal auch mehrere, für einen Feldzug kommandierte. Diese Männer werden im Alten Testament „Richter" genannt. Aber auch Frauen, z. B. Debora, waren berühmte „Richterinnen".

Als die Israeliten taten, was dem HERRN mißfiel, gab er sie sieben Jahre lang in die Hand der Midianiter. Die Israeliten zogen sich in die Schluchten und Höhlen der Berge zurück und bauten sich befestigte Lager.

Immer, wenn sie ausgesät hatten, zogen die Midianiter, die Amalekiter und die Ostleute gegen sie herauf und belagerten sie. Sie vernichteten die ganze Ernte im Land bis hinab nach Gaza und ließen keine Nahrung in Israel übrig, weder Schafe noch Rinder noch Esel. Da schrien die Israeliten zum HERRN um Hilfe gegen die Midianiter.

Und der Engel des HERRN kam und setzte sich bei Ofra unter die Eiche; Gideon drosch gerade Weizen. Der Engel sprach zu ihm: „Geh hin! Mit deiner Kraft sollst du Israel aus den Händen der Midianiter erretten! Siehe, ich sende dich!"

Gott verkleinert Gideons Heer

Richter 6,33–35; 7,2–4a.5–8a

Die Midianiter, Amalekiter und Ostleute hatten sich wieder einmal gesammelt, zogen herüber und lagerten in der Ebene Jesreel. Da erfüllte der Geist des HERRN den Richter Gideon; er ließ Posaunen blasen und rief seine Leute auf, ihm zu folgen. Zum ganzen Stamm Manasse sandte er Botschaften und rief auch sie auf, ihm zu folgen. Und genauso sandte er Botschafter zu den Stämmen Asser, Sebulon und Naftali. Alle kamen sie herauf, Gideon entgegen.

Aber der HERR sprach zu Gideon: „Dein Heer ist zu groß. So kann ich die Midianiter nicht in deine Hände geben! Israel könnte sich rühmen gegen mich: Mit eigener Hand haben wir uns gerettet! Laß also ausrufen: Wer ängstlich und verzagt ist, soll umkehren!" Und genauso sichtete Gideon sein Heer. Es waren zweiundzwanzigtausend, die umkehrten; nur zehntausend blieben übrig.

Aber der HERR sprach zu Gideon: „Das Heer ist immer noch zu groß! Führe sie ans Wasser hinunter, dort werde ich sie für dich sichten." Da führte

Gideon die Leute ans Wasser hinunter. Dort sprach der HERR zu ihm: „Auf die eine Seite stelle diejenigen, die mit ihrer Zunge Wasser lecken wie ein Hund; auf die andere Seite diejenigen, die sich hinknien, um zu trinken!"

Es waren dann dreihundert Mann, die das Wasser geleckt hatten; alle übrigen hatten kniend getrunken, aus der Hand zum Mund. Und nun sprach der HERR zu Gideon: „Ich will euch durch diese dreihundert Mann erretten. Alle anderen laß heimgehen!" Und Gideon ließ sie alle heimgehen in ihre Zelte, nur diese dreihundert Mann behielt er.

Richter 7,9–15

Gideon als Kundschafter

Wie eine Menge Heuschrecken hatten sich die Midianiter, Amalekiter und Ostleute in der Ebene niedergelassen; die Menge ihrer Kamele war nicht zu zählen, sie waren wie der Sand am Ufer des Meeres.

In der Nacht sprach der HERR zu Gideon: „Steh auf und geh in das Lager hinunter. Wenn du Angst hast, laß deinen Diener Pura mitgehen. So kannst du hören, was sie dort reden. Danach werden deine Hände stark sein!" Da ging Gideon mit seinem Diener Pura hinunter bis zu den Wachen des feindlichen Lagers.

Als Gideon beim Lager ankam, erzählte gerade ein Midianiter einem anderen seinen Traum: „Ich habe geträumt, daß ein Laib Gerstenbrot zu unserem Lager rollte. Er kam an ein Zelt und stürzte es um, so daß es einfiel. Ja, er kehrte es ganz um, das Oberste zuunterst, so daß das Zelt am Boden lag!" Der andere antwortete: „Das ist nichts anderes als das Schwert des Israeliten Gideon. Gott hat uns, die Midianiter, mit unserem ganzen Heerlager in Gideons Hand gegeben!"

Als Gideon diesen Traum und seine Auslegung erzählen hörte, fiel er anbetend nieder. Dann kehrte er ins Lager Israels zurück und befahl: „Macht euch auf! Der HERR hat das Lager der Midianiter in eure Hände gegeben!"

Richter 7,16–22; 8, 22–23.28–30.32

Schwert des HERRN und Gideon

Am anderen Morgen teilte Gideon die dreihundert Mann in drei Heerhaufen. Jedem gab er eine Posaune in die Hand und eine Fackel mit einem leeren Krug darüber. Er gab Befehl: „Achtet auf mich und macht alles wie ich! Was ich tue, wenn ich an das Lager komme, das tut auch! Wenn ich mit denen, die bei mir sind, in die Posaune blase, dann blast auch rings um das Lager in die Posaunen und ruft: Für den HERRN und für Gideon!"

Da kam Gideon mit seinen hundert Mann an das Lager. Sie bliesen in die Posaunen und zerschlugen mit ihren Händen die Krüge. Da bliesen alle drei Heerhaufen auch in die Posaunen und zerbrachen die Krüge. Sie hielten die Fackeln in der linken und die Posaunen in der rechten Hand. Dabei schrien sie: „Hier ist das Schwert des HERRN und Gideons!" Und dabei blieben sie rings um das Lager stehen, jeder an seinem Platz. Da fing das ganze feindliche Heer an zu laufen; sie schrien und flohen! Und während so die dreihundert Mann in die Posaunen bliesen und schrien, bewirkte der HERR, daß im ganzen feindlichen Heerlager jeder sein Schwert gegen jeden erhob. Auf Zereda zu floh das Heer der Midianiter, bis Bet-Schitta.

Da sprachen die Männer von Israel zu Gideon: „Sei unser Herrscher, du, dein Sohn und der Sohn deines Sohnes! Denn du hast uns aus der Hand der Midianiter errettet!" Aber Gideon entgegenete ihnen: „Ich will nicht euer Herrscher sein, und mein Sohn soll auch nicht euer Herrscher werden! Nein, euer Herrscher soll der HERR sein!"

Das heißt: Sie wollen Gideon und seine Nachkommen zu Königen machen.

So wurden die Midianiter vor den Israeliten gedemütigt und hoben ihren Kopf nicht wieder empor. Und vierzig Jahre, solange Gideon lebte, hatte das Land Ruhe.

Gideon ging wieder heim und wohnte in seinem Haus. Er hatte siebzig Söhne, denn er hatte viele Frauen. In hohem Alter starb er und wurde im Grab seines Vaters Joasch in Ofra begraben.

Simsons wunderbare Geburt

Richter 13,1–6.24

Die Israeliten taten wieder, was dem HERRN mißfiel, und deshalb gab er sie für vierzig Jahre unter die Herrschaft der Philister.

Damals lebte in Zora ein Mann mit Namen Manuach. Seine Frau war unfruchtbar; sie hatten keine Kinder. Da erschien der Engel des HERRN der Frau und sprach zu ihr: „Du bist unfruchtbar und hast keine Kinder, aber du wirst schwanger werden und einen Sohn zur Welt bringen. Trinke jetzt keinen Wein mehr und kein starkes Getränk und iß nichts Unreines. Deinem Sohn aber soll kein Schermesser aufs Haupt kommen, denn er wird von Mutterleib an Gott geweiht sein. Und er wird anfangen, Israel aus der

Hand der Philister zu erretten!" Da ging die Frau zu ihrem Mann und sagte ihm alles.

Nach der Zeit gebar die Frau einen Sohn und nannte ihn Simson. Der Knabe wuchs heran, und der HERR segnete ihn.

Richter 14,1–14a

Simsons Hochzeit: Das Rätsel

Simson ging hinab nach Timna. Dort sah er ein Mädchen, die Tochter eines Philisters. Als er heimkam, sagte er zu seinen Eltern: „Ich habe in Timna ein Mädchen gesehen, eine Philistertochter. Nehmt sie mir zur Frau!" Seine Eltern erwiderten: „Ja, gibt es denn kein Mädchen in unserem Volk, daß du eine Frau von den Philistern nehmen willst?" Doch Simson bestand darauf: „Nehmt mir diese, denn sie gefällt mir!"

Aber seine Eltern wußten nicht, daß das vom HERRN kam, denn der suchte einen Anlaß gegen die Philister, die zu jener Zeit über Israel herrschten.

Also ging Simson nach Timna hinab. Bei den Weinbergen dort lief ihm ein junger Löwe brüllend entgegen. Da kam der Geist des HERRN über Simson, und er zerriß den Löwen, wie man ein Böckchen zerreißt, und dabei hatte er doch gar nichts in der Hand. Seinen Eltern aber sagte er nichts davon. Als er nach Timna kam, redete er mit dem Mädchen, und sie gefiel ihm.

Einige Tage danach kam er wieder, um sie zu holen, und bog vom Weg ab, um nach dem Aas des Löwen zu sehen. Da sah er im Leib des Löwen einen Bienenschwarm und Honig. Davon nahm er sich ein wenig und aß es unterwegs, und seinen Eltern daheim gab er auch davon. Aber daß der Honig aus dem Leib des Löwen war, sagte er nicht.

Als sein Vater das Mädchen für ihn geworben hatte, feierte Simson ein Hochzeitsgelage, wie es die jungen Leute so zu tun pflegen. Und die Philister gaben ihm dreißig Brautgesellen. Zu denen sagte Simson: „Ich will euch ein Rätsel aufgeben. Wenn ihr das während der sieben Tage erratet, dann bekommt ihr von mir dreißig Gewänder und dreißig Festkleider! Wenn ihr es aber nicht erratet, dann müßt ihr mir dreißig Gewänder und dreißig Festkleider geben!" Da antworteten sie ihm: „Gib uns dein Rätsel auf! Laß es uns hören!" Simson sagte: „Speise ging aus vom Fresser und Süßes vom Starken."

Byzantinische Miniatur
Buchmalerei aus dem 13. Jahrhundert

Simsons Hochzeit: Der Betrug

Richter 14,14b-20

Drei Tage lang konnten sie das Rätsel nicht erraten, und am vierten Tag sagten sie zu Simsons Frau: „Wenn du deinen Mann nicht überredest, uns die Lösung des Rätsels zu sagen, verbrennen wir dich und das Haus deines Vaters mit Feuer! Habt ihr uns etwa eingeladen, um uns arm zu machen?"

Da weinte Simsons Frau bei ihrem Mann: „Du liebst mich nicht und hast mich satt! Du hast meinen Landsleuten ein Rätsel aufgegeben und hast es mir nicht gesagt." Simson erwiderte: „Ich habe es sogar meinem Vater und meiner Mutter nicht gesagt, und da sollte ich es dir sagen?"

Aber all die sieben Tage lang, die sie feierten, weinte sie vor seinen Augen. Da sagte er es ihr am siebten Tag, weil sie ihn so bedrängte. Und sie verriet ihren Landsleuten des Rätsels Lösung. Bevor aber die Sonne an diesem siebten Tag unterging, sagten die Männer der Stadt zu Simson: „Was ist süßer als Honig? Was ist stärker als der Löwe?" Da sagte Simson: „Hättet ihr nicht mit meinem Kalb gepflügt, hättet ihr die Lösung nie gefunden!"

Und der Geist des HERRN kam über ihn, so daß er nach Askalon hinabging und dort dreißig Philister erschlug. Denen nahm er die Gewänder ab und gab sie denen, die das Rätsel erraten hatten. Sein Zorn war aber so sehr entbrannt, daß er heimging in das Haus seines Vaters. Seine Frau aber wurde seinem ehemaligen Brautführer zur Frau gegeben.

Richter 15,1–5. 9–17

Simson rächt sich

Einige Tage später, es war so um die Weizenernte, wollte Simson seine Frau besuchen mit einem Ziegenböckchen als Geschenk. Aber ihr Vater ließ ihn nicht zu ihr in die Kammer. Er sagte: „Ich dachte, du seist ihrer ganz überdrüssig geworden, und so habe ich sie jetzt deinem Brautführer zur Frau gegeben. Aber sie hat ja noch eine jüngere Schwester, die ist noch schöner als sie – nimm doch stattdessen die zur Frau!“ Da sagte Simson: „Diesmal bin ich wirklich ganz schuldlos, wenn ich euch Philistern Böses antue!“

Und dann fing Simson dreihundert Füchse; jeweils zwei Füchsen band er eine Fackel zwischen die Schwänze. Diese Fackeln zündete er an und ließ die Füchse in die Kornfelder der Philister laufen. So setzte er die aufgestellten Garben und das noch stehende Korn in Brand, dazu auch die Weinberge und die Ölbäume.

Daraufhin zogen die Philister los und schlugen in Juda Lager auf. Als die Leute von Juda wissen wollten: „Warum seid ihr gegen uns heraufgezogen?“, antworteten sie: „Weil wir diesen Simson in Fesseln legen wollen und ihm heimzahlen, was er uns angetan hat!“ Daraufhin zogen dreitausend Mann von Juda in die Felsenhöhle von Etam hinunter und sagten zu Simson: „Weißt du denn nicht, daß die Philister hier Herren sind? Warum hast du uns das angetan?“ Simson antwortete: „Ich habe ihnen nur heimgezahlt, was sie mir angetan haben!“ Da sagten sie: „Wir sind gekommen, um dich gefesselt den Philistern auszuliefern.“ „Dann schwört mir aber“, sagte Simson, „daß ihr mir nichts tun werdet!“ „Nein“, antworteten sie, „wir wollen dich nicht töten!“ Und dann fesselten sie ihn mit zwei neuen Stricken und führten ihn aus der Felsenhöhle hinauf.

Als er in ihr Lager gebracht wurde, jauchzten die Philister ihm entgegen. Doch da kam der Geist des HERRN über ihn, und die Stricke an seinen Armen wurden wie Fäden, die das Feuer versengt hat, so daß die Fesseln an seinen Händen zerschmolzen. Simson fand einen frischen Eselskinnbacken, den ergriff er und erschlug damit tausend Mann.

Byzantinische Miniatur
Buchmalerei aus dem 13. Jahrhundert

Simson sang: „Geschunden habe ich sie mit dem Kinnbacken eines Esels; mit dem Kinnbacken eines Esels habe ich tausend Mann erschlagen!“ Und er warf den Kinnbacken aus der Hand. Seitdem heißt die Stätte dort „Kinnbackenhöhe“.

Richter 16, 4–17

Simson und Delila: Die List

Danach gewann Simson im Tal Sorek ein Mädchen lieb, die hieß Delila. Zu der kamen die Philisterfürsten und schlugen ihr vor: „Wir werden dir jeder tausendeinhundert Silberstücke geben, wenn du Simson überreden kannst, daß er dir sagt, wodurch er so große Kraft hat und womit wir ihn überwältigen können!"

Und Delila fragte Simson: „Sag mir doch, worin deine große Kraft liegt! Womit muß man dich fesseln, um dich zu bezwingen?" Simson antwortete: „Wenn man mich mit sieben Seilen aus frischem Bast bände, die noch nicht getrocknet sind, dann würde ich schwach und wäre wie jeder andere Mensch." Die Philisterfürsten brachten ihr sieben Seile aus frischem Bast, die noch nicht getrocknet waren, und sie fesselte ihn damit. In ihrer Kammer lauerte man ihm auf. Da rief sie: „Simson! Philister über dir!" Aber wie eine Flachsschnur zerreißt, wenn sie ans Feuer kommt, so zerriß er die Seile. Und so kam es nicht heraus, worin Simsons Kraft lag.

Da sagte Delila zu ihm: „Du hast mich getäuscht und belogen! Nun sag mir doch, womit man dich fesseln kann!" Simson antwortete: „Wenn man mich mit neuen Stricken bände, mit denen noch nicht gearbeitet worden ist, dann würde ich schwach und wäre wie jeder andere Mensch." Also nahm Delila neue Stricke und fesselte ihn damit. Man lauerte ihm nämlich wieder in ihrer Kammer auf. Als Delila rief: „Simson! Philister über dir!", riß Simson die Stricke von seinen Armen wie einen Faden.

Da sagte Delila zu ihm: „Du hast mich getäuscht und belogen! Nun sag mir doch, womit man dich fesseln kann!" Simson antwortete: „Wenn du die sieben Locken meines Hauptes zusammenflechten und mit einem Pflock anheften würdest, dann würde ich schwach und wäre wie jeder andere Mensch." Also ließ ihn Delila einschlafen und flocht die sieben Locken seines Hauptes zusammen. Sie heftete sie mit einem Pflock an und rief: „Simson! Philister über dir!" Simson erwachte und riß die geflochtenen Locken samt dem Pflock heraus.

Da sagte Delila zu ihm: „Wie kannst du nur sagen, du hättest mich lieb, wenn doch dein Herz nicht bei mir ist! Dreimal hast du mich jetzt getäuscht und mir nicht gesagt, worin deine große Kraft liegt!"

Und als sie mit solchen Worten Tag um Tag in ihn drang und ihm zusetzte, wurde seine Seele sterbensmatt. Er öffnete ihr sein ganzes Herz und sagte: „Auf mein Haupt ist noch nie ein Schermesser gekommen, denn ich bin von Mutterleib an Gott geweiht. Wenn ich geschoren werde, weicht meine Kraft von mir; ich werde schwach und wie jeder andere Mensch."

Simson und Delila: Das Ende

Richter 16,18–31a

Als Delila sah, daß er ihr nun sein ganzes Herz geöffnet hatte, ließ sie die Philisterfürsten rufen und ihnen ausrichten: „Kommt noch einmal her; er hat mir sein ganzes Herz geöffnet!“ Da kamen die Philisterfürsten zu ihr und brachten das Geld mit.

Delila aber ließ Simson in ihrem Schoß einschlafen und schnitt ihm die sieben Locken ab. So bezwang sie ihn – jetzt war seine Kraft von ihm gewichen! Dann rief sie: „Simson! Philister über dir!“ Simson erwachte und dachte: Wie früher werde ich frei ausgehen und mich losreißen! Er wußte aber nicht, daß der HERR von ihm gewichen war. Da ergriffen ihn die Philister und stachen ihm die Augen aus. Sie führten ihn nach Gaza hinab und legten ihn in Ketten. Die Mühle mußte er drehen im Gefängnis. Aber das Haar seines Hauptes fing wieder an zu wachsen, nachdem es geschoren war.

Als sich die Philisterfürsten versammelten, um ihrem Gott Dagon ein großes Opfer darzubringen und ein Freudenfest zu feiern, riefen sie aus: „Unser Gott hat uns unseren Feind Simson in die Hand gegeben!“ Voller Ausgelassenheit beschlossen sie: „Laßt den Simson holen, er soll für uns den Spaßmacher spielen!“ Man holte Simson aus dem Gefängnis, und er spielte ihnen den Spaßmacher. Dann stellten sie ihn zwischen die Säulen, damit ihn auch das Volk sehen konnte. Und sie lobten ihren Gott und riefen: „Unser Gott hat uns unseren Feind in die Hand gegeben, der unser Land verwüstet und viele von uns erschlagen hat!“

Da sagte Simson zu dem Jungen, der ihn an der Hand führte: „Laß mich los! Ich will nach den Säulen tasten, auf denen das Haus steht. Ich will mich daran anlehnen.“ Das ganze Haus war voller Männer und Frauen, auch alle Philisterfürsten waren darin; sogar auf dem Dach waren dreitausend Männer und Frauen, die zusahen, wie Simson den Spaßmacher spielte. Da rief Simson den HERRN an mit den Worten: „Herr HERR, denke an mich! Gib mir Kraft, Gott; nur noch dies eine Mal, damit ich mich wenigstens für eines meiner Augen an den Philistern rächen kann!“

Und er umfaßte die beiden Mittelsäulen, auf denen das Haus ruhte, die eine mit der rechten, die andere mit der linken Hand. Er stemmte sich dagegen und rief: „Ich will sterben mit den Philistern!“ Er beugte sich mit aller Kraft, da brach das Haus zusammen. Es stürzte auf die Fürsten und auf alles Volk, das darin war. So starb Simson mit den Philistern.

Simsons ganze Familie kam herabgezogen; sie hoben ihn auf und brachten ihn heim. Im Grab seines Vaters Manuach begruben sie ihn.

7. Gib uns einen König

Geschichten von Saul, David und Salomo

Israel will auch einen König

1. Samuel 8,1.3–13. 19–22a

Als Samuel alt geworden war, setzte er seine Söhne als Richter über Israel ein. Doch sie lebten nicht wie er. Sie ließen sich bestechen und beugten das Recht.

Der letzte der „Richter“ in Israel war Samuel; er war sehr geachtet und tat, was Gott wohlgefiel.

Da versammelten sich alle Ältesten Israels, kamen zu Samuel nach Rama und sagten: „Du bist alt geworden, und deine Söhne leben nicht wie du. Setze darum einen König über uns ein, der uns richtet, so wie das bei allen Völkern ist.“

Das mißfiel Samuel, deshalb betete er zum HERRN. Da sprach der HERR zu Samuel: „Höre auf die Stimme des Volkes! Sie haben nicht dich, sondern mich verworfen. Ich will nicht mehr König über sie sein. Sie tun das, was sie immer getan haben seit dem Tag, als ich sie aus Ägypten herausgeführt habe. Sie haben mich verlassen und anderen Göttern gedient. Tu, was sie wollen! Doch warne sie und sage ihnen, welche Rechte ein König hat.“

Die Erklärung dieser Schreibweise findest Du auf der Seite 10.

Samuel sagte dem Volk alle Worte des HERRN: „Das wird das Recht des Königs sein, der über euch herrschen wird: Für seine Wagen und Gespanne wird er eure Söhne nehmen, damit sie vor seinem Wagen herlaufen. Er wird sie zu Hauptleuten über tausend und fünfzig machen. Sie müssen ihm seinen Acker bearbeiten und seine Ernte einsammeln. Sie müssen seine Kriegswaffen und alles, was zu seinen Wagen gehört, herstellen. Eure Töchter aber wird er nehmen, damit sie Salben bereiten, kochen und backen.“

Doch das Volk weigerte sich, auf Samuel zu hören, und sagte: „Nein, uns soll ein König regieren, damit wir wie alle Völker sind! Er soll uns richten und vor uns herziehen und unsere Kriege führen.“ Samuel brachte alle Worte des Volkes vor Gott. Der HERR aber antwortete Samuel: „Höre auf sie und mache ihnen einen König.“

Jean Dubuffet

1. Samuel 9,1–6.14

Saul sucht Eselinnen und kommt zu Samuel

Im Stamm Benjamin lebte ein angesehener Mann mit Namen Kisch. Dessen Sohn Saul war ein junger und schöner Mann. Niemand unter den Israeliten war so schön wie er. Er war auch einen Kopf größer als alle anderen. Nun hatte Kisch, der Vater Sauls, seine Eselinnen verloren. Darum rief er seinen Sohn Saul: „Mach dich auf, such die Eselinnen und nimm einen Knecht mit!"

Darauf gingen sie durch das Gebirge Ephraim und durch das Gebiet Schalischa. Doch sie fanden sie nicht. Sie wanderten auch durch das Gebiet von Schaalim, aber auch da waren sie nicht. Ebenso fanden sie sie nicht im Gebiet von Benjamin.

Als sie aber in das Gebiet von Zuf kamen, sagte Saul zu dem Knecht: „Komm, laß uns wieder heimgehen! Mein Vater sorgt sich sonst mehr um uns als um die Eselinnen." Der Knecht erwiderte: „In dieser Stadt ist ein berühmter Mann Gottes, ein Seher. Alles, was er sagt, trifft ein. Laß uns zu ihm gehen. Vielleicht sagt er uns den Weg, den wir gehen sollen." Als sie zu der Stadt hineingingen, kam der Prophet Samuel gerade heraus.

1. Samuel 9,15–20a. 24b–27;10,1

Saul wird von Samuel zum König gesalbt

Der HERR hatte Samuel nämlich einen Tag vorher schon wissen lassen: „Morgen um diese Zeit will ich einen Mann aus dem Land Benjamin zu dir schicken; ihn sollst du über mein Volk Israel zum König salben. Er soll mein Volk aus der Hand der Philister retten; denn ich habe das Elend meines Volkes gesehen und sein Schreien gehört." Als Samuel nun Saul sah, sprach der HERR: „Das ist der Mann, von dem ich dir gesagt habe: Er soll über mein Volk herrschen."

Im Tor trat Saul auf Samuel zu und fragte: „Sag mir, wo ist hier das Haus des Sehers?" Samuel antwortete: „Ich bin der Seher. Geh vor mir hinauf auf die Höhe. Ihr sollt heute mit mir essen, und morgen früh will ich dir das Geleit geben. Alles, was du auf dem Herzen hast, werde ich dir beantworten. Und was die Eselinnen angeht, die du vor drei Tagen verloren hast: Du brauchst dir um sie keine Sorgen zu machen; sie haben sich wiedergefunden."

So aß Saul an diesem Tag mit Samuel. Und als sie von der Anhöhe in die Stadt hinunterkamen, legte sich Saul schlafen. Als die Morgenröte aufging, rief Samuel den Saul: „Steh auf, damit ich dich geleite!“ Da stand Saul auf, und sie gingen miteinander hinaus.

Als sie an das Ende der Stadt kamen, wandte sich Samuel an Saul: „Sag dem Knecht, er soll uns vorausgehen! Du aber steh jetzt still, damit ich dir mitteile, was Gott gesagt hat.“

Dann nahm Samuel den Krug mit Öl und goß es auf Sauls Haupt. Er küßte ihn und sagte: „Der HERR hat dich zum König gesalbt. Du sollst sein Volk regieren und sollst es von seinen Feinden befreien.“

Saul wird als König anerkannt

1. Samuel 10, 17–19.24;11,15; 13,5a.7b-15

Samuel berief nun das ganze Volk zum HERRN nach Mizpa und sagte zu den Israeliten: „So spricht der HERR, der Gott Israels: Ich habe Israel aus Ägypten geführt; ich habe euch aus der Hand aller Königreiche errettet, die euch je bedrängten. Ihr aber habt heute mich, euren Gott, verworfen. Ihr habt gefordert: Setze einen König über uns ein! Ich habe auf euch gehört: Da seht ihr den Mann! Ihm ist keiner gleich im ganzen Volk!“ Da jubelte das Volk: „Es lebe der König!“ Und sie setzten Saul zum König ein und opferten dem HERRN Dankopfer.

Die Philister aber sammelten sich, um gegen Israel zu kämpfen: dreitausend Wagen, sechstausend Pferde und Fußvolk, so zahlreich wie der Sand am Ufer des Meeres. Saul aber war in Gilgal; und alle, die ihm gefolgt waren, warteten dort voller Angst vor den Philistern. Saul wartete bis zum siebten Tag, den Samuel als Tag des Opferfestes angesetzt hatte. Aber Samuel kam nicht. Da begann das Volk aus lauter Angst von Saul wegzulaufen.

Niemand außer Samuel durfte dem HERRN das Opfer darbringen.

Also befahl er: „Bringt mir das Brandopfer und das Dankopfer her!“ Und er brachte das Opfer selbst dar. Als er es gerade beendet hatte, kam Samuel. Saul ging ihm entgegen, um ihn zu begrüßen. Doch Samuel fragte ihn: „Was hast du getan?“ Saul antwortete: „Ich sah, daß das Volk von mir wegzulaufen begann. Du kamst auch nicht zur angesetzten Zeit, dabei hatten sich die Philister bereits versammelt. Da dachte ich: Jetzt werden die Philister gegen uns nach Gilgal herabziehen, und ich habe noch nicht die Gnade des HERRN erbeten. Da habe ich es gewagt und selbst das Brandopfer geopfert.“

Samuel aber sagte: „Töricht hast du gehandelt! Du hast das Gebot, das der HERR, dein Gott, dir gegeben hat, nicht gehalten. Er hätte dein Königtum über Israel für alle Zeit bestätigt. Jetzt aber wird dein Königtum keinen Bestand haben. Der HERR hat sich nun einen anderen Mann nach seinem Herzen gesucht."

Hierauf verließ Samuel Gilgal. Der Rest des Volkes zog hinter Saul den Philistern entgegen.

1. Samuel 16, 1.4–7.10–13a

David wird zum König gesalbt

Der HERR sprach zu Samuel: „Wie lange willst du noch um Saul trauern? Ich habe ihn verworfen, er soll nicht mehr König über Israel sein. Fülle dein Horn mit Öl und mache dich bereit. Ich will dich nach Bethlehem zu dem Mann Isai senden. Von seinen Söhnen habe ich einen ausgewählt. Den sollst du zum König salben!"

Die Hörner von toten Rindern, Schafen, Ziegen dienten damals als Gefäße zur Aufbewahrung von Öl und Getränken.

Samuel machte es so, wie der HERR gesagt hatte, und kam nach Bethlehem. Entsetzt gingen ihm die Ältesten der Stadt entgegen: „Bedeutet dein Kommen Gutes?" Er antwortete: „Ja, es bedeutet Gutes! Ich bin gekommen, um dem HERRN zu opfern. Macht euch bereit und kommt mit mir zum Opfer!" Er lud auch den Isai und seine Söhne zum Opfer ein.

Als sie nun kamen, erblickte er den ältesten Sohn, Eliab, und dachte: „Das ist er! Da steht er, der Gesalbte des HERRN." Aber der HERR sprach zu Samuel: „Sieh nicht auf sein Äußeres und seine Größe, ihn meine ich nicht! Ein Mensch sieht, was vor Augen ist; der HERR aber sieht das Herz an."

So ließ Isai seine sieben Söhne nacheinander an Samuel vorübergehen; aber jedesmal sagte Samuel: „Der HERR hat ihn nicht erwählt." Dann fragte er: „Sind das alle deine Söhne?" Isai antwortete: „Nur der Jüngste ist noch übrig, der hütet die Schafe." Da sagte Samuel: „Schick jemanden hin und laß ihn holen!"

Da schickte Isai hin, und David kam. Seine Haut war braun, er hatte schöne Augen und war von guter Gestalt. Da sprach der HERR zu Samuel: „Auf, salbe ihn, denn der ist es!" Und Samuel nahm sein Ölhorn und salbte ihn mitten unter seinen Brüdern. Von dem Tag an war der Geist des HERRN auf David.

David kommt an Sauls Hof

1. Samuel 16, 14–21.23

Von Saul aber wich der Geist des HERRN, und ein böser Geist vom HERRN machte ihm Angst. Da sagten seine Großen zu ihm: „Ein böser Geist von Gott macht dir Angst. Deine Knechte sollen einen Mann suchen, der gut auf der Harfe spielen kann. Wenn der böse Geist Gottes über dich kommt, soll er spielen, dann wird es dir besser gehen!"

Da befahl Saul seinen Leuten: „Seht euch nach einem Mann um, der des Saitenspiels kundig ist. Bringt ihn zu mir." Einer der jungen Männer antwortete: „Ich habe einen Sohn Isais aus Bethlehem gesehen. Der ist des Saitenspiels kundig. Auch ist er verständig in seinem Reden und von schöner Gestalt. Der HERR ist mit ihm."

Da schickte Saul Boten zu Isai und ließ ihm sagen: „Sende mir deinen Sohn David, den, der bei den Schafen ist." Isai nahm einen Esel und Brot, auch einen Schlauch Wein und ein Ziegenböckchen und schickte es Saul durch seinen Sohn David. So kam David zu Saul und diente ihm.

Saul gewann ihn sehr lieb, so daß er sein Waffenträger wurde. Sooft nun der böse Geist von Gott über Saul kam, nahm David die Harfe und spielte darauf; dann wurde es Saul leichter. Der böse Geist wich von ihm, und es wurde ihm besser.

David und Goliath

Das ist eine andere Geschichte, wie David an Sauls Hof kam.

1. Samuel 17,1–4. 8–9.11.13a.17–18a. 20a.22b–23.26–27. 31–40.42–43. 45–51;18,2

Die Philister sammelten ihre Heere zum Kampf bei Socho in Juda. Dort lagerten sie. Auch Saul und die Männer Israels kamen zusammen und rüsteten sich zum Kampf gegen die Philister. Diese standen auf einem Berg jenseits, die Israeliten auf einem Berg diesseits des Tales.

Da trat aus den Reihen der Philister ein riesiger Kämpfer heraus. Sein Name war Goliath aus Gat, und er war sechs Ellen und eine Handbreit groß. Und Goliath stellte sich hin und rief dem Heer Israels zu: „Warum seid ihr ausgezogen, um euch zum Kampf zu rüsten? Bin ich nicht ein freier Philister, und ihr seid nur Sauls Knechte? Wählt einen unter euch aus, der zu mir herabkommen soll. Wenn er gegen mich kämpfen kann und mich erschlägt, dann wollen wir eure Knechte sein. Wenn aber ich ihn besiege und erschlage, dann sollt ihr unsere Knechte sein und uns dienen."

Eine Elle sind etwa 46 cm, eine Handbreit etwa 8 cm.

Als Saul und ganz Israel diese Rede hörten, erschraken sie und fürchteten sich sehr. Vierzig Tage lang kam der riesige Philister frühmorgens und abends heraus, stellte sich hin und verhöhnte so die Männer Israels.

Jean Dubuffet

Die drei ältesten Söhne Isais waren mit Saul in den Krieg gezogen. Isai aber sagte zu seinem Sohn David: „Nimm für deine Brüder diesen Scheffel geröstete Körner und diese zehn Brote und bring sie schnell zu ihnen ins Lager. Diese zehn frischen Käse bring dem Hauptmann. Sieh nach deinen Brüdern, ob es ihnen gut geht."

Scheffel ist ein altes Hohlmaß, mit dem unter anderem auch Getreide gemessen wurde, hier: 39 Liter.

David machte sich früh am Morgen auf und lief zum Heer. Er fragte seine Brüder, ob es ihnen gut gehe. Als er noch mit ihnen sprach, kam der riesige Philister mit Namen Goliath von Gat wieder vom Heer der Philister herauf und redete dieselben höhnischen Worte.

Da sagte David zu den Männern, die bei ihm standen: „Was wird man dem geben, der diesen Philister erschlägt und die Schande von Israel abwendet? Wer ist denn dieser unbeschnittene Philister, der das Heer des lebendigen Gottes verhöhnt?" Da antwortete ihm das Volk: „Wer ihn erschlägt, den will der König sehr reich machen. Seine Tochter will er ihm geben und die ganze Familie von Steuern befreien."

Die Beschneidung ist das Zeichen des Bundes Gottes mit den Nachkommen Abrahams; das kannst Du auf Seite 21 lesen.

Alles, was David gesagt hatte, erzählten sie Saul, und der ließ ihn holen. David sagte zum König: „Keiner soll wegen dieses Philisters den Mut sinken lassen. Ich, dein Knecht, werde hingehen und mit ihm kämpfen." Saul aber entgegnete: „Du kannst nicht mit diesem Philister kämpfen. Du bist zu jung, der aber ist ein Krieger von Jugend auf."

David erwiderte: „Ich hütete die Schafe meines Vaters. Wenn ein Löwe oder Bär kam und ein Schaf von der Herde raubte, dann lief ich ihm nach, schlug auf ihn ein und befreite es aus seinem Maul. Wenn er aber auf mich losging, packte ich ihn bei seinem Bart und schlug ihn tot. So hat dein Knecht Löwen und Bären erschlagen. Diesem unbeschnittenen Philister aber soll es genauso ergehen; denn er hat das Heer des lebendigen Gottes verhöhnt. Der HERR, der mich vor Löwen und Bären bewahrt hat, wird mich auch vor diesem Philister retten!"

Saul antwortete: „Geh also; der HERR sei mit dir!" Er zog David seine Rüstung an, setzte ihm seinen ehernen Helm auf den Kopf und legte ihm seinen Panzer an. Und David gürtete Sauls Schwert über seine Rüstung. Aber er bemühte sich vergeblich, damit zu gehen, weil er es noch nie versucht hatte.

Da sagte David zu Saul: „So kann ich nicht kämpfen; ich bin es nicht gewöhnt!" Dann legte er alles wieder ab und nahm seinen Stab in die Hand. Er wählte fünf glatte Steine aus dem Bach und legte sie in seine Hirtentasche. Er nahm die Schleuder in die Hand und ging dem Philister entgegen.

Als nun der Philister aufsah und David erblickte, verachtete er ihn, weil er so braun und schön war. Er rief ihm zu: „Bin ich denn ein Hund, daß du mit einem Stecken zu mir kommst?" Dann fluchte er David bei seinem Gott.

David entgegnete: „Du kommst mit Schwert, Lanze und Speer zu mir, ich aber komme zu dir im Namen des HERRN! Heute wird dich der HERR in meine Hand geben, so daß ich dich erschlage und dir den Kopf abhaue. Alle Welt soll sehen, daß Israel einen Gott hat, daß der HERR nicht durch Schwert oder Spieß hilft. Es ist der Krieg des HERRN, er wird euch in unsere Hände geben!"

Als der Philister sich nun David näherte, lief der ihm schnell entgegen. Er griff in die Hirtentasche, nahm einen Stein heraus, schleuderte ihn und traf den Philister an der Stirn. Der Stein drang in seine Stirn ein, so daß er auf sein Gesicht zu Boden stürzte. So überwand David den Philister mit Schleuder und Stein.

David hatte aber kein Schwert in der Hand. Darum lief er zu dem Philister hin, nahm dessen Schwert, zog es aus der Scheide und tötete ihn, indem er ihm den Kopf abschlug. Als nun die Philister sahen, daß ihr Stärkster tot war, flohen sie. An diesem Tag nahm Saul den David zu sich und ließ ihn nicht mehr in das Haus seines Vaters zurückkehren.

1. Samuel 18, 10–16a.6–9.20

Sauls Eifersucht auf David

Eines Tages kam der böse Geist von Gott wieder über Saul. Er wurde ganz rasend in seinem Haus. David aber spielte wie jeden Tag auf den Saiten. Da hob Saul den Spieß, den er in der Hand hatte, und dachte: „Ich will David an die Wand spießen!" David aber wich ihm zweimal aus.

Und Saul fürchtete sich vor David, denn der HERR war mit ihm; aber Saul hatte er verlassen. Der wollte David nicht mehr in seiner Nähe haben. So setzte er ihn zum Obersten über tausend Mann ein. Und David zog an der Spitze des Kriegsvolkes aus und ein. Alles, was er tat, gelang ihm; denn der HERR war mit ihm. Als nun Saul sah, daß David alles so gut gelang, graute es ihm vor David. Ganz Israel und Juda jedoch hatte David lieb.

Einmal kamen sie von einem Sieg über die Philister zurück. Alle Frauen aus allen Städten Israels gingen ihnen mit Singen und Tanzen entgegen. Mit Jauchzen, Pauken und Zimbeln sangen sie beim Tanz: „Saul hat tausend erschlagen, David aber zehntausend!" Das ärgerte Saul sehr, und diese Worte mißfielen ihm, darum sagte er: „Sie haben David zehntausend gegeben und mir nur tausend; ihm wird noch mein Königtum zufallen."

Von dem Tag an betrachtete Saul den David voller Mißtrauen. Sauls Tochter Michal jedoch hatte David lieb. Als Saul dies erfuhr, war es ihm recht. Und David wurde Sauls Schwiegersohn.

David flieht vom Königshof

1. Samuel 19, 8–10; 22,1a.2.6a

Wieder einmal kam es zum Kampf gegen die Philister. David zog aus, kämpfte gegen sie und schlug sie so hart, daß sie vor ihm flohen.

Aber der böse Geist des HERRN kam wieder über Saul. Er saß in seinem Haus und hatte seinen Spieß in der Hand. David aber spielte auf den Saiten. Da versuchte Saul, David an die Wand zu spießen. Der wich aber aus, und der Spieß fuhr in die Wand. David floh und entkam.

Er rettete sich in die Höhle Adullam. Allerlei Männer, die in Not, verschuldet und verbittert waren, sammelten sich bei ihm. Es waren etwa vierhundert Mann, und er wurde ihr Anführer. Das wurde Saul gesagt.

David verschont Saul in einer Höhle

1. Samuel 24,1–5. 8b-12.17–18. 20. 21a.23

Saul nahm dreitausend ausgewählte Männer aus ganz Israel und zog in Richtung der Steinbockfelsen. Dort wollte er David und seine Männer suchen. Auf dem Weg dahin ist eine Höhle. David aber und seine Männer saßen hinten in der Höhle.

Saul ging hinein, um seine Notdurft zu verrichten. Da sagten die Männer zu David: „Der HERR hat zu dir gesagt: Siehe, ich will deinen Feind in deine Hände geben. Du kannst mit ihm machen, was du willst. Heute ist dieser Tag!" David stand auf, aber er schnitt leise nur einen Zipfel von Sauls Mantel ab.

Danach verließ Saul die Höhle und ging weiter. Auch David machte sich auf und ging ihm nach. Er rief ihm hinterher: „Mein Herr und König!" Saul sah sich um. David verneigte sich bis zur Erde, fiel nieder und rief: „Warum hörst du auf das Geschwätz der Leute, die sagen: David sucht dein Unglück? Heute kannst du mit eigenen Augen sehen, daß dich der HERR in der Höhle in meine Hand gegeben hat.

Man hat zu mir gesagt, daß ich dich töten sollte. Ich habe dich jedoch verschont, weil ich dachte: Ich will meine Hand nicht an meinen König legen.

Jean Dubuffet

Er ist der Gesalbte des HERRN. Mein Vater, sieh doch hier den Zipfel deines Mantels in meiner Hand! Ich habe nur den Zipfel von deinem Mantel abgeschnitten und dich nicht getötet. Daran kannst du erkennen, daß ich nichts mit Bosheit und Auflehnung zu tun habe! Du aber trachtest mir nach dem Leben."

Darauf antwortete Saul: „Ist das nicht deine Stimme, mein Sohn David?" Und er begann laut zu weinen: „Du bist gerechter als ich. Du hast mir Gutes erwiesen, ich aber habe dir Böses angetan. Wo ist sonst jemand, der seinen Feind findet und ihn in Frieden gehen läßt? Der HERR vergelte dir Gutes für das, was du heute an mir getan hast! Nun, ich weiß, daß du König werden wirst." Da zog Saul wieder heim. David aber und seine Männer zogen hinauf auf die Berge.

Das Ende Sauls

1. Samuel 31,1–4

Als die Philister wieder gegen Israel kämpften, flohen die Männer Israels vor ihnen. Die Erschlagenen blieben auf dem Gebirge Bilboa liegen.

Die Philister aber waren hinter Saul und seinen Söhnen her. Sie erschlugen seine Söhne, und der Kampf tobte heftig um Saul her. Die Bogenschützen entdeckten ihn und verwundeten ihn schwer. Da sprach Saul zu seinem Waffenträger: „Zieh dein Schwert und erstich mich. Diese Unbeschnittenen sollen nicht kommen, mich erstechen und noch ihren Spott mit mir treiben." Aber sein Waffenträger wollte nicht; er fürchtete sich zu sehr. Da nahm Saul das Schwert und stürzte sich selbst hinein.

Lies dazu die Erklärung auf Seite 91.

Als David vom Tod Sauls erfährt, zerreißt er seine Kleider und trauert wie um einen guten Freund.

David wird König über Juda

2. Samuel 2,1–4.11

Bald danach befragte David den HERRN: „Soll ich in eine der Städte Judas hinaufziehen?" Der HERR sprach zu ihm: „Zieh hinauf!" David fragte: „In welche Stadt?" Der HERR sprach: „Nach Hebron." So zog David dorthin. Auch die Männer, die bei ihm waren, führte David mit hinauf. Mit ihren Familien wohnten sie in den Städten von Hebron. Und die Männer von Juda kamen und salbten David zum König über Juda. Sieben Jahre und sechs Monate war David nur König über Juda.

Das war der südliche Teil des Landes.

2. Samuel 5,1–5

David wird König über Israel

Nun war David auch König über den nördlichen Teil des Landes.

Dann kamen alle Stämme Israels zu David nach Hebron und sagten: „Wir sind von deinem Fleisch und Blut. Schon als Saul noch König über uns war, hast du Israel in den Krieg und wieder heim geführt. Und außerdem hat der HERR zu dir gesagt: Du sollst mein Volk Israel weiden und König über Israel sein." Alle Ältesten Israels kamen zum König nach Hebron. Und der König David schloß mit ihnen einen Bund in Hebron vor dem HERRN. Sie salbten ihn zum König über Israel.

Als er König wurde, war David dreißig Jahre alt. Insgesamt regierte er vierzig Jahre: sieben Jahre und sechs Monate nur über Juda, dreiunddreißig Jahre über ganz Israel und Juda.

2. Samuel 5,6–7. 9–10

David erobert Jerusalem

Jerusalem gehörte damals zu keinem der beiden Landesteile.

Mit seinen eigenen Kämpfern zog der König vor Jerusalem, um gegen die Jebusiter zu kämpfen, denen die Stadt gehörte. Sie aber sagten zu David: „Du wirst nicht hier hereinkommen, dein Heer können sogar Blinde und Lahme abwehren!" Aber David eroberte die Stadt und die Burg Zion. Er machte sie zu seiner Wohnung und nannte sie „Stadt Davids". Rings herum baute er eine Mauer. Und Davids Macht nahm immer mehr zu; der HERR war mit ihm.

2. Samuel 6,1–3.5. 15.17–19

David holt die Bundeslade nach Jerusalem

Die Erklärung dazu findest Du auf Seite 71.

Danach sammelte David die ganze junge Mannschaft in Israel, dreißigtausend Mann. Mit dem ganzen Volk, das bei ihm war, zog er nach Baala in Juda, um die Lade Gottes von dort nach Jerusalem heraufzuholen.

Sie setzten die Lade Gottes auf einen neuen Wagen und holten sie aus dem Haus Abinadabs, der auf dem Hügel wohnte. Dabei tanzten David und ganz Israel laut singend vor dem HERRN mit Harfen und Psaltern, Pauken, Schellen und Zimbeln.

So führte er die Lade des HERRN mit dem ganzen Volk Israel unter Jubel und Posaunenschall hinauf nach Jerusalem. Sie stellten sie mitten in das Zelt, das David für sie aufgeschlagen hatte. Und er opferte Dankopfer und Brandopfer vor dem HERRN.

Danach segnete er das Volk im Namen des HERRN. Dem ganzen Volk Israel ließ er Brot, Fleisch und Rosinenkuchen austeilen. Und jeder kehrte heim in sein Haus.

Gottes Verheißung für David und sein Königtum

2. Samuel 7,1.2.4–9.11b-13.17–18

Einmal saß der König in seinem Haus. Der HERR hatte ihm vor allen seinen Feinden ringsumher Ruhe gegeben. Da sagte der König zu seinem Propheten Nathan: „Sieh doch, ich wohne in einem Zedernhaus, die Lade Gottes aber wohnt nur unter Zeltbahnen!"

Was ein „Prophet" ist, kannst Du auf Seite 135 lesen.

In der Nacht kam das Wort des HERRN zu Nathan: „So sollst du zu meinem Knecht David sagen: So spricht der HERR: Ich habe doch in keinem Haus gewohnt, seit dem Tag, als ich die Israeliten aus Ägypten führte. Nein, ich bin mit ihnen umhergezogen in einem Zelt. Habe ich in dieser ganzen Zeit je gefragt: Warum baut ihr mir nicht ein Zedernhaus? Ich habe dich von den Schafhürden genommen, damit du König über mein Volk Israel sein sollst. Ich bin mit dir gewesen, wo du hingegangen bist. Alle deine Feinde habe ich vor dir ausgerottet. Ich will dir einen großen Namen machen, wie ihn die Großen auf der Erde haben.

Der HERR verkündigt dir, daß *er dir* ein Haus bauen will. Wenn nun deine Zeit um ist und du dich zu deinen Vätern schlafen legst, will ich deinem Nachkommen das Königtum bestätigen. Er soll meinem Namen ein Haus bauen, und ich will seinen Königsthron für immer bestätigen."

Als Nathan alle diese Worte dem David gesagt hatte, setzte sich der König vor dem HERRN nieder und betete: „Wer bin ich, HERR, daß du mich bis hierher gebracht hast?"

David und Batseba

2. Samuel 11,1–18.26–27

Eines Tages, zu einer Zeit, da Könige in den Krieg zu ziehen pflegten, schickte David seinen Feldhauptmann Joab mit seinen Männern und dem ganzen Volk Israel in den Kampf. Sie sollten das Land der Ammoniter verwüsten und die Stadt Rabba belagern. David aber blieb in Jerusalem.

Einmal stand er gegen Abend auf und ging auf das Dach des Königspalastes. Von dort aus sah er eine Frau, die sich gerade wusch. Sie war sehr schön. Sogleich erkundigte sich David nach der Frau. Man sagte ihm: „Das

ist doch Batseba, die Frau des Hethiters Uria." Da schickte David Boten zu ihr und ließ sie holen. Als sie zu ihm kam, schlief er mit ihr. Danach kehrte sie in ihr Haus zurück.

Nach einiger Zeit ließ die Frau David ausrichten: „Ich bin schwanger geworden." Da schickte David Boten zu seinem Feldhauptmann Joab: „Sende mir den Uria." Als Uria kam, fragte ihn David, ob es denn mit Joab, mit dem Heer und mit dem Krieg auch gut stünde. Dann sagte er zu ihm: „Geh doch in dein Haus und wasch deine Füße!" Beim Hinausgehen trug man ihm sogar noch ein Geschenk des Königs nach. Aber Uria ging nicht in sein Haus, sondern legte sich vor der Tür des Königspalastes schlafen, wo alle anderen Kriegsleute seines Herrn auch lagen.

Als man David dies berichtete, fragte er den Uria: „Bist du nicht von weither gekommen? Warum bist du nicht in dein Haus gegangen?" Uria antwortete: „Die Leute von Israel und Juda wohnen in Zelten. Joab, mein Feldherr, und alle Kriegsleute liegen auf freiem Feld. Sollte ich da in mein Haus gehen, essen und trinken und mit meiner Frau schlafen? So wahr der HERR lebt: So etwas tue ich nicht!" David sagte zu Uria: „Bleib heute hier, morgen will ich dich wieder ziehen lassen."

So blieb Uria an diesem und am nächsten Tag in Jerusalem. David lud ihn zum Essen und Trinken ein und machte ihn betrunken. Am Abend aber ging Uria hinaus und legte sich wieder bei den Männern seines Herrn schlafen. Wieder ging er nicht in sein Haus.

Am anderen Morgen schrieb David einen Brief an Joab, den gab er Uria mit. Darin stand: „Stellt Uria ganz vornehin, wo der Kampf am härtesten ist. Dann zieht euch hinter ihm zurück, damit er erschlagen wird und stirbt!"

Als nun Joab die Stadt belagerte, stellte er den Uria ganz nach vorne zu den tapferen Männern. Da machten die Männer der Stadt einen Ausfall und kämpften mit dem Kriegsheer der Israeliten. Eine ganze Anzahl der Männer fiel; auch Uria wurde getötet. Da schickte Joab Boten zu David und ließ ihm alles berichten, was sich beim Kampf zugetragen hatte. Er gebot dem Boten: „Wenn du dem König alles berichtet hast, und wenn der König dann zornig wird, dann sagst du: Auch Uria ist tot!"

Genauso machte es der Bote, und David gebot ihm: „Sag Joab, es soll ihm nicht leid tun, denn das Schwert frißt bald diesen, bald jenen! Kämpft nur weiter!"

Als Urias Frau hörte, daß ihr Mann tot war, hielt sie die Totenklage um ihn. Sobald sie aber ausgetrauert hatte, ließ David sie in sein Haus holen. Sie wurde seine Frau und gebar ihm einen Sohn. Aber dem HERRN mißfiel, was David getan hatte.

Jean Dubuffet

2. Samuel 12,1–11a. 13–16.18a.20–24

Nathans Strafrede

Der König war damals auch der oberste Richter seines Landes!

Und der HERR sandte den Propheten Nathan zu David:

„In einer Stadt waren zwei Männer, der eine war reich, der andere arm. Der Reiche hatte sehr viele Schafe und Rinder. Der Arme aber hatte nichts als ein einziges Schäflein, das er gekauft hatte. Er zog es zusammen mit seinen Kindern groß. Es aß von seinem Essen, es trank aus seinem Becher, und es schlief auf seinem Schoß. Es war ihm wie eine Tochter. Als nun zu dem reichen Mann ein Gast kam, brachte er es nicht über sich, eines von seinen Schafen und Rindern zu schlachten, um dem Gast etwas zuzubereiten. Nein, er nahm das Schaf des armen Mannes und bereitete es dem Gast zu."

Da geriet David in großen Zorn, und er rief aus: „So wahr der HERR lebt: Der Mann, der das getan hat, ist ein Kind des Todes! Dazu soll er das Schaf vierfach bezahlen, weil er sein eigenes geschont hat!"

Da sprach Nathan: „Du bist der Mann! So spricht der HERR, der Gott Israels: Ich habe dich zum König gesalbt über Israel. Ich habe dich aus der Hand Sauls errettet. Ich habe dir Sauls Haus und seine Frauen gegeben. Dazu habe ich dir Israel und Juda gegeben. Wenn das noch zu wenig ist, will ich auch noch dies und das dazu tun. Warum hast du denn getan, was dem HERRN mißfiel? Uria hast du durch das Schwert der Ammoniter umgebracht und hast dir seine Frau genommen. Siehe, ich will Unheil über dich kommen lassen! Immer wird das Schwert deine Familie bedrohen, und viele werden umkommen."

Da sagte David zu Nathan: „Ich habe gesündigt gegen den HERRN." Und Nathan antwortete: „So hat der HERR auch deine Sünde vergeben. Du wirst nicht sterben. Aber weil du den HERRN durch diese Tat gelästert und beleidigt hast, wird der Sohn sterben, der dir und Batseba geboren ist." Dann ging Nathan fort.

Und der HERR ließ das Kind, das Urias Frau dem David geboren hatte, todkrank werden. David suchte Gott wegen des Kindes und fastete, und wenn er heimkam, schlief er über Nacht auf der Erde. Aber am siebten Tag starb das Kind. Da stand David von der Erde auf, wusch sich, salbte sich und zog andere Kleider an. Er ging in das Haus des HERRN und betete. Und als er wieder heimkam, ließ er sich Speisen auftragen und aß.

Da sagten seine Männer zu ihm: „Was soll das, was du tust? Als das Kind noch lebte, hast du gefastet und geweint; und nun ist es gestorben, und du stehst auf und ißt?" David antwortete: „Als das Kind noch lebte, fastete ich und weinte. Ich dachte: Wer weiß, ob mir der HERR nicht gnädig wird und das Kind am Leben bleibt. Doch nun ist es tot, wozu soll ich fasten? Kann ich es wieder zurückholen?"

Als David seine Frau Batseba getröstet hatte, ging er zu ihr und schlief mit ihr. Und sie brachte wieder einen Sohn zur Welt, den nannte er Salomo. Und der HERR liebte diesen Salomo.

Salomo wird zum König gesalbt – Davids Tod

1. Könige 1,1a. 32–35.38–40;2,12

Als der König David alt geworden war, rief er den Priester Zadok, den Propheten Nathan und seinen Feldherrn Benaja zu sich: „Nehmt meine Fürsten mit euch, setzt meinen Sohn Salomo auf mein Maultier und führt ihn hinab zum Fluß Gihon. Der Priester Zadok und der Prophet Nathan sollen ihn dort zum König über Israel salben. Blast die Posaunen und ruft: Es lebe der König Salomo! Er soll auf meinem Thron sitzen und an meiner Stelle König sein. Ich setze ihn zum Fürsten über Israel und Juda ein."

Daraufhin gingen der Priester Zadok, der Prophet Nathan und Benaja mit den Kretern und Pletern hinab. Sie setzten Salomo auf das Maultier des Königs David und führten ihn zum Fluß Gihon. Der Priester Zadok nahm das Ölhorn aus dem Zelt und salbte Salomo. Dann bliesen sie die Posaunen, und alles Volk rief: „Es lebe der König Salomo!" Sie spielten mit Flöten und waren sehr fröhlich. Sogar die Erde bebte von ihrem Geschrei.

Nicht lange danach starb der König David. Und Salomo saß auf dem Thron seines Vaters David, und seine Herrschaft hatte festen Bestand.

Salomos Gebet um Weisheit

1. Könige 3,3.5–6. 7b.9a.10–15

Salomo hatte den HERRN lieb und lebte nach den Weisungen seines Vaters David. Allerdings opferte und räucherte er noch auf den alten Höhenheiligtümern.

Das sind alte Opferplätze der Kanaanäer, auf denen das Volk Israel früher auch dem HERRN opferte. Später aber waren Opfer nur noch im Tempel in Jerusalem erlaubt. Die Propheten mußten immer wieder anmahnen, daß es trotzdem noch unrechtmäßige Opfer „auf den Höhen" gab!

Und der HERR erschien ihm eines Nachts im Traum und sprach: „Bitte, was ich dir geben soll!" Salomo antwortete: „Du hast meinem Vater David, deinem Knecht, große Barmherzigkeit erwiesen und ihm einen Sohn gegeben, der auf seinem Thron sitzen sollte. So ist es jetzt geschehen. Ich bin aber noch jung und weiß weder aus noch ein. So gib mir, deinem Knecht, ein gehorsames Herz, damit ich dein Volk richten kann und damit ich verstehe, was gut und böse ist."

Diese Bitte gefiel dem HERRN gut, und er sprach: „Weil du darum bittest und nicht um langes Leben, Reichtum oder um den Tod deiner Feinde, son-

Jean Dubuffet

dern um Verstand, um zu hören und recht zu richten, darum erhöre ich dich: Ich gebe dir ein weises und verständiges Herz, wie niemand vor oder nach dir. Dazu gebe ich dir auch noch, worum du nicht gebeten hast: Reichtum und Ehre. Wenn du in meinen Wegen gehst und meine Weisungen und Gebote hältst, wie dein Vater David, dann werde ich dir ein langes Leben geben."

Als Salomo erwachte, trat er vor die Bundeslade und opferte Brandopfer und Dankopfer. Für alle seine Großen gab er ein Festmahl.

Die Erklärung dazu findest Du auf Seite 71.

Salomos Urteil

1.Könige 3,16–28

Einmal kamen zwei Huren zum König und traten vor ihn. Die eine Frau sagte: „Ach, mein Herr, ich und diese Frau wohnten in einem Haus. Dort brachte ich ein Kind zur Welt. Drei Tage später gebar auch sie ein Kind. Wir waren beieinander, und niemand sonst war bei uns im Haus. Aber der Sohn dieser Frau starb in der Nacht. Sie hatte ihn nämlich im Schlaf erdrückt.

Nun stand sie in der Nacht auf, nahm meinen Sohn von meiner Seite und nahm ihn zu sich. Ihren toten Sohn aber legte sie in meinen Arm. Als ich am Morgen aufstand, um meinen Sohn zu stillen, da war er tot. Doch als ich ihn genauer ansah, erkannte ich, daß es gar nicht mein Sohn war." Die andere Frau sagte darauf: „Nein, mein Sohn lebt; dein Sohn ist tot." Jene aber beteuerte: „Nein, dein Sohn ist tot; mein Sohn lebt." So stritten sie miteinander vor dem König.

Da sagte der König: „Die eine behauptet: Mein Sohn lebt, dein Sohn ist tot. Die andere: Nein, dein Sohn ist tot, mein Sohn lebt. Holt mir ein Schwert!" Als das Schwert gebracht wurde, befahl er: „Teilt das lebendige Kind in zwei Teile und gebt dieser Frau die eine Hälfte und jener Frau die andere Hälfte!"

Da sagte die Frau, deren Sohn noch lebte: „Ach, mein Herr, tötet es nicht! Gebt ihr das Kind!" Die andere aber sagte: „Laßt es zerteilen! Es soll weder dir noch mir gehören!" Da antwortete der König: „Gebt der ersten Frau das Kind! Sie ist seine Mutter."

In ganz Israel hörte man von dem Urteil. Das Volk bekam große Ehrfurcht vor Salomo, weil es erkannte, daß seine Weisheit von Gott kam.

1. Könige 6,1. 37–38.11–13; 7,48–51

Salomo baut den Tempel

Als Salomo im vierten Jahr über Israel herrschte, wurde der Grundstein gelegt zum Haus des HERRN. Im elften Jahr wurde das Haus vollendet, wie es sein sollte, so daß sie sieben Jahre daran bauten.

Und Gott der HERR sprach zu Salomo: „Mit dem Haus, das du baust, soll es so sein: Wenn du nach meinen Weisungen lebst, nach meinen Rechten handelst und alle meine Gebote hältst, dann will ich mein Versprechen für dich erfüllen, das ich deinem Vater gegeben habe: Ich will unter dem Volk Israel wohnen und es nicht verlassen!"

Salomo ließ auch alle Geräte herstellen, die zum Haus des HERRN gehörten: den goldenen Altar und den goldenen Tisch, auf dem die Schaubrote liegen, dazu fünf Leuchter rechts und links. Alles war aus reinem Gold mit Blumen verziert. Dazu kamen Lampen und Lichtscheren, Schalen, Messer, Becken, Löffel und Pfannen aus reinem Gold. Salomo brachte alles in das Haus des HERRN, was sein Vater David für Gott bestimmt hatte: Silber, Gold und Geräte. All das wurde zum Schatz des Hauses des HERRN.

In den Tempel kam auch die Lade Gottes; lies dazu auf Seite 71 und auf Seite 96!

1. Könige 11, 1–9a.11–13

Salomos heidnische Frauen und seine Abgötterei

Salomo hatte siebenhundert Hauptfrauen und dreihundert Nebenfrauen. Darunter waren auch viele ausländische Frauen, die er liebte: die Tochter des Pharao und moabitische, ammonitische, edomitische, sidonitische und hethitische Frauen. Sie kamen aus solchen Völkern, von denen der HERR zu den Israeliten gesagt hatte: „Geht nicht zu ihnen und laßt sie auch nicht zu euch kommen. Ganz gewiß werden sie sonst eure Herzen ihren Göttern zuneigen."

Als er nun alt war, verleiteten ihn seine Frauen, fremde Götter zu verehren. So war sein Herz nicht mehr ungeteilt bei dem HERRN, seinem Gott. Salomo diente der Astarte, der Göttin der Leute von Sidon. Er diente auch dem Milkom, dem greulichen Götzen der Ammoniter.

Da wurde der HERR zornig über Salomo und sprach zu ihm: „Weil du das getan und meinen Bund und meine Gebote nicht gehalten hast, will ich das Königtum von dir reißen und es einem deiner Großen geben. Doch deines Vaters David wegen werde ich das noch nicht zu deinen Lebzeiten tun. Aber der Hand deines Sohnes will ich es entreißen. Auch will ich nicht das ganze Reich von ihm losreißen. Wegen David, meinem Knecht, und wegen Jerusalem, das ich erwählt habe, will ich deinem Sohn einen Stamm lassen."

Der Bund, den der HERR mit Israel geschlossen hatte, bestand darin, daß der HERR ausschließlich der Gott Israels sein wollte und Israel ausschließlich den HERRN verehren sollte.

Ahijas Verheißung an Jerobeam – Salomos Tod

1. Könige 11, 26–33a.34a. 37–38a.40.42–43

Immer wieder gab es Aufstände gegen den König Salomo. Auch Jerobeam, der Sohn Nebats, ein Ephraimiter, hob die Hand auf gegen den König. Und das ging so zu: Salomo schloß die Lücke im Wall um die Stadt Davids. Jerobeam war ein tüchtiger Mann. Und als Salomo sah, daß der Jüngling viel schaffte, setzte er ihn als Aufseher über alle Fronarbeiter ein.

Fronarbeiter: Das heißt hier: Zwangsarbeiter, aber auch Leibeigene, Sklaven.

Eines Tages ging Jerobeam aus Jerusalem hinaus. Auf dem Weg traf ihn der Prophet Ahija von Silo, der hatte einen neuen Mantel an. Sie waren beide allein.

Und Ahija faßte seinen neuen Mantel, riß ihn in zwölf Stücke und sagte zu Jerobeam: „Nimm zehn Stücke zu dir! Denn so spricht der HERR, der Gott Israels: Siehe, ich will das Königtum aus der Hand Salomos reißen und dir zehn Stämme geben. Einen Stamm nur soll der Nachfolger Salomos behalten, weil Salomo mich verlassen hat. Aus der Hand Salomos will ich das Reich noch nicht nehmen. Ihn will ich König sein lassen sein Leben lang. So will ich nun dich nehmen! Du sollst König sein über Israel! Wirst du nun allem gehorchen, was ich dir gebieten werde, und wirst du in meinen Wegen wandeln und tun, was mir gefällt, dann will ich mit dir sein!"

Jerobeam fühlte sich von da an fast schon wie der neue König und wandte sich gegen Salomo.

Salomo aber trachtete danach, Jerobeam zu töten, und verfolgte ihn. Jerobeam floh nach Ägypten und blieb dort, bis Salomo starb. Salomo war König zu Jerusalem über ganz Israel, vierzig Jahre lang. Und er legte sich zu seinen Vätern und wurde begraben in Jerusalem, der Stadt Davids. Und sein Sohn Rehabeam wurde König an seiner Stelle.

Der Abfall der zehn Stämme vom Haus David

1. Könige 12,1–5. 12–16.19–20

Rehabeam zog nach Sichem. Ganz Israel war dorthin gekommen, um ihn zum König zu machen. Das hörte auch Jerobeam in Ägypten. Die aus Israel schickten jemand zu ihm und ließen ihn rufen. Eilends kehrte er von dort zurück.

Jerobeam und ganz Israel redeten mit Rehabeam: „Dein Vater hat unser Joch zu hart gemacht. Mache du nun diesen harten Dienst und dieses schwere Joch leichter. Dann wollen wir dir untertan sein." Rehabeam aber antwortete: „Geht und kommt in drei Tagen wieder zu mir." Da ging das Volk weg.

Als nun Jerobeam und das ganze Volk am dritten Tag wieder zu Rehabeam kamen, gab der König dem Volk eine harte Antwort. Er kümmerte sich nicht um den Rat, den ihm die Ältesten gegeben hatten, sondern sagte zu ihnen nach dem Rat der Jüngeren: „Mein Vater hat euer Joch schwer gemacht, ich aber will's euch noch schwerer machen. Mein Vater hat euch mit Peitschen gezüchtigt, ich aber will euch mit Skorpionen züchtigen!"

Als aber ganz Israel sah, daß der König nicht auf sie hören wollte, erwiderte das Volk: „Was haben wir denn noch von David und seiner ganzen Sippe? Auf! Geh in deine Hütten, Israel!"

So fiel Israel vom Haus David ab. Stattdessen machten sie Jerobeam zum König über ganz Israel. Niemand mehr aus dem Haus David folgte Rehabeam, nur noch der Stamm Juda.

Seit dieser Zeit blieb das Land geteilt. Es gab das Nordreich Israel mit der Hauptstadt Samaria und das Südreich Juda mit der Hauptstadt Jerusalem.

8. Wer soll über dich herrschen, Israel

Der Prophet Elia

Der König Ahab

1. Könige 16,29–33

Ahab regierte zweiundzwanzig Jahre als König über Israel in Samaria. Mehr als alle Könige vor ihm tat er, was dem HERRN mißfiel. Nicht nur, daß er die gleichen Sünden beging wie Jerobeam; er nahm auch noch Isebel, die Tochter des Sidoniterkönigs, zur Frau. Er diente dem Gott Baal und betete ihn an. In Samaria baute er ihm einen Tempel mit einem Altar. Ebenso errichtete er ein Götzenbild für die Göttin Aschera. So erzürnte Ahab den HERRN, den Gott Israels, mehr als alle Könige vor ihm.

Die Erklärung dieser Schreibweise findest Du auf der Seite 117.

Baal war ein kanaanäischer Gott, der für das Wetter und für die Fruchtbarkeit zuständig war. Auch in Sidon wurde er verehrt.

Elia am Bach Krit und bei der Witwe zu Zarpat

1. Könige 17,1–16

Da sprach der Prophet Elia zu Ahab: „So wahr der HERR, der Gott Israels, lebt, vor dem ich stehe: In den nächsten Jahren soll es weder Tau noch Regen geben, wenn ich es nicht befehle."

Der Prophet ist ein Bote Gottes. Gott selbst spricht durch seinen Mund. Mehr darüber findest Du auf den Seiten 135–165.

Darauf kam das Wort des HERRN zu Elia: „Geh von hier weg, wende dich nach Osten und versteck dich am Bach Krit, der zum Jordan hinfließt. Aus dem Bach kannst du trinken, und den Raben habe ich geboten, daß sie dich mit Nahrung versorgen sollen."

So ging Elia fort und tat, wie der HERR ihn geheißen hatte. Er setzte sich an den Bach Krit. Am Morgen und am Abend brachten ihm die Raben Brot, und aus dem Bach trank er. Nach einiger Zeit vertrocknete der Bach, weil es nicht mehr regnete. Da kam das Wort des HERRN aufs neue zu ihm: „Mach dich auf und geh nach Zarpat, das bei Sidon liegt! Bleib dort; denn ich habe einer Witwe von dort geboten, dich zu versorgen."

So brach Elia auf und ging nach Zarpat. Als er an das Stadttor kam, traf er eine Witwe, die Holz auflas. Er rief ihr zu: „Hol mir ein wenig Wasser, da-

mit ich trinken kann!“ Als sie ging, um es zu holen, rief er ihr noch nach: „Bring mir auch einen Bissen Brot mit!“ Da antwortete sie: „So wahr der HERR, dein Gott, lebt: Ich habe nichts Gebackenes mehr. Es ist nur noch eine Handvoll Mehl im Topf und ein wenig Öl im Krug. Sieh her, ich habe ein paar Holzscheite aufgelesen; damit gehe ich heim. Ich will mir und meinem Sohn noch etwas backen. Das essen wir, dann müssen wir verhungern.“

Elia sagte zu ihr: „Fürchte dich nicht! Geh nur heim und mach es so, wie du gesagt hast. Doch mach zuerst für mich etwas Gebackenes und bring es heraus! Danach sollst du auch für dich und deinen Sohn etwas backen. Denn so spricht der HERR, der Gott Israels: Das Mehl im Topf soll nicht alle werden, auch der Ölkrug soll nicht leer werden bis zu dem Tag, an dem es der HERR wieder regnen lassen wird auf Erden!“

Sie ging und tat, was Elia gesagt hatte. Tag um Tag hatten sie alle zu essen. Das Mehl im Topf wurde nicht alle und der Ölkrug nicht leer, wie es der HERR durch Elia geredet hatte.

Das Gottesurteil auf dem Karmel

1. Könige 18,1–2a. 17–24.26–39. 41–45

Im dritten Jahr der Trockenheit kam das Wort des HERRN zu Elia: „Geh und zeig dich dem König Ahab; denn ich will es wieder regnen lassen.“ Und Elia ging, um Ahab zu treffen. Als Ahab Elia sah, sagte er zu ihm: „Da bist du also, du, der Israel ins Unglück stürzt!“ Elia aber erwiderte: „Nicht ich stürze Israel ins Unglück, sondern du und deine Familie: ihr habt euch von den Geboten des HERRN abgewandt und lauft den Baalen nach. Auf, laß ganz Israel auf dem Berg Karmel zusammenkommen!“ Und Ahab versammelte ganz Israel auf dem Berg Karmel.

Dort aber trat Elia vor das ganze Volk und rief: „Wie lange wollt ihr noch auf beiden Seiten hinken? Ist der HERR Gott, dann folgt ihm! Ist aber Baal Gott, dann folgt dem!“ Doch das Volk antwortete ihm kein Wort.

Darauf sagte Elia zu den Propheten Baals: „Gebt uns zwei junge Stiere! Wählt ihr euch einen davon aus, zerteilt ihn und legt ihn aufs Holz! Legt aber kein Feuer! Ich will den anderen Stier nehmen, aufs Holz legen und auch kein Feuer anzünden. Dann ruft ihr den Namen eures Gottes an, ich aber den Namen des HERRN. Und der Gott, der mit Feuer antworten wird, der ist der wahre Gott!“ Das ganze Volk antwortete: „Das ist recht.“

Darauf nahmen die Baalspropheten den einen Stier, schlachteten ihn und riefen vom Morgen bis zum Abend den Namen Baals an: „Baal, erhöre uns!“ Aber keine Stimme war zu hören, und keine Antwort kam. Dabei sprangen sie doch um den Altar herum.

Als es nun Mittag wurde, spottete Elia: „Ruft doch lauter! Er ist doch ein Gott! Er ist vielleicht in Gedanken oder hat zu schaffen; oder er ist verreist, oder er schläft gerade und muß erst aufwachen!“ Da riefen sie lauter und ritzten sich mit Messern und Spießen, bis sie bluteten. Als aber der Mittag vorüber war, gerieten sie in Ekstase bis zum Abend. Aber keine Stimme war zu hören, und keine Antwort kam.

Da rief Elia dem ganzen Volk zu: „Kommt her zu mir!“ Und als das Volk zu ihm kam, baute er den Altar des HERRN wieder auf, der dort zerfallen lag. Er nahm zwölf Steine für die zwölf Stämme Israels. Aus diesen Steinen errichtete er einen Altar im Namen des HERRN. Um den Altar zog er einen breiten Graben. Er schichtete das Holz auf, zerteilte den Stier und legte ihn darauf.

Und Elia befahl: „Holt vier Eimer Wasser und gießt es über das Brandopfer und über das Holz!“ Dann rief er: „Tut es noch einmal!“ Sie taten es. Und wieder sagte er: „Tut es zum drittenmal!“ Und sie taten es zum drittenmal.

Das Wasser lief um den Altar herum, sogar der ganze Graben füllte sich mit Wasser. Dann trat der Prophet Elia heran und betete: „HERR, Gott Abrahams, Isaaks und Jakobs: Laß heute bekannt werden, daß du Gott in Israel bist! Laß sichtbar werden, daß ich dein Knecht bin und all das auf dein Wort hin getan habe! Erhöre mich, HERR. Erhöre mich, damit dieses Volk erkennt, daß du, HERR, Gott bist, und sie ihre Herzen wieder zu dir kehren!“

Da fiel das Feuer des HERRN herab und fraß Brandopfer, Holz, Steine, Erde und leckte das Wasser im Graben auf. Als das Volk das sah, fielen sie auf ihr Gesicht und riefen: „Der HERR ist Gott! Der HERR ist Gott!“

Da sagte Elia zu Ahab: „Geh zum Altar, iß und trink; es rauscht, als käme ein großer Regen.“ Während Ahab ging, um zu essen und zu trinken, stieg Elia auf den Gipfel des Karmel. Dort beugte er sich zur Erde, hielt seinen Kopf zwischen den Knien und sagte zu seinem Diener: „Geh, und schau zum Meer!“ Der ging, schaute und rief dann: „Es ist nichts zu sehen!“ Elia antwortete: „Geh noch einmal!“ Siebenmal ging der Diener hin.

Beim siebtenmal sagte er: „Sieh, es steigt eine Wolke aus dem Meer, so klein wie eine Menschenhand!“ Elia erwiderte: „Geh zu Ahab und sag ihm: Spanne an und fahre hinab, damit dich der Regen nicht aufhält!“

Und ehe man sich's versah, wurde der Himmel schwarz von Gewitterwolken, und es kam ein großer Regen. Ahab aber fuhr nach Jesreel hinab.

Elia flieht

1. Könige 19,1–8a

Dies alles erzählte Ahab der Königin Isebel. Da schickte Isebel einen Boten zu Elia und ließ ihm ausrichten: „Bei den Göttern: Morgen um diese Zeit werde ich dich umgebracht haben!“ Da fürchtete der sich sehr und lief um sein Leben. Er kam nach Beerscheba in Juda, dort ließ er seinen Diener zurück.

Er selbst aber ging eine Tagesreise weiter, in die Wüste hinein, und setzte sich unter einen Wacholderstrauch. Er wollte nur noch sterben und sagte: „Nun ist es genug, HERR! Nimm meine Seele; ich bin nicht besser als meine Väter.“ Dann legte er sich hin und schlief unter dem Wacholderstrauch ein. Doch ein Engel berührte ihn und sprach: „Steh auf und iß!“

Als er sich umsah, lag da neben ihm ein geröstetes Brot und ein Krug mit Wasser. Nachdem er gegessen und getrunken hatte, legte er sich wieder schlafen. Da kam der Engel des HERRN zum zweitenmal, berührte ihn und sprach: „Steh auf und iß! Du hast einen weiten Weg vor dir.“ Er stand auf, aß und trank.

Elia am Horeb

1. Könige 19,8b–15a.18.19a

Durch die Speise gekräftigt, wanderte Elia vierzig Tage und vierzig Nächte durch die Wüste bis an den Horeb, den Berg Gottes. Dort fand er eine Höhle und blieb darin über Nacht. Und das Wort des HERRN kam zu ihm: „Geh aus der Höhle und stell dich vor den HERRN auf den Berg! Der HERR wird an dir vorübergehen.“

Da kam ein großer starker Sturmwind, der die Berge sprengte und die Felsen spaltete. Aber der HERR war nicht in dem Sturmwind.
Nach dem Wind kam ein Erdbeben. Aber der HERR war nicht in dem Erdbeben.
Und nach dem Erdbeben kam ein Feuer. Aber der HERR war nicht in dem Feuer.
Und nach dem Feuer kam ein stilles, sanftes Sausen. Als Elia das hörte, verhüllte er sein Gesicht mit seinem Mantel und trat hinaus in den Eingang der Höhle.

Lies dazu, wie Gott dem Mose auf dem Sinai begegnete (Seite 63).

Da kam eine Stimme zu ihm: „Was hast du hier zu tun, Elia?“ Er antwortete: „Ich habe mich voll Eifer für den HERRN, den Gott Zebaoth, eingesetzt. Israel hat deinen Bund gebrochen, deine Altäre zerschlagen und deine Propheten mit dem Schwert getötet. Ich allein bin übriggeblieben, und auch mir trachten sie nach dem Leben.“

Jean Dubuffet

Aber der HERR sprach zu ihm: „Kehr um und geh durch die Wüste zurück! Ich will siebentausend in Israel übriglassen: alle Knie, die sich nicht gebeugt haben vor Baal, und jeden Mund, der ihn nicht geküßt hat.“ Und Elia ging von dort weg.

Nabots Weinberg

1. Könige 21, 1b–11a.14–19a. 21a.22b.25

Nabot besaß in Jesreel einen Weinberg neben dem Palast Ahabs, des Königs von Samaria. Ahab redete mit Nabot: „Gib mir deinen Weinberg; ich will mir einen Gemüsegarten daraus machen! Er liegt so nahe bei meinem Haus. Dafür will ich dir einen besseren Weinberg geben. Wenn es dir aber lieber ist, will ich dir soviel Silber geben, wie er wert ist.“ Aber Nabot antwortete: „Der HERR behüte mich davor, daß ich dir das Erbe meiner Väter gebe!“

Damals regierten die Könige des Nordreichs Israel auch von Jesreel aus.

Wegen dieser Antwort kam Ahab voller Unmut nach Hause. Er legte sich auf sein Bett, drehte sich zur Wand und aß nichts. Da kam seine Frau Isebel zu ihm und fragte ihn: „Was ist los, daß du so mißmutig bist und nichts ißt?“

Er antwortete: „Ich habe mit Nabot, dem Jesreeliter, geredet und gesagt: ‚Gib mit deinen Weinberg für Geld, oder wenn es dir lieber ist, will ich dir einen anderen dafür geben.‘ Er aber sagte: ‚Ich will dir meinen Weinberg nicht geben.‘“ Da höhnte seine Frau Isebel: „Bist du König von Israel oder nicht? Steh auf, iß und sei wieder froh! Ich werde dir den Weinberg Nabots verschaffen!“

Unter Ahabs Namen und mit seinem Siegel schrieb sie Briefe an die Ältesten und Oberen in Nabots Stadt. In den Briefen stand: „Laßt ein Fasten ausrufen und setzt Nabot im Volk ganz oben hin! Stellt ihm dann zwei ehrlose Männer gegenüber, die gegen ihn aussagen: Du hast Gott und den König gelästert! Dann führt ihn aus der Stadt hinaus und steinigt ihn zu Tode.“

Lies dazu das letzte Gesetz auf Seite 69.

Die Ältesten und Oberen taten, wie ihnen Isebel befohlen hatte. Dann ließen sie ihr ausrichten: „Nabot ist gesteinigt und tot.“ Als Isebel das hörte, sagte sie zu Ahab: „Steh auf und nimm den Weinberg Nabots in Besitz! Dieser Jesreeliter, der sich geweigert hat, ihn dir für Geld zu geben, lebt nicht mehr!“ Als Ahab dies hörte, stand er auf und ging zum Weinberg Nabots, um ihn in Besitz zu nehmen.

Aber das Wort des HERRN kam zu Elia: „Mach dich auf, geh zu Ahab und sag ihm von mir: So spricht der HERR: Du hast gemordet, dazu auch noch fremdes Erbe geraubt! Ich werde Unheil über dich bringen: Dich und deine Nachkommen werde ich austilgen. Denn du hast mich zornig gemacht und Israel zum Sündigen verführt!“

Es gab niemanden, der so viel Unrecht vor dem HERRN tat wie Ahab, den seine Frau Isebel verführte.

1. Könige 19,16b. 19b–21

Elisas Berufung

Der HERR sprach zu Elia: „Salbe Elisa, den Sohn Schafats, an deiner Stelle zum Propheten!“ Elia fand Elisa, als er gerade pflügte. Er ging zu ihm und warf seinen Mantel über ihn. Da verließ Elisa die Rinder, lief Elia nach und sagte: „Laß mich meinen Vater und meine Mutter zum Abschied küssen, dann will ich dir nachfolgen!“ Er antwortete ihm: „Also gut, kehr um! Denk aber daran, was ich dir getan habe!“

Da ging Elisa, nahm ein paar Rinder und opferte sie. Mit dem Holz von den Jochen der Rinder machte er ein Feuer, kochte das Fleisch und gab es den Leuten zum Essen. Dann machte er sich auf, folgte Elia und diente ihm.

2. Könige 2,2b. 7b–15

Elia wird entrückt

Elia und Elisa gingen miteinander an den Jordan. Dort nahm Elia seinen Mantel, wickelte ihn zusammen und schlug damit ins Wasser. Da teilte es sich nach beiden Seiten, so daß sie auf trockenem Boden hinübergehen konnten.

Dort sagte Elia zu Elisa: „Erbitte von mir, was ich dir tun soll, bevor ich von dir weggenommen werde!“ Elisa antwortete: „Ich möchte, daß ich einen doppelten Anteil von deinem Geist erbe!“ Elia sagte: „Du hast etwas Schweres erbeten. Doch wenn du mich sehen wirst, wie ich von dir weggenommen werde, dann wird es geschehen. Siehst du mich aber nicht, dann wird es nicht sein.“

Als sie noch miteinander redeten, kam ein feuriger Wagen mit feurigen Pferden, die trennten die beiden voneinander. Und Elia fuhr im Sturmwind zum Himmel hinauf. Elisa aber sah es und schrie: „Mein Vater, mein Vater, du Wagen Israels und sein Gespann!“ Darauf sah er ihn nicht mehr. Da faßte er seine Kleider und zerriß sie in zwei Stücke.

Er hob den Mantel auf, der Elia entfallen war, kehrte um und trat wieder an das Ufer des Jordan. Er nahm den Mantel Elias, schlug damit ins Wasser und rief: „Wo ist nun der HERR, der Gott Elias?“ Da teilte sich das Wasser nach beiden Seiten, und Elisa ging hindurch.

Als das die Prophetenjünger sahen, die gegenüber bei Jericho waren, sagten sie: „Der Geist Elias ist nun auf Elisa.“ Sie gingen ihm entgegen und fielen vor ihm zur Erde.

Wegen dieser Geschichte glaubte man in Israel, daß Elia nicht gestorben sei. Er werde wiederkommen, bevor Gott durch seinen Messias seine Herrschaft auf der Erde errichtet.

Jerry Zeniuk

9. HERR, unser Herrscher

Israel lobt und klagt in Psalmen

Im Alten Testament hat der Gott des Volkes Israel einen Namen, er heißt „Jahwe". Man hat ihn aber später bei diesem Namen nicht mehr genannt, weil man den Namen Gottes nicht „mißbrauchen" wollte (lies dazu das 2. Gebot auf Seite 65). Stattdessen sagte man „adonaj", das heißt: Herr. In den meisten deutschen Bibeln wird dann auch „Jahwe" mit „Herr" übersetzt.
Damit Du aber unterscheiden kannst, wo in Wirklichkeit „Jahwe" steht und nicht „Herr" im Sinne von „Herrscher" oder „Gebieter", wird hier – wie in der Lutherbibel – an allen diesen Stellen „HERR" geschrieben.

Psalm 1: Der Weg des Frommen – Der Weg des Gottlosen

Psalm 1,1–6

Wohl dem, der nicht hört auf den Rat der Gottlosen,
der nicht mitgeht auf den Wegen der Sünder,
der nicht sitzt am Tisch mit den Spöttern!

Wohl dem, der sich freut an Gottes Gesetz
und nachsinnt über seine Weisungen Tag und Nacht!
Der ist wie ein Baum, gepflanzt an den Wasserbächen,
der seine Frucht bringt zu seiner Zeit,
und seine Blätter verwelken nicht;
und was er macht, das gerät wohl.

Aber nicht so die Gottlosen;
sie sind wie Spreu des Weizens, werden vom Wind verstreut.

Darum bestehen die Gottlosen nicht in Gottes Gericht;
in der Gemeinde der Bewährten ist kein Platz für Sünder.

Denn der HERR kennt den Weg der Gerechten,
aber vom Weg der Gottlosen bleibt keine Spur.

Psalm 8,2.4–10

Psalm 8: Der Mensch, ein Geschöpf Gottes

HERR, unser Herrscher,
wie herrlich ist dein Name über die Erde hin;
du zeigst deinen Glanz am Himmel!

Wenn ich die Himmel sehe, das Werk deiner Finger,
den Mond und die Sterne, hoch an der Himmelsfeste,
gehalten von dir.

Was ist da der Mensch, daß du an ihn denkst,
und was ist ein Menschenkind, daß du dich ihm zuneigst?

Du hast ihn wenig niedriger gemacht als dich selbst,
mit Würde und Glanz hast du ihn gekrönt.

Du hast ihn zum Herrn gemacht über das Werk deiner Hände,
alles hast du ihm zu Füßen gelegt:
Schafe und Rinder und Ziegen,
die wilden Tiere des Feldes und des Waldes,
die Vögel unter dem Himmel
und die Fische im Meer und alles, was die Meere durchzieht.

HERR, unser Herrscher,
wie herrlich ist dein Name über die Erde hin!

Psalm 22,2–3.5–7.
13.14.17–23.25

Psalm 22: Leiden, klagen und anklagen

Mein Gott, mein Gott, warum hast du mich verlassen?
Ich schreie, aber meine Hilfe ist ferne.

Mein Gott, am Tage rufe ich, doch antwortest du nicht;
ich rufe in der Nacht, und doch finde ich keine Ruhe.

Unsere Väter hofften auf dich:
Da sie hofften, halfst du ihnen heraus.
Zu dir schrien sie und wurden errettet;
auf dich hofften sie und wurden nicht zuschanden.

Ich aber bin ein Wurm und kein Mensch,
ein Spott der Leute und verachtet vom Volk.

Große Stiere haben mich umgeben,
Fette Büffel haben mich umringt;

ihren Rachen sperren sie gegen mich auf
wie ein brüllender und reißender Löwe.

Hunde haben mich umgeben,
eine Bande von Bösen hat mich umringt;
sie haben meine Hände und Füße durchgraben.

Ich kann alle meine Knochen zählen;
sie aber schauen zu und verspotten mich.

Sie teilen meine Kleider unter sich
und werfen das Los um mein Gewand.

Aber du, HERR, sei nicht ferne;
du meine Stärke, eile, mir zu helfen;
errette meine Seele vom Schwert der Feinde,
mein Leben von den Hunden!
Hilf mir aus dem Rachen des Löwen,
und vor den Hörnern wilder Stiere –
du hast mich erhört!

Ich will deinen Namen kundtun meinen Brüdern;
ich will dich in der Gemeinde rühmen.

Du hast mich nicht verachtet und verschmäht,
mich Armen in meinem Elend;
du hast dein Antlitz nicht vor mir verborgen;
als ich zu dir schrie, hörtest du.

Psalm 23: Der gute Hirte

Der HERR ist mein Hirte,
mir wird nichts mangeln.

Er weidet mich auf einer grünen Aue
und führet mich zum frischen Wasser.

Er erquicket meine Seele.
Er führet mich auf rechter Straße
um seines Namens willen.

Und ob ich schon wanderte im finstern Tal,
fürchte ich kein Unglück;
denn du bist bei mir,
dein Stecken und Stab trösten mich.

Du bereitest vor mir einen Tisch
im Angesicht meiner Feinde.
Du salbest mein Haupt mit Öl
und schenkest mir voll ein.

Gutes und Barmherzigkeit werden mir folgen
mein Leben lang, und ich werde bleiben
im Hause des HERRN immerdar!

Psalm 46: Eine feste Burg ist unser Gott

Gott ist unsere Zuversicht und Stärke,
eine Hilfe in den großen Nöten,
die uns getroffen haben.

Darum fürchten wir uns nicht,
wenngleich die Welt unterginge
und die Berge mitten ins Meer sänken;
wenngleich das Meer wütete und wallte
und von seinem Ungestüm die Berge einfielen.

Denn der Strom mit seinen Bächen
erfreut die Stadt Gottes,
die heiligen Wohnungen des Höchsten.

Gott ist bei ihr drinnen,
darum wird sie festbleiben;
Gott hilft ihr früh am Morgen.

Die Heiden müssen verzagen
und die Königreiche fallen,
das Erdreich muß vergehen,
wenn er sich hören läßt.

Der HERR Zebaoth ist mit uns,
der Gott Jakobs ist unser Schutz.

Kommt her und schauet die Werke des HERRN,
der auf Erden solch ein Zerstören anrichtet,
der den Kriegen steuert in aller Welt,
der Bogen zerbricht,
Spieße zerschlägt,
Wagen mit Feuer verbrennt.

Seid stille und erkennet, daß ich Gott bin!
Ich will der Höchste sein unter den Heiden,
der Höchste auf Erden.

Der HERR Zebaoth ist mit uns,
der Gott Jakobs ist unser Schutz.

Psalm 90: Wir sind vergänglich – Gott ist unsere Zuflucht

Psalm 90,1–10.12

HERR, zu dir fliehen wir,
von alters her bist du der Menschen Schutz.

Lange bevor die Berge wurden,
längst noch bevor Erde und Welt geschaffen wurden,
bist du, Gott, von Ewigkeit her und zu Ewigkeit hin.

Du läßt die Menschen sterben
und sprichst: Kommt wieder zu mir zurück!

Denn tausend Jahre sind für dich
wie der Tag, der gestern vergangen ist,
und kurz wie eine Nachtwache.

Du läßt die Menschen dahinfließen wie einen Strom;
sie sind wie ein Traum, den man morgens vergessen hat.

Sie sind wie das Gras, das am Morgen noch sprießt;
ja, das am Morgen noch blüht
und abends schon welkt und verdorrt.

Das macht dein Zorn, daß wir so verloren sind,
dein Grimm macht es, daß wir so plötzlich vergehen.

All unsere Missetaten stellst du vor dich;
unsere geheimste Sünde rückst du ins Licht,
hin vor dein Angesicht.

Darum eilen all unsre Tage dahin unter deinem Zorn;
wir bringen unsere Jahre zu wie flüchtiges Geschwätz.

Unser Leben dauert siebzig Jahre,
und wenn's hoch kommt,
dann sind's achtzig Jahre.

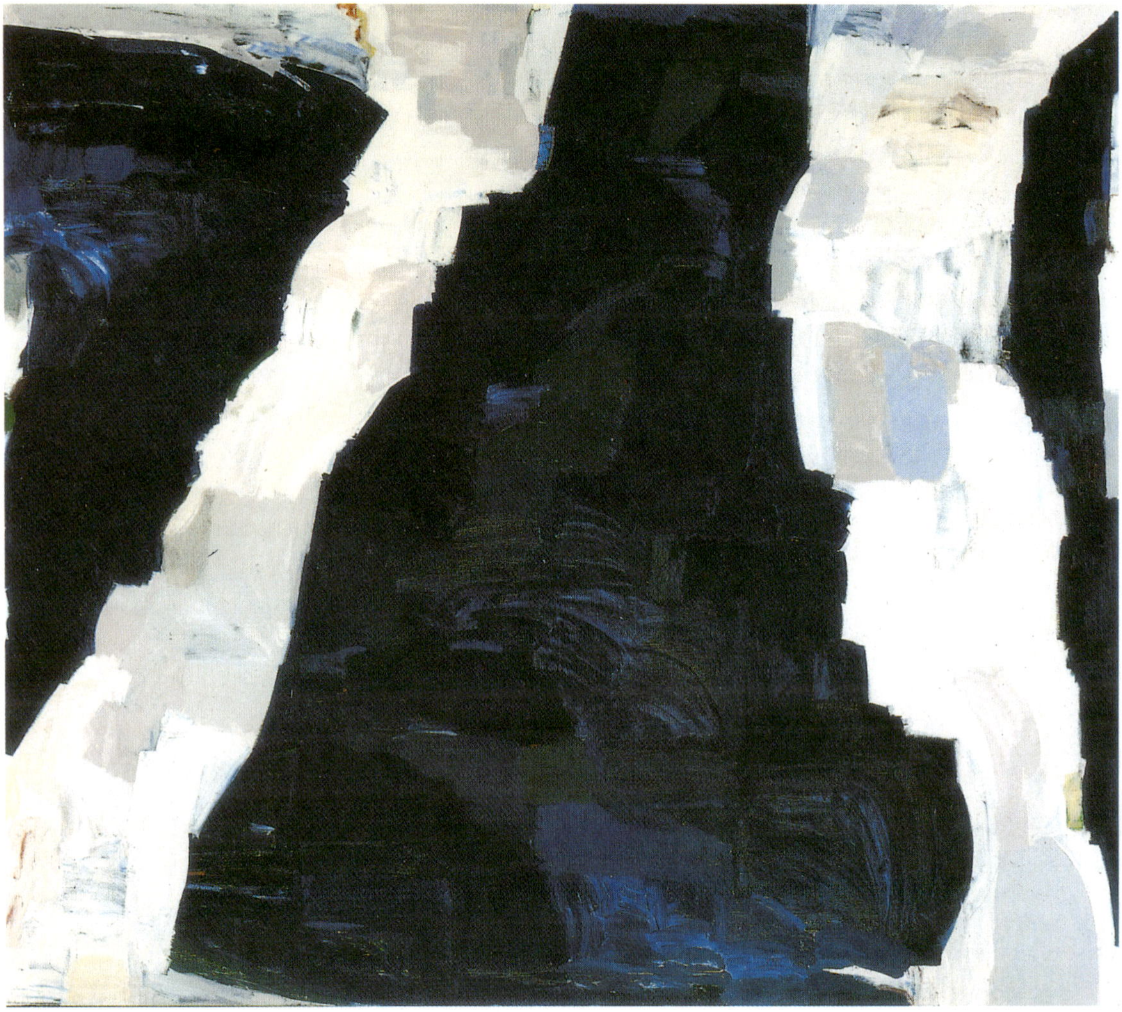

Jerry Zeniuk

Und was uns daran gut und köstlich scheint,
ist doch nur vergebliche Mühe und Last.

Das Leben fährt so schnell dahin -
eilends – als flögen wir davon.

HERR, lehre uns bedenken, daß wir sterben müssen,
damit Weisheit einkehre in unser Herz.

Psalm 103: Das Lied von Gottes Barmherzigkeit

Psalm 103,1–6.8. 10–13

Lobe den HERRN, meine Seele,
und was in mir ist, seinen heiligen Namen!

Lobe den HERRN, meine Seele,
und vergiß nicht, was er dir Gutes getan hat:

Der dir alle deine Sünde vergibt
und heilet alle deine Gebrechen,

der dein Leben vom Verderben erlöst,
der dich krönet mit Gnade und Barmherzigkeit,

der deinen Mund fröhlich macht,
und du wieder jung wirst wie ein Adler.

Der HERR schafft Gerechtigkeit und Recht
allen, die Unrecht leiden.

Barmherzig und gnädig ist der HERR,
geduldig und von großer Güte.
Er handelt nicht mit uns nach unseren Sünden
und vergilt uns nicht nach unserer Missetat.

Denn so hoch der Himmel über der Erde ist,
so läßt er seine Gnade walten
über denen, die ihn fürchten.

So fern der Morgen ist vom Abend,
läßt er unsre Übertretungen von uns sein.

Wie sich ein Vater über Kinder erbarmt,
so erbarmt sich der HERR über die,
die ihn fürchten.

Psalm 104,1–5. 8–15a.19–31.33. 35b

Psalm 104: Lob des Schöpfers

Lobe den HERRN, meine Seele!
HERR, mein Gott, wie herrlich bist du!

Schön bist du und prächtig geschmückt;
Licht ist dein Kleid, das du anhast.

Du spannst den Himmel auf wie ein Zelttuch;
du baust deine Wohnungen über den Meeren.

Du fährst auf den Wolken wie auf Wagen dahin;
du ergehst dich auf den Flügeln des Windes.

Du machst die Winde zu deinen Boten;
Feuerflammen werden zu deinen Dienern.

Du hast die Erde gegründet auf festen Boden,
in allen Zeiten wird sie nicht wanken.

Die Berge wuchsen hoch hervor;
und die Täler sanken herunter zum Ort,
den du ihnen bestimmt hast.

Du läßt Quellen in den Tälern entspringen;
ihr Wasser rauscht zwischen den Bergen dahin.

So trinken die Tiere des Feldes,
und das Wild stillt seinen Durst.

An den Ufern wohnen die Vögel des Himmels,
sie singen in den Zweigen der Bäume.

Du feuchtest die Berge von oben her;
das Land ist voller Früchte; du bist es, der sie schafft.

Du läßt das Gras wachsen für die Tiere des Feldes
und Pflanzen zum Nutzen der Menschen:

Brot, das du aus der Erde hervorholst,
Wein, der des Menschen Herz erfreut,
und Öl, damit sein Antlitz strahle.

Du hast den Mond gemacht, er teilt das Jahr;
die Sonne weiß ihren Aufgang und Untergang Tag für Tag.

Du bringst die Finsternis, die Nacht bricht an;
da regen sich alle wilden Tiere,
die Junglöwen brüllen nach Raub,
ihre Nahrung fordern sie von dir.

Wenn aber die Sonne aufstrahlt, machen sie sich davon,
sie gehen heim in ihre Höhlen.

Dann kommt der Mensch, geht aus an seine Arbeit;
er schafft sein Werk bis an den Abend.

HERR, wie sind deine Werke so groß und viel!
Du hast sie alle weise geordnet,
und die Erde ist voll deiner Güter.

Das Meer, groß, breit und weit:
ein Gewimmle darin – von niemand zu zählen.

Dort ziehen die Schiffe dahin;
da sind Wale, von dir gemacht,
um mit ihnen zu spielen.

Es warten alle auf dich,
daß du ihnen Speise gibst zur rechten Zeit.
Du gibst ihnen, sie sammeln es ein;
du tust deine Hand auf,
und sie werden satt von viel Gutem.

Verbirgst du aber dein Angesicht, dann erschrecken sie;
nimmst du ihnen deinen Atem weg, dann vergehen sie
und werden wieder zu Staub.

Sendest du deinen Atem aus, dann werden sie geschaffen;
das Antlitz der Erde machst du neu.

Die Herrlichkeit des HERRN bleibe ewiglich,
der HERR freue sich seiner Werke!

Ich will singen dem HERRN mein Leben lang
und will loben meinen Gott, solang ich bin.

Lobe den HERRN, meine Seele! Halleluja!

Psalm 121: Woher kommt mir Hilfe?

Ich hebe meine Augen auf zu den Bergen.
Woher kommt mir Hilfe?

Meine Hilfe kommt vom HERRN,
der Himmel und Erde gemacht hat.

Jerry Zeniuk

Er wird deinen Fuß nicht gleiten lassen,
und der dich behütet, schläft nicht.
Siehe, der Hüter Israels
schläft und schlummert nicht.

Der HERR behütet dich;
der HERR ist dein Schatten über deiner rechten Hand,

daß dich des Tages die Sonne nicht steche
noch der Mond des Nachts.

Der HERR behüte dich vor allem Übel,
er behüte deine Seele.

Der HERR behüte deinen Ausgang und Eingang
von nun an bis in Ewigkeit!

Psalm 126: Der HERR führt die Gefangenen aus Babylon zurück

Wenn der HERR die Gefangenen Israels zurückführen wird;
wie Träumende werden wir dann sein.

Die Geschichte dazu findest Du auf Seite 161.

Dann wird unser Mund voll sein mit Lachen;
und unsere Zunge voll mit Jubel.

Dann wird man sagen unter den Völkern:
„Der HERR hat Großes an ihnen getan!"

Der HERR hat Großes an uns getan;
frohe Leute sind wir geworden!

HERR, laß unsere Gefangenen wiederkehren,
wie du wiederbringst die Bäche im Südland.

Die in Tränen säen,
werden mit Jubel ernten.

Sie gehen hin und weinen
und streuen guten Samen.

Sie kommen zurück mit Freuden
und ernten ihre Garben.

Psalm 130.1–4.7b

Psalm 130: Aus tiefer Not

Aus der Tiefe rufe ich, HERR, zu dir,
HERR, höre meine Stimme!
Öffne deine Ohren für mein flehentliches Rufen!

Wenn du, HERR, Sünden anrechnest,
wer, HERR, wird dann vor dir bestehen?

Ja, bei dir ist Vergebung,
damit alle dich achten.

Denn allein beim HERRN ist die Gnade;
allein bei ihm ist Erlösung für uns.

Psalm 137,1–6

Psalm 137: Klage der Gefangenen zu Babylon

Die Geschichten hierzu findest Du auf den Seiten 144 und 161.

An den Flüssen Babylons saßen wir und weinten,
wenn wir an Zion dachten.
Unsere Harfen hängten wir an die Pappeln dort im Land.

Die uns als Gefangene bewachten,
forderten Gesänge von uns.

In unserem Heulen sollten wir fröhlich sein:
„Ei, singt uns ein Zionslied!"

Wie könnten wir des HERRN Lied singen
im fremden Land?

Sollte ich dich vergessen, Jerusalem,
dann soll meine Rechte verdorren.

Meine Zunge hafte an meinem Gaumen,
wenn ich nicht mehr an dich denke,

wenn ich nicht dich, Jerusalem,
meine höchste Freude sein lasse.

Psalm 139: Gott, du kennst mich

Psalm 139,1b–12

HERR, du erforschst mich
und kennst mich.

Ich sitze oder stehe auf: Du weißt es;
du verstehst meine Gedanken von ferne.

Ich gehe oder liege: Immer bist du um mich;
du siehst mich auf allen meinen Wegen.

Bevor noch ein Wort auf meine Zunge kommt,
siehe, HERR, schon weißt du es.

Von allen Seiten umgibst du mich
und hältst deine Hand über mir.

Dieses Wissen ist zu wunderbar, zu hoch für mich,
ich kann es nicht begreifen.

Wohin soll ich flüchten vor deinem Geist
und wohin entfliehen vor deinem Angesicht?

Stiege ich zum Himmel empor: Du bist da;
wollte ich mich zu den Toten legen:
Siehe, du bist auch da.

Nähme ich die Flügel der Morgenröte
und flöge ans hinterste Meer:
auch dort würde deine Hand mich führen
und deine Rechte mich halten.

Spräche ich: Finsternis bedecke mich,
und Nacht sei um mich statt Licht –

dann wäre auch Finsternis nicht finster bei dir,
und **die Nacht leuchtete wie der Tag;**
Finsternis ist bei dir wie das Licht.

Daher kommt der Titel dieser Bibel.

Psalm 150: Das große Halleluja

Halleluja! Lobet Gott in seinem Heiligtum,
lobet ihn in der Feste seiner Macht!
Lobet ihn für seine Taten,
lobet ihn in seiner großen Herrlichkeit!

Jerry Zeniuk

Lobet ihn mit Posaunen,
lobet ihn mit Psalter und Harfen!
Lobet ihn mit Pauken und Reigen,
lobet ihn mit Saiten und Pfeifen!
Lobet ihn mit hellen Zimbeln,
lobet ihn mit klingenden Zimbeln!

Alles, was Odem hat, lobe den HERRN!
Halleluja!

Weisheit

Außer Geschichten und Prophetenworten, Gesetzestexten und Liedern enthält das Alte Testament auch Weisheits-Sprüche. Das sind kurze Sätze, Sprichwörter, in denen es um die Ordnung in der Welt, um das rechte menschliche Verhalten, um Regeln der Lebensklugheit geht. Daraus einige Beispiele:

Die Furcht des HERRN ist der Anfang der Erkenntnis. *Sprüche 1,7a*

Mein Sohn, wenn dich die bösen Buben locken, so folge nicht. *Sprüche 1,10*

Verlaß dich auf den HERRN von ganzem Herzen, *Sprüche 3,5–6*
und verlaß dich nicht auf deinen Verstand,
sondern gedenke an ihn in allen deinen Wegen,
so wird er dich recht führen.

Haß erregt Hader, aber Liebe deckt alle Übertretungen zu. *Sprüche 10,12*

Ein Tor zeigt seinen Zorn alsbald; *Sprüche 12,16*
aber wer Schmähungen überhört, der ist klug.

Wer unvorsichtig herausfährt mit Worten, sticht wie ein Schwert; *Sprüche 12,18*
aber die Zunge der Weisen bringt Heilung.

Wer dem Geringen Gewalt tut, lästert dessen Schöpfer; *Sprüche 14,31*
aber wer sich des Armen erbarmt, der ehrt Gott.

Gerechtigkeit erhöht ein Volk; *Sprüche 14,34*
aber die Sünde ist der Leute Verderben.

Des Menschen Herz erdenkt sich seinen Weg; *Sprüche 16,9*
aber der HERR allein lenkt seinen Schritt.

Sprüche 16,18b

Hochmut kommt vor dem Fall.

Sprüche 16,24

Freundliche Reden sind Honigseim, trösten die Seele
und erfrischen die Gebeine.

Sprüche 17,14

Wer Streit anfängt, gleicht dem, der dem Wasser den Damm aufreißt.
Laß ab vom Streit, ehe er losbricht!

Sprüche 23,29–32

Wo ist Weh? Wo ist Leid? Wo ist Zank? Wo ist Klagen? Wo sind Wunden ohne jeden Grund? Wo sind trübe Augen? Wo man lange beim Wein sitzt und kommt, auszusaufen, was eingeschenkt ist. Sieh den Wein nicht an, wie er so rot ist und im Glase so schön steht: Er geht glatt ein, aber danach beißt er wie eine Schlange und sticht wie eine Otter.

Sprüche 24,26

Eine richtige Antwort ist wie ein lieblicher Kuß.

Sprüche 25,11

Ein Wort, geredet zu rechter Zeit,
ist wie goldene Äpfel auf silbernen Schalen.

Prediger 4,9–10

So ist's ja nun besser zu zweien als allein; denn sie haben guten Lohn für ihre Mühe. Fällt einer von ihnen, so hilft ihm sein Gesell auf. Weh dem, der allein ist, wenn er fällt! Dann ist kein anderer da, der ihm aufhilft.

Prediger 7,14

Am guten Tage sei guter Dinge, und am bösen Tag bedenke: diesen hat Gott geschaffen wie jenen, damit der Mensch nicht wissen soll, was künftig ist.

Prediger 3,1–9

Ein jegliches hat seine Zeit,
    und alles Vorhaben unter dem Himmel hat seine Stunde:
geboren werden hat seine Zeit,
    sterben hat seine Zeit;
pflanzen hat seine Zeit,
    ausreißen, was gepflanzt ist, hat seine Zeit;
töten hat seine Zeit,
    heilen hat seine Zeit;
abbrechen hat seine Zeit,
    bauen hat seine Zeit;
weinen hat seine Zeit,
    lachen hat seine Zeit;
klagen hat seine Zeit,
    tanzen hat seine Zeit;
Steine wegwerfen hat seine Zeit,
    Steine sammeln hat seine Zeit;
herzen hat seine Zeit,
    aufhören zu herzen hat seine Zeit;

suchen hat seine Zeit,
verlieren hat seine Zeit;
behalten hat seine Zeit,
wegwerfen hat seine Zeit;
zerreißen hat seine Zeit,
zunähen hat seine Zeit;
schweigen hat seine Zeit,
reden hat seine Zeit;
lieben hat seine Zeit,
hassen hat seine Zeit;
Streit hat seine Zeit,
Friede hat seine Zeit.
Man mühe sich ab, wie man will,
so hat man keinen Gewinn davon.

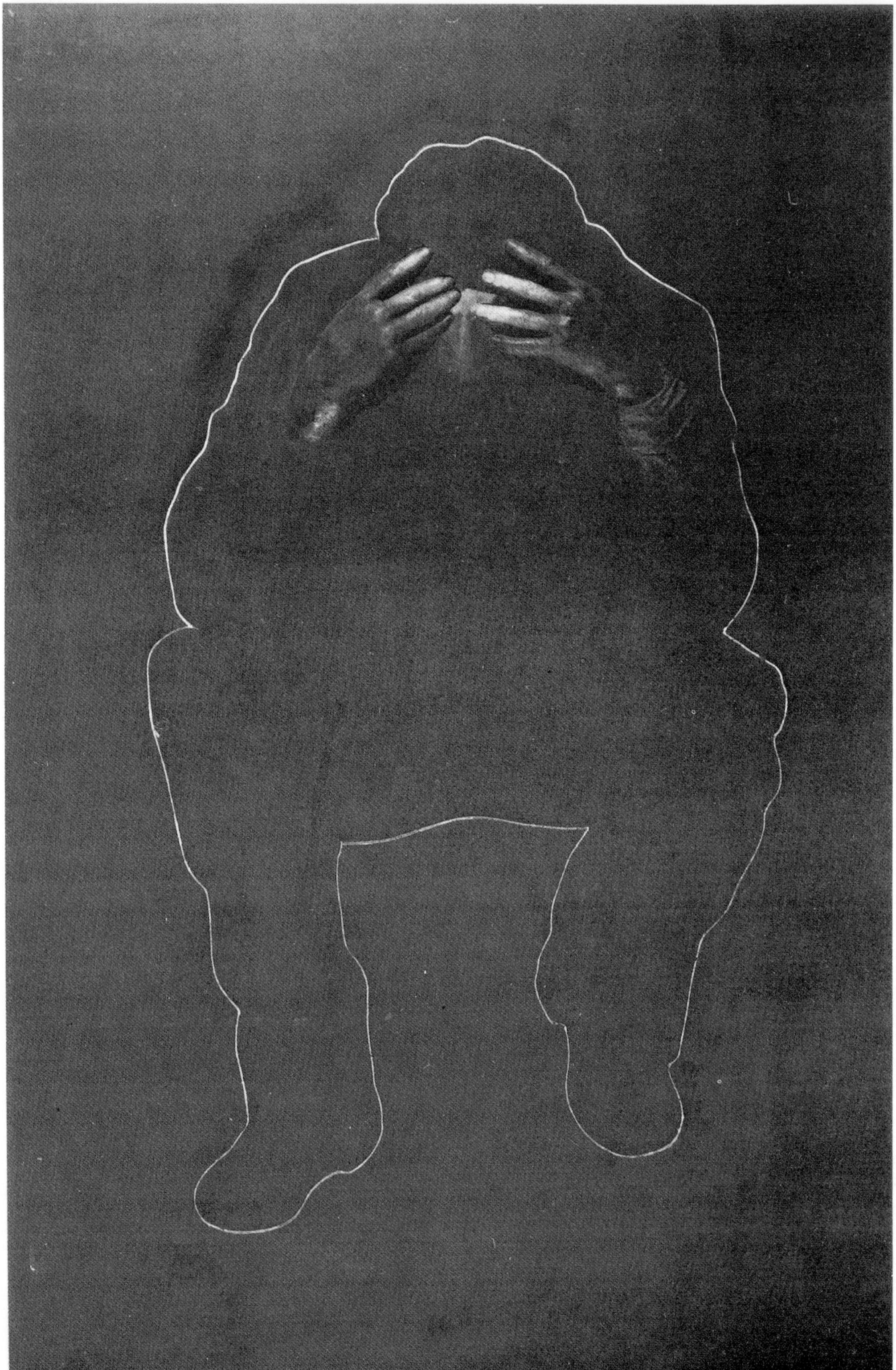

10. So spricht der Herr

Die Propheten

In Israel gab es Männer, die man „Propheten" nennt. Im Auftrag Gottes wachten sie darüber, daß die Könige und die Herrschenden im Volk nicht gegen Gottes Willen verstießen. Propheten sind also Werkzeuge Gottes: Er selbst spricht durch ihren Mund. Deshalb beginnen sie ihre Rede auch meistens mit: „So spricht der Herr". Das heißt dann: Nicht ich spreche hier, sondern Gott selbst. So war es z. B. mit Samuel beim König Saul, mit Nathan beim König David, mit Elia beim König Ahab und seiner Frau Isebel. Von den bedeutendsten dieser Propheten aber gibt es in der Bibel keine Erzählungen, nur ihre Worte wurden in Prophetenbüchern zusammengestellt.

Die Geschichten dazu kannst Du nachlesen: von Saul auf den Seiten 87–88, von David auf den Seiten 97–101, von Ahab auf den Seiten 107–114.

Amos: Gegen Ungerechtigkeit

Amos 5,6–7.11–14

Da war z. B. Amos, der zur Zeit des Königs Jerobeam II. um das Jahr 770 vor Christi Geburt auftrat. Von der Hauptstadt Samaria aus regierte Jerobeam II. das Reich Israel vierzig Jahre lang. Und er tat, was Gott mißfiel: Er bedrängte und unterdrückte das Volk. Er ließ es auf den alten, verbotenen Bergheiligtümern – auf den „Höhen" – opfern und ließ Altäre für andere Götter bauen. Amos redete dagegen:

Die Erklärung dazu findest Du auf Seite 101.

Die Erklärung dieser Schreibweise findest Du auf der Seite 117.

„So spricht der Herr:
Suchet den Herrn, dann werdet ihr leben. Dann wird er nicht daherfahren über euch wie ein verzehrendes Feuer, das niemand löschen kann. Ihr verkehrt das Recht in Unrecht und stoßt die Gerechtigkeit zu Boden. Ihr unterdrückt die Armen, ihr nehmt von ihnen hohe Abgaben an Korn: Deshalb sollt ihr nicht in den Häusern wohnen, die ihr aus Quadersteinen gebaut habt! Und ihr werdet nicht den Wein trinken, den ihr in den feinen Weinbergen gepflanzt habt.

Denn ich kenne eure Übeltaten, es sind so viele, und ich weiß von euren Sünden, sie sind so groß: Wie ihr die Gerechten bedrängt, wie ihr Bestechungsgeld nehmt und die Armen unterdrückt.

Rafael Canogar

Darum muß der Kluge zu dieser Zeit schweigen, denn es ist eine böse Zeit. Suchet das Gute und nicht das Böse, damit ihr leben könnt, so wird der Herr, der Gott Zebaoth, bei euch sein."

Amos 2,6b-8

Amos: Gegen unwürdiges Leben

„So spricht der Herr:
Ich will sie nicht schonen, weil sie Unschuldige für Geld verkaufen und Arme für ein Paar Schuhe. Ich will sie nicht schonen, weil sie den Kopf der Armen in den Staub treten und die Elenden vom Weg drängen. Ich will sie nicht schonen, weil der Vater und der Sohn zum selben Mädchen gehen. Sie schlafen auf gepfändeten Kleidern und trinken Wein vom Geld der Bestraften!"

Lies dazu das zweite Gesetz auf Seite 68!

Könige lieben es nicht, wenn man ihnen widerspricht, deshalb soll Amos aus Bethel verjagt werden. Amos sagte, daß er kein Berufsprophet sei, sondern eigentlich nur ein „Hirte, der Maulbeerfeigen züchtet". Aber von Gott selbst habe er den Auftrag, gegen Israel zu „weissagen". (So wird meistens übersetzt, was man auch „als Prophet auftreten" nennen könnte.)

Jesaja 5,8.11.18.20.23.21–22;10,1–2

Jesajas „Wehe"-Rufe

Auch der Prophet Jesaja droht Gottes Strafe an, weil Israel Gott und sein Recht mißachtet:

„Wehe denen,
die ein Haus an das andere reihen
und einen Acker nach dem anderen kaufen,
bis kein Raum mehr da ist
und sie das Land allein besitzen!

Wehe denen,
die des Morgens früh schon dem Saufen nachgehen
und bis tief in die Nacht sitzen, wenn der Wein sie erhitzt!

Wehe denen,
die das Unrecht mit Ochsenstricken herbeiziehen
und die Sünde mit Wagenseilen hinzuschleppen!

Wehe denen,
die Böses gut und Gutes böse nennen,
die Finsternis zu Licht und Licht zu Finsternis machen,

die aus sauer süß und aus süß sauer machen,
die den Schuldigen gegen Geschenke freisprechen
und denen ihr Recht nehmen, die im Recht sind!

Wehe denen,
die in ihren eigenen Augen weise sind
und die sich selbst für klug halten!

Wehe denen,
die Helden sind im Weinsaufen
und wackere Männer im Bierbrauen!

Wehe denen,
die unrechte Gesetze machen
und unrechte Urteile fällen,
um die Sache der Armen zu beugen!
Sie üben Gewalt am Recht der Schwachen in meinem Volk,
so daß die Witwen ihr Raub werden
und die Waisen ihre Beute sein müssen."

Jeremias Berufung

Jeremia 1,4–10

Besonders viel ist uns vom Propheten Jeremia überliefert. Er begann sein Wirken zur Zeit des Königs Manasse in Juda um das Jahr 627.
Er erzählt davon, daß Gott selbst ihn zum Propheten berufen hat:

Da geschah des HERRN Wort an mich: „Ich kannte dich, bevor ich dich im Mutterleib gebildet hatte. Ich wählte dich aus, bevor du von deiner Mutter geboren wurdest. Ich habe dich zum Propheten für die Völker berufen."

Ich aber antwortete: „Ach, HERR, ich kann nicht predigen, ich bin zu jung." Der HERR aber sprach zu mir: „Sag nicht: Ich bin zu jung. Du sollst gehen, wohin immer ich dich sende, und du sollst alles predigen, was immer ich dir gebiete. Fürchte dich nicht vor Königen und vor dem Volk, denn ich bin bei dir und will dich beschützen."

Und der HERR streckte seine Hand aus, berührte meinen Mund und sprach: „Damit lege ich meine Worte in deinen Mund. Ich setze dich heute über Völker und Königreiche.

Du sollst ausreißen und einreißen,
du sollst zerstören und verderben,
du sollst bauen und pflanzen!"

Ein Prophet ist also Werkzeug Gottes, gewissermaßen sein „Mund"! Jeremia hatte den Auftrag, das Volk Israel auch dafür zur Rechenschaft zu ziehen, daß es den Göttern fremder Völker, den „Götzen", nachlief und ihnen diente. Sie vergaßen ihren eigenen Gott, den HERRN, der sie doch aus der ägyptischen Sklaverei befreit hatte. Von den Zuständen damals berichtet die folgende Geschichte:

Der König Manasse

2.Könige 21,1–6.9

Manasse war zwölf Jahre alt, als er König in Juda wurde, und er regierte 55 Jahre zu Jerusalem. Er tat, was dem HERRN mißfiel und ihn beleidigte. Er baute die Opferstätten auf den Höhen wieder auf, die sein Vater zerstört hatte. Er ließ dem Gott Baal neue Altäre einrichten und machte ein Bild der Göttin Aschera, wie es vor ihm Ahab, der König von Israel, getan hatte. Dazu betete er die Gestirne an und diente ihnen.

Die Erklärung dazu findest Du auf Seite 101.

Über Ahab kannst Du mehr in Kapitel 8 lesen.

Selbst im Tempel, dem Haus des HERRN, ließ er Altäre für heidnische Gottheiten bauen. In beiden Vorhöfen des Tempels des HERRN ließ er Altäre für die Gestirne bauen, damit das Volk sie dort anbeten könnte.

Auch ließ er seinen Sohn durchs Feuer gehen und opferte ihn so dem Gott Moloch als Brandopfer. Er achtete auf Vogelgeschrei und Zeichen, hielt Geisterbeschwörer und Zeichendeuter am Königshof. So tat er vieles von dem, was dem HERRN mißfiel und ihn erzürnte.

Das Volk gehorchte nicht mehr den Gesetzen des HERRN, sondern ließ sich vom König Manasse verführen. Sie trieben Götzendienst und Wahrsagerei ärger als die Heiden, die vorher im Land gewohnt hatten.

Jeremia redet dagegen – Das untreue Gottesvolk

Jeremia 2,1a.5–6. 9.13

Und des HERRN Wort geschah zu mir: „Geh nach Jerusalem und predige öffentlich der ganzen Stadt:

So spricht der HERR:
Was haben denn eure Väter Unrechtes an mir gefunden, daß sie von mir abfielen und den nichtigen Götzen nachliefen? Sie fragten niemals mehr: Wo ist der HERR, der uns aus Ägyptenland geführt hat? Wo ist der HERR, der uns in der dürren und finsteren Wüste geleitet hat, die kein Mensch bewohnt?

Die Geschichte kannst Du in Kapitel 5 lesen.

Darum muß ich mich noch weiter mit euch streiten. Denn mein Volk tut eine zweifache Sünde: mich, die lebendige Quelle, verlassen sie und machen sich Zisternen, die doch rissig sind und kein Wasser geben."

Rafael Canogar

Jeremia 10,1. 3–5.8. 12.10a.18

Die toten Götzen und der lebendige Gott

„Höre, du Volk Israel,was der HERR zu dir redet! Ihr vom Volk Israel!

So spricht der HERR:
Was sind denn diese Götter, denen ihr nachlauft? Sie sind alle nichts: Man fällt im Wald einen Baum. Der Bildhauer macht daraus mit dem Schnitzmesser ein Werk. Er schmückt es mit Silber und Gold und befestigt es mit Nagel und Hammer, damit es nicht umfällt.

Sie sind ja nichts als Vogelscheuchen im Gurkenfeld! Sie können nicht reden! Und gehen können sie auch nicht; man muß sie tragen! Darum sollt ihr euch nicht vor ihnen fürchten; denn sie können euch weder helfen, noch können sie jemandem schaden!

Ihr seid alle Narren und Toren; denn Holz anzubeten ist sinnlos. Silberblech bringt man aus der Stadt Tarsis, Gold aus der Stadt Ufas. Durch den Bildhauer und den Goldschmied werden Figuren geformt. Blauen und roten Purpur zieht man ihnen an. Alles ist das Werk der Künstler – und man nennt sie Götter.

Der HERR aber
hat die Erde durch seine Kraft gemacht
und den Erdkreis bereitet durch seine Weisheit
und den Himmel ausgebreitet durch seinen Verstand.

Der HERR ist der wahrhaftige Gott,
der lebendige Gott,
der HERR ist der ewige König!

Darum spricht der HERR: Siehe, ich will die Bewohner des Landes diesmal wegschleudern. Ich will sie ängstigen, damit sie sich von mir suchen und finden lassen!"

Jeremia 9,1–5.8. 10.15

Jeremias Klage über sein Volk

„Wenn ich doch nur eine Hütte in der Wüste hätte, dann wollte ich mein Volk verlassen und von ihnen fortziehen! Denn es sind lauter Ehebrecher und ein treuloser Haufen. Sie schießen mit ihren Zungen lauter Lüge; wo bleibt da Wahrheit? Sie üben Gewalt im Land und schreiten von einer Bosheit zur nächsten.

Ein jeder muß sich vor seinem Freund hüten; man kann auch seinem Bruder nicht trauen, denn ein Bruder überlistet den andern, und ein Freund verleumdet den andern. Ein Freund täuscht den andern, sie reden kein wahres Wort. Sie haben sich daran gewöhnt, daß einer den andern betrügt. Sie haben ihrer Zunge nichts anderes als Lügen beigebracht. Es ist nichts als Lug und Trug unter ihnen! Sie können sich nicht mehr ändern.

So spricht der HERR:
Sollte ich sie dafür nicht heimsuchen, und sollte ich mich nicht rächen an einem Volk wie diesem?

Ich will Jerusalem zu Steinhaufen und zur Wohnung der Schakale machen. Ich will die Städte Judas zu einer Wüste machen, in der niemand mehr wohnen kann. Ich will sie unter andere Völker zerstreuen, Fremde sollen sie dort sein; und ich will das Schwert hinter ihnen herschicken, bis es aus ist mit ihnen."

Die Tempelrede

Jeremia 7,1–9.15a

Dies ist das Wort, das von dem HERRN zu Jeremia geschah: „Stell dich ins Tor am Tempel des HERRN und sprich:

So spricht der HERR Zebaoth, der Gott Israels:
Bessert euer Leben und euer Tun, dann will ich bei euch an diesem Ort wohnen. Verlaßt euch nicht auf Lügenworte, wenn sie sagen:

Hier ist des HERRN Tempel!
Hier ist des HERRN Tempel!
Hier ist des HERRN Tempel!

Sondern bessert euer Leben und euer Tun!
Handelt recht, einer am andern!
Übt keine Gewalt gegen Fremdlinge, Waisen und Witwen!
Vergießt nicht unschuldiges Blut an diesem Ort!
Lauft nicht andern Göttern nach zu eurem eigenen Schaden!
Dann will ich immer und ewig in dem Land wohnen,
das ich euren Vätern gegeben habe.

Aber nun verlaßt ihr euch auf Lügen, die nichts helfen. Ihr seid Diebe, Mörder, Ehebrecher und Meineidige. Ihr opfert dem Gott Baal und lauft anderen, fremden Göttern nach, die ihr nicht kennt. Ich sehe es wohl und will euch von meinem Angesicht verstoßen!"

Canogar 86

Gericht der Oberen des Volkes über Jeremia

Jeremia 26,7.9b–12.14–16

Die Priester, Propheten und alles Volk hörten, daß Jeremia solche Worte im Tempel redete. Sie versammelten sich im Tempel, ergriffen Jeremia, bedrohten ihn und riefen: „Du mußt sterben!"

Als das die Oberen von Juda hörten, gingen sie zum Tempel und hielten Gericht über Jeremia vor dem Tempeltor. Und die Priester und Propheten klagten ihn an vor den Oberen und vor allem Volk: „Dieser Mann ist des Todes schuldig, denn er hat gegen diese Stadt geweissagt. Ihr habt es mit eigenen Ohren gehört!"

Er hat als Prophet Gottes geredet: Unrecht beim Namen genannt.

Aber Jeremia antwortete: „Der HERR hat mich dazu beauftragt! Seht, ich bin in euren Händen, ihr könnt mit mir machen, was ihr wollt! Doch sollt ihr wissen: Wenn ihr mich tötet, dann werdet ihr unschuldiges Blut auf euch laden, auf diese Stadt und ihre Einwohner. Denn es ist wahr: Der HERR hat mich zu euch gesandt; dies alles muß ich vor euren Ohren reden."

Da sprachen die Oberen und das ganze Volk zu den Priestern und Propheten: „Dieser Mann ist des Todes nicht schuldig, weil er im Namen des HERRN, unseres Gottes, zu uns geredet hat."

Die Belagerung Jerusalems

Jeremia 37,1; 2.Könige 25,1; Jeremia 37,17

Zedekia, der Sohn Josias, wurde von Nebukadnezar, dem König von Babel, zum König im Land Juda gemacht.

Und Zedekia fiel vom König von Babel ab und zahlte ihm keinen Tribut mehr. Daraufhin zog Nebukadnezar, der König von Babel, mit seiner ganzen Macht gegen Jerusalem. Er belagerte die Stadt mit seiner ganzen Streitmacht und baute Bollwerke um sie herum.

Wie schon die Könige vor ihm war Zedekia ein Vasall des Königs Nebukadnezar: Er und sein Volk mußten diesem jährlich eine hohe Geldsumme zahlen und auch Truppen für Nebukadnezars Kriege stellen.

Da ließ der König Zedekia Jeremia holen und fragte ihn heimlich in seinem Haus: „Ist wohl ein Wort vom HERRN da?" Jeremia antwortete: „Ja! Der König von Babel wird dich besiegen, und du wirst ihm in die Hände fallen!"

Rafael Canogar

2. Könige 25,2–9. 11–15.18–20b.21b

Die Zerstörung Jerusalems und die Wegführung des Volkes

Das ist der 9. Juni.

Zwei Jahre lang wurde die Stadt von den Babyloniern belagert. Aber am neunten Tag des vierten Monats wurde der Hunger groß in der Stadt. Das Volk im Land hatte nichts mehr zu essen.

Da brachen die Babylonier in die Stadt ein. Und der König und alle Kriegsmänner flohen bei Nacht durch das Stadttor zum Jordantal hin. Und die Kriegsleute der Chaldäer jagten dem König nach, und sie holten ihn im Jordantal ein, in der Nähe von Jericho. Und alle Kriegsleute, die bei Zedekia waren, verließen ihn.

Die Chaldäer aber nahmen den König gefangen und führten ihn hinauf zum König von Babel nach Ribla. Dort sprachen sie das Urteil über ihn. Sie erschlugen die Söhne Zedekias vor seinen Augen, blendeten ihm selbst die Augen, legten ihn in Ketten und führten ihn nach Babel.

Das ist der 7. Juli.

Am siebten Tag des fünften Monats kam Nebusaradan, als Feldhauptmann des Königs von Babel, mit seinem Heer nach Jerusalem. Er verbrannte den Tempel Gottes, das Haus des Königs und alle Häuser in Jerusalem; alle großen Häuser verbrannte er mit Feuer. Die Mauern rissen sie nieder. Das Volk aber, das übrig war in der Stadt, die Oberen des Volkes und was übrig war von den Handwerkern, führte Nebusaradan weg nach Babel. Von den kleinen Leuten im Land ließ er einige als Weingärtner und Ackerleute zurück.

Die Chaldäer zerbrachen die kupfernen Säulen am Tempel, die Gestelle und das kupferne Wasserbecken und brachten das Kupfer nach Babel. Das Kupfer aller dieser Gefäße aber war nicht zu wiegen. Und die Töpfe, Schaufeln, Messer, Löffel und alle kupfernen Gefäße, die man beim Opferdienst brauchte, nahmen sie weg. Dazu nahm der Feldhauptmann Nebukadnezars die Pfannen und Becken, alles, was golden und silbern war.

Und der Feldhauptmann nahm Seraja, den obersten Priester, und Zefanja, den zweitobersten Priester, und all die Oberen im Land und brachte sie zum König von Babel nach Ribla. So wurde Juda aus seinem Land weggeführt.

Jeremia aber wurde gerettet und durfte im Land bleiben.

Jeremia weissagt den Untergang Babels und die Heimkehr Israels

Jeremia 50,1.8–9a. 14.4–5.19

In dieser Zeit des „Babylonischen Exils" beginnt die Verkündigung der Propheten sich zu verändern. Gottes Strafe ist ja jetzt erfolgt! Jeremia kündigt nun die Heimkehr der Verschleppten an; Gott tröstet sie auch in der Gefangenschaft:

Dies sind die Worte, die der HERR durch den Propheten Jeremia geredet hat, gegen Babel und das ganze Land der Chaldäer:

„So spricht der HERR:
Flieht aus Babel! Zieht aus dem Land der Chaldäer!
Denn seht, ich will andere Völker in großen Scharen rufen
und aus dem Land des Nordens gegen Babel heranführen;
die sollen sich zum Kampf gegen die Stadt rüsten,
sie sollen sie belagern und einnehmen.

Stellt euch ringsum gegen Babel auf, all ihr Bogenschützen!
Beschießt die Stadt! Spart nicht an Pfeilen!
Denn sie hat gegen den HERRN gesündigt.

In jenen Tagen
und zur selben Zeit
werden die Leute von Israel kommen,
zusammen mit den Leuten von Juda.
Sie werden weinend ihres Weges ziehen
und den HERRN, ihren Gott, suchen.

Sie werden nach dem Weg nach Zion fragen
und sich dorthin wenden:
Kommt, wir wollen zum HERRN zurückkehren,
hin zu seinem ewigen Bund,
der nie mehr vergessen werden soll!

Zion ist der Tempelberg in Jerusalem.

Israel will ich wieder heim
zu seiner Wohnung bringen,
daß sie auf dem Karmel und in Baschan ihre Herden weiden.
Sie sollen sich lagern und satt werden
auf dem Gebirge Ephraim und in Gilead."

Babel wurde im Jahr 539 v.Chr. vom Perserkönig Kyros erobert, wie es der Prophet Jeremia gesagt hatte.

Die Heimkehr Gottes

Jesaja 40,1–5

Aus dieser Zeit haben wir auch Worte anderer Propheten, z. B. eines Mannes, der Jesaja hieß. Er ist aber ein anderer „Jesaja“ als der, von dem die „Weherufe“ stammen. Als die Babylonier den Tempel – Gottes „Haus“ – zerstörten, dachte man ja, Gott habe nun sein Volk verlassen! Jesaja verspricht daher jetzt die „Heimkehr“ Gottes:

„So spricht euer Gott:
Tröstet, tröstet mein Volk!
Redet freundlich mit Jerusalem.
Ruft der Stadt zu:
Deine Knechtschaft ist zu Ende!
Deine Schuld ist vergeben!
Denn die Stadt hat für alle ihre Sünden
von der Hand des HERRN
doppelte Strafe empfangen!

Eine Stimme ruft:
Bereitet dem HERRN einen Weg in der Wüste,
macht unserem Gott
eine ebene Bahn in der Steppe!
Alle Täler sollen erhöht werden;
alle Berge und Hügel sollen erniedrigt werden;
gerade soll werden, was ungerade ist,
und eben soll werden, was zerklüftet ist.

Dann wird die Herrlichkeit des HERRN offenbar,
und alle Menschen werden es miteinander sehen –
der HERR hat dies gesprochen!“

Jesaja bringt dem Volk die frohe Botschaft

Jesaja 52,7–9a. 10b-12

„Wie lieblich sind auf den Bergen
die Füße der Freudenboten,
die da Frieden verkündigen,
Gutes predigen,
Heil verkündigen,
die da sagen zu Zion:
Dein Gott ist König!

Deine Wächter rufen mit lauter Stimme
und rühmen miteinander;
denn alle Augen werden es sehen,
wenn der HERR nach Zion zurückkehrt.

Seid fröhlich und rühmt miteinander!
Aller Welt Enden
sehen das Heil unseres Gottes.

Weicht, weicht, zieht aus von Babel!
Geht weg aus ihrer Mitte,
reinigt euch,
die ihr des HERRN Geräte tragt!
Denn ihr sollt nicht in Eile ausziehen
und in Hast entfliehen;
denn der HERR wird vor euch herziehen
und der Gott Israels euren Zug beschließen."

Die Israeliten durften die geraubten Gefäße aus dem Tempel wieder mitnehmen. Dazu kannst Du auf den Seiten 144 und 161 mehr lesen.

Jesaja 54,4a. 7–8.10

Gott wird sein Volk wieder annehmen

„Fürchte dich nicht,
denn du sollst nicht zuschanden werden;
schäme dich nicht,
denn du sollst nicht zum Spott werden!

Ich habe dich
einen kleinen Augenblick verlassen,
aber mit großer Barmherzigkeit
will ich dich sammeln.
Ich habe mein Angesicht
im Augenblick des Zorns
ein wenig vor dir verborgen,
aber mit ewiger Gnade
will ich mich deiner erbarmen,
spricht der HERR, dein Erlöser.

Denn es sollen wohl Berge weichen
und Hügel hinfallen,
aber meine Gnade
soll nicht von dir weichen,
und der Bund meines Friedens
soll nicht hinfallen,
spricht der HERR, dein Erbarmer."

Jeremia: Ein neuer Bund

Jeremia 31,31–34

Früher hatten die Propheten immer wieder König und Volk dafür tadeln müssen, daß sie Gottes Recht und Gesetz mißachteten. Jetzt sprechen die Propheten ganz anders: Eine Zeit wird kommen, wo geradezu das Gegenteil der Fall ist. Gott selbst wird mit seinem Volk einen „neuen Bund" schließen, er wird ihnen sein Gesetz ins Herz hinein legen. Israel wird dann für alle Völker ein Beispiel für Recht und Gerechtigkeit sein:

„So spricht der HERR:
Siehe, es kommt die Zeit,
da will ich einen neuen Bund schließen
mit dem Haus Israel und mit dem Haus Juda.

Es wird kein Bund sein wie der,
den ich mit ihren Vätern schloß,
als ich sie bei der Hand nahm,
um sie aus Ägypten zu führen.
Das war ein Bund, den sie nicht gehalten haben,
obwohl ich ihr HERR war!

Sondern das soll der Bund sein,
den ich nach dieser Zeit
mit dem Haus Israel schließen will:

Ich will mein Gesetz in ihr Herz geben,
ich will mein Gesetz in ihren Sinn schreiben,
und sie sollen mein Volk sein,
und ich will ihr Gott sein!

Dann wird keiner den anderen
– nicht einmal ein Bruder den anderen –
lehren: Erkenne den HERRN!,
sondern sie alle sollen mich erkennen,
beide, groß und klein!
Ich will ihnen ihre Missetat vergeben
und niemals mehr an ihre Sünden denken."

Hesekiel: Ein neues Herz

Hesekiel 36,26–27

„So spricht der HERR:
Ich will euch ein neues Herz
und einen neuen Geist geben:

Ich will das Herz aus Stein
aus eurem Körper nehmen
und euch ein Herz aus Fleisch geben.

Ich will meinen Geist in euch geben
und will Menschen aus euch machen,
die den Weg meiner Gebote gehen,
die mein Recht einhalten
und die danach handeln!“

Jesaja: Schwerter zu Pflugscharen

Jesaja 2,2–4

Nicht mehr zum Kampf gegen den Gottesberg Zion in Jerusalem werden die Völker der Nachbarn anstürmen – nein, um sich Gottes Gerichtsspruch abzuholen, werden sie kommen! Nirgendwo auf der ganzen Welt wird so gerechtes Urteil gesprochen werden wie auf dem Zionsberg!
Diese neue Zeit wird von verschiedenen Propheten in den höchsten Tönen und mit den wunderschönsten Bildern geschildert. Vieles davon findet sich dann später im Neuen Testament wieder, in den Taten und Worten Jesu. So ist es auch mit diesen beiden Kapiteln des Jesaja:

„Zur letzten Zeit wird der Berg,
auf dem das Haus des HERRN steht,
fest stehen, höher als alle Berge
und erhaben über alle Hügel.

Dann werden alle Heiden herbeilaufen,
und viele Völker werden zu ihm gehen.
Sie werden sagen:
Kommt, auf den Berg des HERRN laßt uns gehn,
zum Haus des Gottes Jakobs!
Er soll uns seine Wege lehren,
damit wir auf seinen Pfaden wandeln!“

Denn:
Vom Berg Zion wird Weisung ausgehen,
und des HERRN Wort wird von Jerusalem her erschallen.
Er wird unter den Heiden Recht sprechen
und viele Völker zurechtweisen.

Rafael Canogar

Dann werden sie ihre Schwerter zu Pflugscharen
und ihre Spieße zu Sicheln machen.

Denn kein Volk wird mehr
gegen ein anderes das Schwert erheben,
und sie werden künftig nicht mehr lernen,
wie man Krieg führt!“

Jesaja 35,1–6a.10

Jesaja: Stärkt die müden Hände

„Die Wüste und die Einöde werden frohlocken,
und die Steppe wird jubeln.
Die ganze Steppe wird blühen wie ein Lilienfeld;
sie wird blühen und jubeln vor Lust und Freude.
Der Steppe ist die Herrlichkeit des Libanon gegeben,
die Pracht der Berge Karmel und Scharon.
Sie alle sehen die Herrlichkeit des HERRN,
sie alle sehen die Pracht unseres Gottes!

Stärkt die müden Hände,
festigt die schwankenden Knie!
Sagt den verzagten Herzen:
Seid getrost, fürchtet euch nicht!
Seht, da ist euer Gott!
Gott, er kommt, um euer Leid zu rächen;
Gott, er kommt und vergilt,
er kommt und wird euch helfen!

Dann werden die Augen der Blinden aufgehen;
dann werden sich die Ohren der Tauben auftun;
dann werden die Lahmen springen wie die Hirsche;
dann werden die Zungen der Stummen frohlocken.

Die Erlösten des HERRN werden wiederkommen,
sie werden nach Zion zurückkommen voller Jubel.
Über ihrem Haupt wird ewige Freude strahlen,
Freude und Wonne werden sie umleuchten,
und Schmerz und Seufzen werden entfliehen!“

Jesaja: Ein neuer Himmel – Eine neue Erde

Jesaja 65,17–18a. 19b-22a.23a. 24–25

„Denn siehe:
Ich will einen neuen Himmel
und eine neue Erde schaffen.
An die vorige wird man nicht mehr denken,
sie wird nicht mehr in euren Herzen sein:
freut euch also
und seid immerzu fröhlich
über das, was ich jetzt schaffe.

Man soll in Jerusalem kein
Weinen und kein Klagen mehr hören.
Es soll keine Kinder mehr geben,
die nur wenige Tage leben;
es soll keine Alten mehr geben,
die ihre Jahre nicht vollenden.
Sondern wer mit hundert Jahren stirbt,
soll noch als ein Kind gelten!

Sie werden sich Häuser bauen
und selbst bewohnen,
sie werden sich Weinberge pflanzen
und deren Früchte selbst essen.
Sie sollen nicht länger Häuser bauen,
damit ein anderer sie bewohnt;
sie sollen nicht länger pflanzen,
nur damit ein anderer davon ißt.
Sie sollen nicht umsonst arbeiten
und keine Kinder mehr zu frühem Tod zeugen.

Und auch so soll es sein:
Noch bevor sie rufen,
will ich schon antworten;
noch bevor sie reden,
will ich schon hören!
Wölfe und Schafe sollen miteinander weiden;
der Löwe wird Stroh fressen wie ein Rind,
aber die Schlange muß Erde fressen!
Auf meinem ganzen heiligen Berg
werden sie weder Böses tun
noch Schaden anrichten –
spricht der HERR!“

Jesaja singt vom Messias, dem Retter des Volkes

Jesaja 9,1.5–6

Zu jener Zeit begannen die Propheten auch davon zu sprechen, daß Gott seinem Volk einen König schicken werde, der ganz besonders mit ihm verbunden sein werde. Ein neuer David. Allein im Namen Gottes werde er herrschen, den Frieden mit den Nachbarn werde er sichern und nur die Gerechtigkeit Gottes im Land bewahren.
Nun wurden die Könige im alten Israel ja nicht gekrönt, sondern zum König wurde man gesalbt. Daher nannten die Propheten diesen König den „Gesalbten" Gottes. Auf hebräisch heißt das „Messias" und auf griechisch „Christus"!
Wir Christen glauben, daß Jesus dieser „Gesalbte", dieser „Messias", dieser „Christus" Gottes ist. Alles, was die Propheten über den Messias geschrieben haben, habe sich in Jesus erfüllt.

Lies dazu die Geschichten auf den Seiten 86 und 88.

„Das Volk, das im Finstern wandelt,
sieht ein großes Licht,
und über denen, die da wohnen im finsteren Lande,
scheint es hell.

Denn:
Uns ist ein Kind geboren,
ein Sohn ist uns gegeben,
und die Herrschaft ruht auf seiner Schulter.

Und er heißt:
Wunder-Rat, Gott-Held, Ewig-Vater, Friede-Fürst.
Es soll seine Herrschaft groß werden,
und der Friede soll kein Ende haben
auf dem Thron Davids und in seinem Königreich.
Er soll es stärken und stützen
durch Recht und Gerechtigkeit,
von nun an bis in Ewigkeit.
Und das alles wird der Eifer des HERRN Zebaoth tun!"

Da werden die Wölfe bei den Lämmern wohnen

Jesaja 11,1–9

„Es wird ein Sproß wachsen aus dem Stamm Isais,
und ein Zweig aus der Wurzel wird neue Frucht bringen.

Das war der Vater des Königs David. Lies dazu Seite 88!

Auf diesem Sproß wird der Geist des HERRN ruhen:
der Geist der Weisheit und des Verstandes,
der Geist des weisen Ratschlusses und der Stärke.

Rafael Canogar

Es wird auf ihm ruhen der Geist der Erkenntnis
und der Ehrfurcht vor dem HERRN.
Er wird nicht richten nach dem,
was seine Augen sehen.

Er wird kein Urteil sprechen nach dem,
was seine Ohren hören,
sondern mit Gerechtigkeit wird er
richten die Armen;
er wird ein gerechtes Urteil sprechen
den Geringen im Land.

Die Worte aus seinem Mund
werden die Erde in Zucht halten.
Mit dem Atem, der seine Worte trägt,
wird er die Gottlosen töten.
Gerechtigkeit und Treue umgeben ihn,
wie ein Gürtel, der ihn umfaßt.

Da werden die Wölfe bei den Lämmern wohnen,
und die Panther werden bei den Ziegenböcken lagern.
Ein kleiner Junge wird Kälber und junge Löwen
und Mastvieh miteinander hüten.
Kühe und Bären werden miteinander weiden,
ihre Jungen werden beieinander liegen,
und die Löwen werden Stroh fressen wie das Rind.
Ein Säugling wird am Loch der Natter spielen,
und ein Kind wird seine Hand in die Höhle der Otter stecken.

Man wird nirgends Sünde tun,
noch Böses ausrichten
auf meinem ganzen heiligen Berg.
Denn das Land ist dann voll Erkenntnis des HERRN,
wie Wasser die Meere bedecken.“

Jesaja 52,13;53, 2b-5.7.9.11b

Jesaja: Der leidende Gottesknecht

„Seht, meinem Knecht wird's gelingen,
er wird hoch emporsteigen und sehr erhaben sein.

Wir sahen ihn,
aber da war keine Gestalt,
die uns gefallen hätte.

Er war der Allerverachtetste und Unwerteste,
voller Schmerzen und Krankheit.
Er war so verachtet,
daß man das Angesicht vor ihm verbarg;
darum haben wir ihn für nichts geachtet.

Fürwahr, er trug unsere Krankheit
und lud auf sich unsere Schmerzen.
Wir aber hielten ihn für den,
der geplagt und von Gott geschlagen
und gemartert wäre.

Aber er ist um unsrer Missetat willen verwundet
und um unsrer Sünde willen zerschlagen.
Die Strafe liegt auf ihm,
auf daß wir Frieden hätten,
und durch seine Wunden sind wir geheilt.

Als er gemartert wurde, litt er doch willig
und tat seinen Mund nicht auf wie ein Lamm,
das zur Schlachtbank geführt wird;
und wie ein Schaf, das verstummt vor seinem Scherer.

Als er gestorben war, gab man ihm sein Grab
bei Gottlosen und bei Übeltätern,
obwohl er niemand Unrecht getan hat
und kein Betrug in seinem Munde gewesen ist.
Vielen Menschen wird er Gerechtigkeit schaffen,
weil er ihre Sünden trägt."

Der Prophet Sacharja singt vom Messias, dem Retter des Volkes

Sacharja 9,9

„Du, Tochter Zion, freue dich sehr,
und du, Tochter Jerusalem, jauchze!
Siehe, dein König kommt zu dir,
ein Gerechter und ein Helfer!
Arm und reitet auf einem Esel,
auf einem Füllen der Eselin!"

Daniel als Sklave am Hof des Königs in Babel

Daniel 1,3–6a.21

Nachdem der König Nebukadnezar das Volk Israel nach Babel weggeführt hatte, befahl er eines Tages seinem obersten Kämmerer:

„Wähle einige Israeliten aus! Sie sollen von königlichem Stamm und von edler Herkunft sein, junge Leute, die keinerlei Gebrechen haben. Schön, begabt, weise, klug und verständig sollen sie sein, also fähig, am Hof des Königs zu dienen. Laß sie in der Schrift und Sprache der Chaldäer unterrichten. Gebt ihnen täglich von meiner eigenen Speise und von dem Wein, den ich selbst trinke. Erzieht sie drei Jahre lang auf diese Weise, und danach sollen sie mir, dem König, dienen!"

Unter diesen Israeliten war auch Daniel aus Juda, und er blieb viele Jahre am Hofe des Königs von Babel.

Die Hand an der Wand

Daniel 5,1–9

Eines Tages gab König Belsazar, Nebukadnezars Sohn und Nachfolger, ein herrliches Festmahl für seine tausend Mächtigen und soff sich mit ihnen voll.

Als er betrunken war, ließ er die goldenen und silbernen Gefäße herbeibringen, die sein Vater aus dem Tempel in Jerusalem weggenommen hatte. Und der König, seine Mächtigen, seine Frauen und seine Nebenfrauen tranken daraus. Während sie tranken, lobten sie die goldenen, silbernen, ehernen, eisernen, hölzernen und steinernen Götter.

Im gleichen Augenblick kamen Finger wie von einer Menschenhand, die schrieben etwas auf die getünchte Wand im königlichen Saal, gegenüber dem Leuchter. Der König erblickte die Hand, und er entfärbte sich. Seine Gedanken erschreckten ihn so, daß er wie gelähmt war und ihm die Beine zitterten.

Laut rief der König: „Holt die Weisen, Gelehrten und Wahrsager herbei!" Er ließ ihnen sagen: „Wer kann diese Schrift lesen und sagen, was sie bedeutet? Der soll mit Purpur bekleidet werden, eine goldene Kette um den Hals tragen und der Dritte im Königreich sein."

Alle Weisen des Königs wurden hereingeführt, aber sie konnten weder die Schrift lesen noch sie deuten. Da erschrak König Belsazar noch mehr und verlor seine Farbe ganz. Auch seinen Mächtigen wurde es angst und bange.

Rafael Canogar

Daniel 5,10–11a. 12–13.15–17. 23–30

Daniel deutet die Schrift

Da kam die Königinmutter in den Saal und sagte: „Der König lebe ewig! Laß dich von deinen Gedanken nicht so erschrecken: Es gibt einen Mann in deinem Königreich, der den Geist der heiligen Götter hat. Ein überragender Geist wurde bei ihm gefunden, dazu auch Verstand. Er hat die Klugheit, Träume zu deuten, dunkle Sprüche zu erraten und Geheimnisse zu offenbaren. Daniel ist sein Name; ihn soll man rufen, und er wird sagen, was das bedeutet."

Da wurde Daniel vor den König geführt, und Belsazar sagte zu ihm: „Bist du Daniel, einer der Gefangenen, die mein Vater aus Juda hergebracht hat? Ich habe alle meine Weisen und Gelehrten rufen lassen, damit sie mir diese Schrift lesen, aber sie können es nicht. Von dir aber höre ich, daß du Deutungen zu geben und Geheimnisse zu offenbaren vermagst. Wenn du die Schrift lesen und mir sagen kannst, was sie bedeutet, sollst du mit Purpur bekleidet werden, eine goldene Kette um den Hals tragen und der Dritte in meinem Königreich sein."

Daniel erwiderte dem König: „Behalte deine Gaben und gib dein Geschenk einem anderen! Aber ich will dem König dennoch die Schrift lesen und ihm sagen, was sie bedeutet: Du, König Belsazar, hast dich gegen den HERRN des Himmels erhoben! Man hat die Gefäße seines Hauses vor dich bringen müssen, und du hast mit deinen Mächtigen, mit deinen Frauen und Nebenfrauen daraus getrunken! Außerdem hast du auch noch die silbernen, goldenen, ehernen, eisernen, hölzernen, steinernen Götter gelobt, die weder sehen noch hören noch fühlen können. Den Gott aber, der deinen Atem und alle deine Wege in seiner Hand hat, den hast du nicht verehrt! Von ihm wurde darum jene Hand gesandt, die diese Schrift geschrieben hat. Sie lautet: ‚*Mene mene tekel u-parsin*'. Und sie bedeutet:

‚Mene' – Gott hat dein Königtum ‚gezählt' und beendet;
‚tekel' – man hat dich auf der Waage ‚gewogen' und zu leicht befunden.
‚u-parsin' – dein Reich ist ‚zerteilt' und den Persern gegeben!"

Da befahl Belsazar: „Kleidet Daniel mit Purpur und gebt ihm eine goldene Kette um den Hals. Verkündet, daß Daniel der Dritte im Königreich ist!"

Aber noch in derselben Nacht wurde Belsazar, der König der Chaldäer, umgebracht.

Erlaubnis zur Heimkehr

Esra 1,1–3.5–7.11

Kyrus, der König von Persien, ließ in seinem ganzen Königreich mündlich und schriftlich verkünden:

„So spricht Kyrus, der König von Persien:
Der HERR, der Gott des Himmels, hat mir alle Königreiche der Erde gegeben, und er hat mir befohlen, ihm einen Tempel zu Jerusalem in Juda zu bauen.

Wer nun unter euch zu seinem Volk gehört: Dein Gott sei mit dir! Zieh hinauf nach Jerusalem und baue den Tempel des HERRN, des Gottes Israels! Das ist der Gott, der zu Jerusalem wohnt."

Da machten sich Oberhäupter der Sippen und Familien aus Juda und Benjamin und die Priester und Leviten auf und zogen zurück nach Jerusalem, um den Tempel des HERRN zu bauen.

Und alle, die um sie her wohnten, halfen ihnen mit allem; mit Silber und Gold, mit Gut und Vieh und Kleinodien. Und der König Kyrus gab die Geräte des Tempels des HERRN heraus, die Nebukadnezar aus Jerusalem mitgenommen und in das Haus seines eigenen Gottes gebracht hatte. Es waren fünftausendvierhundert Geräte, goldene und silberne. Alles brachten sie mit, als sie aus der Gefangenschaft von Babel nach Jerusalem zurückzogen.

Jonas Berufung und Flucht vor Gott

Jona 1,1–15

Das Wort des HERRN geschah zu Jona: „Geh in die große Stadt Ninive und halte eine Strafpredigt gegen sie. Ich habe von der Bosheit dieser Menschen gehört!"

Aber Jona wollte vor dem HERRN fliehen und ging ans Meer nach Jafo. Dort fand er ein Schiff, das nach Tarsis fahren wollte. Er bezahlte die Überfahrt und bestieg das Schiff, um mit ihnen nach Tarsis zu fahren und so dem HERRN aus den Augen zu kommen.

Da ließ der HERR einen großen Sturm aufkommen. Auf dem Meer tobte ein solch gewaltiges Unwetter, daß man meinte, das Schiff würde zerbrechen. Die Seeleute fürchteten sich, und ein jeder rief seinen Gott an. Die Schiffsladung warfen sie ins Meer, damit das Schiff leichter würde.

Jona aber schlief unten im Schiff. Da trat der Kapitän zu ihm und sagte: „Wieso schläfst du? Steh auf und ruf deinen Gott an! Vielleicht kann dieser Gott uns helfen, damit wir nicht umkommen!“ Da machte einer den Vorschlag: „Laßt uns das Los werfen, damit wir erfahren, wer daran schuld ist, daß es uns so übel geht!“ Sie losten, und es traf Jona.

Da fragten sie ihn: „Nun sage uns: Was bist du von Beruf? Wo kommst du her? Aus welchem Land bist du? Von welchem Volk?“ Jona antwortete: „Ich bin ein Hebräer, und ich verehre den HERRN, den Gott des Himmels, der das Meer und das Trockene gemacht hat.“ Und er erzählte ihnen, daß er vor dem HERRN floh.

Da fürchteten sich die Leute sehr und fragten ihn: „Warum hast du das getan? Was sollen wir denn mit dir machen, damit das Meer still wird und von uns abläßt?“ Denn das Meer ging immer ungestümer! Da antwortete Jona: „Nehmt mich und werft mich ins Meer, dann wird das Meer still werden und von euch ablassen. Ich weiß ja, daß das Unwetter nur meinetwegen über euch gekommen ist!“

Aber die Leute ruderten, um wieder ans Land zu kommen, doch sie schafften es nicht; das Meer tobte immer ungestümer gegen sie. Da riefen sie den HERRN an: „Ach HERR, laß uns wegen dieses Mannes nicht umkommen – wir sind doch unschuldig – denn du, HERR, tust, wie's dir gefällt!“ Und dann ergriffen sie Jona und warfen ihn ins Meer. Da wurde das Meer still und hörte auf zu wüten.

Jona 2,1–7.11

Jonas Gebet im Bauch des Fisches

Aber der HERR ließ einen großen Fisch kommen, um Jona zu verschlingen. Im Leib dieses Fisches war Jona drei Tage und drei Nächte, und er betete zum HERRN, seinem Gott, im Leib des Fisches:

„Ich rief zu dem HERRN in meiner Angst,
und er antwortete mir.
Ich schrie aus dem Rachen des Todes,
und du hörtest meine Stimme.

Du warfest mich in die Tiefe, mitten ins Meer,
daß die Fluten mich umgaben.
Alle deine Wogen und Wellen
gingen über mich,
daß ich dachte,

Katakombenmalerei aus dem 4. Jahrhundert

ich wäre von deinen Augen verstoßen,
ich würde deinen heiligen Tempel
nicht mehr sehen.

Wasser umgaben mich und gingen mir ans Leben,
die Tiefe umringte mich,
Schilf bedeckte mein Haupt.

Ich sank hinunter zu der Berge Gründen,
der Erde Riegel schlossen sich hinter mir ewiglich.

Aber du hast mein Leben aus dem Verderben geführt,
HERR, mein Gott!"

Da sprach der HERR zu dem Fisch, und der Fisch spuckte Jona an Land.

Jona 3,1–10

Jonas Predigt und Ninives Buße

Danach machte sich Jona auf und ging nach Ninive, wie ihm der HERR gesagt hatte. Ninive war eine große Stadt, und Jona ging mitten hinein und predigte: „Es dauert noch vierzig Tage, dann wird Ninive untergehen!“ Da glaubten die Einwohner von Ninive an Gott. Sie ließen ein Fasten ausrufen, und alle, groß und klein, zogen zum Zeichen der Buße Kleider aus Säcken an.

Als der König von Ninive davon hörte, da stand auch er von seinem Thron auf. Er legte sein Purpurgewand ab, hüllte sich ebenfalls in einen Sack und setzte sich in die Asche.

Und er ließ in Ninive ausrufen: „Weder Mensch noch Vieh, weder Rind noch Schaf sollen Nahrung zu sich nehmen; man soll sie nicht weiden und kein Wasser trinken lassen! Sie sollen sich in Säcke hüllen und Gott anrufen! Und jeder soll sich von seinem bösen Weg abkehren. Wer weiß? Vielleicht läßt Gott sich gereuen und wendet sich ab von seinem grimmigen Zorn, so daß wir nicht umkommen müssen!“

Als Gott sah, wie sie sich von ihrem bösen Weg abkehrten, bereute er das Übel, das er ihnen angekündigt hatte, und er tat es nicht.

Jona 4,1–11

Jonas Unmut und Gottes Antwort

Als Jona sah, daß nichts geschah, ärgerte ihn das sehr, und er betete zum HERRN:

„Ach HERR, genauso habe ich mir das gedacht, als ich noch zuhause war! Deshalb wollte ich auch nach Tarsis fliehen, denn ich wußte es doch: Du bist gnädig, barmherzig, langmütig und von großer Güte; du kündigst Böses an und führst es aber doch nicht aus! Nimm doch meine Seele von mir; ich möchte lieber tot sein als leben!“

Aber der HERR erwiderte: „Meinst du, du hättest ein Recht, so wütend zu sein?“ Jona war nämlich zur Stadt herausgegangen; östlich davon hatte er eine Hütte gebaut und sich darunter in den Schatten gesetzt. Er wollte sehen, was mit der Stadt geschehen würde.

Nun ließ Gott der HERR eine Staude wachsen, die wuchs über Jona und gab ihm Schatten. Das sollte ihm in seinem Ärger helfen. Über diese Staude freute sich Jona sehr. Aber als die Morgenröte anbrach, ließ der HERR einen Wurm kommen. Der stach die Staude, und sie verdorrte.

Katakombenmalerei aus dem 4. Jahrhundert

Als die Sonne aufgegangen war, ließ Gott einen heißen Ostwind kommen. Die Sonne stach Jona auf den Kopf. Er wurde matt und wünschte sich wieder den Tod: „Ich möchte lieber tot sein als leben!" Da fragte Gott den Jona: „Meinst du, du hättest ein Recht, wegen der Staude wütend zu sein?" Jona antwortete: „Ich habe ein Recht, bis an den Tod wütend zu sein!"

Da sprach der HERR: „Du bedauerst die Staude, um die du dich nicht bemüht hast! Du hast sie auch nicht großgezogen! Und ich sollte Ninive nicht bedauern, diese große Stadt, in der mehr als hundertzwanzigtausend Menschen sind und dazu noch viele Tiere!"

Ein Lobgesang auf Jesus Christus

Er, der von göttlichem Wesen war,
hielt daran nicht fest wie an einer Beute,
sondern gab sich selbst auf
und nahm Knechtsgestalt an,
wurde den Menschen gleich
und sah aus wie ein jeder Mensch.

Er erniedrigte sich selbst
und wurde gehorsam bis zum Tod,
ja bis zum Tod am Kreuz.

Darum hat ihn Gott auch erhöht
und hat ihm den Namen gegeben,
der höher als alle anderen Namen ist.
In dem Namen Jesu sollen sich beugen
die Knie aller,
die im Himmel und auf Erden
und unter der Erde sind.

Alle Zungen sollen bekennen,
daß Jesus Christus der „Herr" ist,
zur Ehre Gottes, des Vaters.

Philipper 2,5b–11

So haben die ersten Christen Jesus besungen, und der Apostel Paulus hat es in seinem Brief an die Philipper aufgeschrieben. Gleichzeitig haben sie aber damit auch beschrieben, wer dieser Jesus für sie war.
In den folgenden Geschichten erfährst Du ausführlich, was uns in den Evangelien über Jesus von Nazareth berichtet wird. Dabei kommt der Evangelist Lukas am ausführlichsten zu Wort. Einige Sätze aus diesem Lobgesang wirst Du in den Hauptüberschriften wiederfinden.
Der Lobgesang auf Jesus Christus stammt aus einem Brief des Apostel Paulus. Mehr aus den Briefen des Apostels Paulus kannst Du in Kapitel 18 lesen.

Das Neue Testament

Karte zum
Neuen Testament
Mittelmeer
Sidon
Sarepta
Tyrus
PROVINZ SYRO-PHÖNIZIEN
SYRIEN
Libanon
Litani
Damaskus
Hermon
Caesarea Philippi
GALILÄA
Kapernaum
Bethsaida
See Genezareth
Magdala
Kana
Sepphoris
Tiberias
Tabor
Karmel
Kison
Nazareth
Jarmuk
Gadara
Nain
Ebene Esdrelon
Caesarea
Gebiet der zehn Städte
SAMARIA
Sebaste (Samaria)
Jakobsbrunnen
Sichem
Garizim
Jordan
Gerasa
Jabbok
Antipatris
Joppe
Arimathäa?
Ephraim
PERÄA
NABATÄA
Philadelphia
JUDÄA
Ölberg
Emmaus
Jericho
Bethanien jenseits des Jordan
Jerusalem
Bethphage
Bethanien
Qumran
Asdod
Askalon
Bethlehem
Herodium
Wüste Juda
Gaza
Hebron
Totes Meer
IDUMÄA
Masada
Beerseba
Sered
Höhenstufen in m
unter 0
0-200
200-500
500-1000
1000-2000
über 2000
0
50 km

Landschaft am See Genezareth

o sehen die Landschaften aus, in denen sich
vichtige Geschichten des Neuen Testaments abspielen.

Landschaft in Galiläa

11. Er nahm Knechtsgestalt an

Der Evangelist Lukas erzählt von der Geburt und der Kindheit Jesu von Nazareth und von Johannes dem Täufer

Lukas 1,1–4

Lukas schreibt zu seinem Evangelium ein Vorwort; daher wissen wir, daß er das Buch für einen vornehmen Herrn geschrieben hat. Lies auch Seite 263!

Viele haben es schon unternommen, zu berichten von den Geschichten, die unter uns geschehen sind. Es waren Menschen, die es von Anfang an selbst gesehen, bezeugt und verkündet haben.

Nachdem ich alles von Anfang an sorgfältig erkundet habe, habe auch ich's für gut gehalten, es für dich, hochgeehrter Theophilus, der Reihe nach aufzuschreiben, damit du den festen Grund der Lehre erfährst, in der du unterrichtet bist.

Lukas 1,5–16. 18–25a

Die Ankündigung der Geburt Johannes des Täufers

Zu der Zeit des Herodes, des Königs von Judäa, lebten ein Priester mit Namen Zacharias und seine Frau Elisabeth. Sie waren aber alle beide fromm vor Gott und lebten streng nach allen Geboten und Satzungen des Herrn. Sie hatten kein Kind, denn Elisabeth war unfruchtbar; und beide waren schon alt.

Nur der Priester durfte zum Opfer vor den Altar treten!

Eines Tages, als Zacharias den Priesterdienst vor Gott versah, ging er in den Tempel des Herrn. Die ganze Menge des Volkes stand draußen und betete.

Da erschien ihm der Engel des Herrn und stand an der rechten Seite des Altars. Als Zacharias ihn sah, erschrak er. Aber der Engel sprach zu ihm: „Fürchte dich nicht, Zacharias, denn dein Gebet ist erhört! Deine Frau Elisabeth wird dir einen Sohn gebären, und du sollst ihm den Namen Johannes geben. Er wird deine Freude und dein Jubel sein, und viele werden sich über seine Geburt freuen. Er wird groß sein vor dem Herrn. Schon von Mutterleib an wird er erfüllt werden mit dem heiligen Geist Gottes. Und er wird viele vom Volk Israel zu dem Herrn, ihrem Gott, führen."

Das heißt auf deutsch: „Der vor Gott steht".

Zacharias antwortete: „Woran soll ich das erkennen? Denn ich bin alt und meine Frau auch." Der Engel sprach zu ihm: „Ich bin Gabriel und bin gesandt, mit dir zur reden und dir dies zu verkünden. Weil du meinen Worten nicht geglaubt hast, wirst du stumm werden. Du wirst nicht reden können bis zu dem Tag, an dem dies geschehen ist."

Und das Volk draußen vor dem Tempel wartete auf Zacharias und wunderte sich, daß er so lange im Tempel blieb. Als er aber herauskam, konnte er nicht mit ihnen reden; und sie merkten, daß er im Tempel eine Erscheinung gehabt hatte. Und er winkte ihnen und blieb stumm. Als die Zeit seines Dienstes um war, ging er heim in sein Haus.

Nach diesen Tagen wurde seine Frau Elisabeth schwanger und lebte fünf Monate zurückgezogen. Sie sprach: „So hat mir der Herr geholfen."

Die Ankündigung der Geburt Jesu

Lukas 1,26–32. 33b–38

Und im sechsten Monat wurde der Engel Gabriel von Gott in eine Stadt in Galiläa gesandt. Die Stadt heißt Nazareth. Dort kam er zu einer jungen Frau, die war verlobt mit einem Mann mit Namen Josef vom Haus David. Die junge Frau hieß Maria.

Damit ist gemeint, daß Josef ein Nachkomme des König David war. Lies dazu auch Seite 155!

Und der Engel kam zu ihr hinein und sprach: „Sei gegrüßt, du Begnadete! Der Herr ist mit dir!" Sie aber erschrak über die Rede und dachte: Welch ein Gruß ist das? Und der Engel sprach zu ihr:

„Fürchte dich nicht, Maria,
du hast Gnade bei Gott gefunden.
Siehe, du wirst schwanger werden
und einen Sohn gebären,
und du sollst ihm den Namen Jesus geben.

Der wird groß sein
und Sohn des Höchsten genannt werden;
und Gott der Herr wird ihm
den Thron seines Vaters David geben,
und sein Reich wird kein Ende haben."

Da fragte Maria: „Wie soll das zugehen, da ich doch mit keinem Mann zusammen bin?" Der Engel antwortete ihr: „Der heilige Geist wird über dich kommen, und die Kraft des Höchsten wird dich überschatten; darum wird auch dein Kind heilig sein und Gottes Sohn genannt werden. Und sieh, Elisabeth, deine Verwandte, hat in ihrem Alter auch einen Sohn empfangen und ist jetzt im sechsten Monat schwanger. Denn bei Gott ist kein Ding unmöglich!"

Joan Miró

Maria aber sprach: „Siehe, ich bin des Herrn Magd; mir geschehe, wie du gesagt hast." Und der Engel schied von ihr.

Marias Lobgesang

Lukas 1,39–42. 46–56

Maria aber machte sich auf nach diesen Tagen und ging eilends zu einer Stadt im Bergland Juda. Sie kam in das Haus des Zacharias und begrüßte Elisabeth. Als Elisabeth den Gruß Marias hörte, hüpfte das Kind in ihrem Leib. Und Elisabeth wurde vom heiligen Geist Gottes erfüllt und rief mit lauter Stimme:

„Gepriesen bist du unter den Frauen,
und gepriesen ist das Kind in deinem Leib!"

Und Maria sang:

„Meine Seele preist den Herrn,
und mein Geist freut sich über Gott,
meinen Erretter;
denn er hat die Niedrigkeit seiner Magd angesehen.

Siehe, von nun an werden mich selig preisen
alle Kinder und Kindeskinder.

Denn er hat große Dinge an mir getan;
mächtig ist er und heilig ist sein Name.

Und seine Barmherzigkeit gilt für alle Zeiten.
Sie leuchtet denen, die ihn achten.

Er übt Gewalt mit seinem starken Arm
und zerstreut, die hochmütig sind in ihrem Herzen.

Er stößt die Machthaber von ihrem Thron
und hebt die Niedrigen hoch hinauf.

Die Hungrigen macht er satt mit Gütern,
und die Reichen läßt er leer ausgehen.

Er verschenkt seine Barmherzigkeit
und hilft seinem Volk Israel auf.

So hat er es unsern Vätern versprochen,
Abraham und seinen Kindern gilt es in Ewigkeit."

Und Maria blieb bei ihr etwa drei Monate; danach kehrte sie wieder heim.

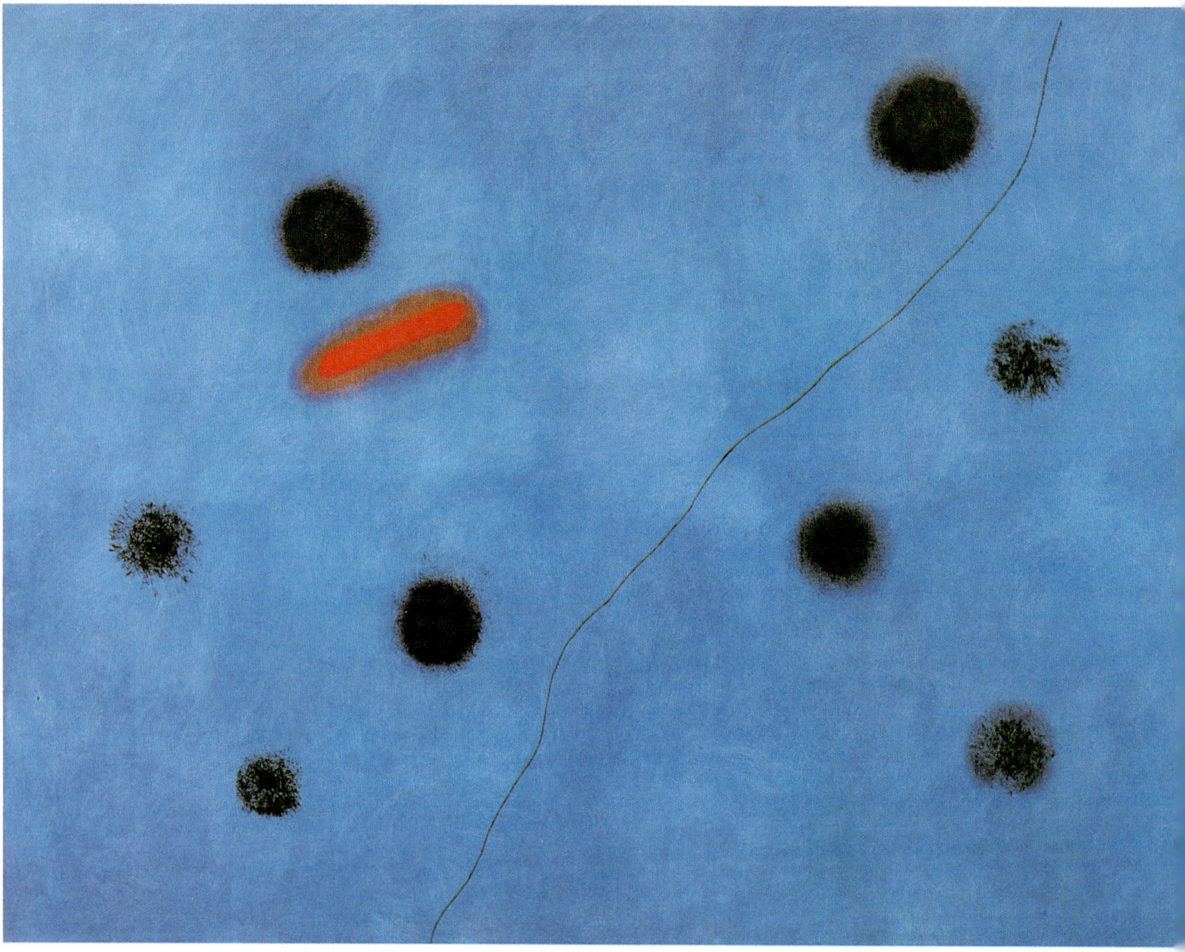

Joan Miró

Die Geburt Johannes des Täufers

Lukas 1,57–68.70. 76–80

Als die Zeit herankam, brachte Elisabeth einen Sohn zur Welt. Ihre Nachbarn und Verwandten freuten sich mit ihr. Und am achten Tag kamen sie alle, weil das Kind beschnitten werden sollte. Sie wollten es nach seinem Vater Zacharias nennen. Aber seine Mutter antwortete: „Nein, sondern er soll Johannes heißen!" Sie aber sagten zu ihr: „Es gibt doch niemanden in deiner Verwandtschaft, der so heißt."

Und sie fragten seinen Vater, wie er das Kind nennen lassen wollte. Er forderte eine kleine Tafel und schrieb: „Er heißt Johannes." Und sie wunderten sich alle. Aber sogleich wurde sein Mund geöffnet und seine Zunge gelöst, und er konnte wieder reden und lobte Gott. Und es kam Furcht über alle Nachbarn, Freunde und Verwandten.

Diese Geschichte wurde bekannt im ganzen judäischen Bergland. Alle, die davon hörten, nahmen's zu Herzen und sagten: „Was meinst du? Was wird wohl aus diesem Kind werden?" Und der Herr war mit ihm.

Und Zacharias sang:

„Gelobt sei der Herr, der Gott Israels!
Er hat sein Volk besucht und erlöst,
wie er vorzeiten durch den Mund
seiner Propheten geredet hat.

Und du, Kind, wirst Prophet des Höchsten heißen,
dem Herrn wirst du vorangehen,
seinen Weg wirst du bereiten!

Du wirst seinem Volk Erkenntnis des Heils schenken
durch die Vergebung ihrer Sünden!

Durch die herzliche Barmherzigkeit unseres Gottes
wird uns das Licht aus der Höhe aufgehen;
es wird denen erscheinen,
die in der Finsternis und im Schatten des Todes sitzen;
und es wird unsere Füße auf den Weg des Friedens richten!"

Und das Kind Johannes wuchs heran und wurde stark im Geist. Später war Johannes lange Zeit in der Wüste, bis zu dem Tag, an dem er vor das Volk Israel treten sollte.

Joan Miró

Die Geburt Jesu

Lukas 2,1–21a

Es begab sich aber zu der Zeit, daß ein Gebot von dem Kaiser Augustus ausging, daß alle Welt geschätzt würde. Und diese Schätzung war die allererste und geschah zur Zeit, da Quirinius Statthalter in Syrien war. Und jedermann ging, daß er sich schätzen ließe, ein jeder in seine Stadt.

Die ganze Bevölkerung des römischen Reiches sollte sich in Steuerlisten eintragen lassen.

Das römische Kaiserreich mit all seinen besetzten Gebieten war in Provinzen aufgeteilt, die jeweils von einem Statthalter „an Kaisers statt“ verwaltet und regiert wurden.

Da machte sich auf auch Josef aus Galiläa, aus der Stadt Nazareth, in das jüdische Land zur Stadt Davids, die da heißt Bethlehem, weil er aus dem Hause und Geschlechte Davids war, damit er sich schätzen ließe mit Maria, seinem vertrauten Weibe, die war schwanger.

Und als sie dort waren, kam die Zeit, daß sie gebären sollte. Und sie gebar ihren ersten Sohn und wickelte ihn in Windeln und legte ihn in eine Krippe; denn sie hatten sonst keinen Raum in der Herberge.

Und es waren Hirten in derselben Gegend auf dem Felde bei den Hürden, die hüteten des Nachts ihre Herde. Und der Engel des Herrn trat zu ihnen, und die Klarheit des Herrn leuchtete um sie; und sie fürchteten sich sehr. Und der Engel sprach zu ihnen:

„Fürchtet euch nicht!
Siehe, ich verkündige euch große Freude,
die allem Volk widerfahren wird;
denn euch ist heute der Heiland geboren,
welcher ist Christus, der Herr,
in der Stadt Davids.

Und das habt zum Zeichen: ihr werdet finden das Kind in Windeln gewickelt und in einer Krippe liegen.“ Und alsbald war da bei dem Engel die Menge der himmlischen Heerscharen, die lobten Gott und sprachen:

„Ehre sei Gott in der Höhe
und Friede auf Erden
bei den Menschen
seines Wohlgefallens.“

Und als die Engel von ihnen gen Himmel fuhren, sprachen die Hirten untereinander: „Laßt uns nun gehen nach Bethlehem und die Geschichte sehen, die da geschehen ist, die uns der Herr kundgetan hat.“

Und sie kamen eilend und fanden beide, Maria und Josef, dazu das Kind in der Krippe liegen. Als sie es aber gesehen hatten, breiteten sie das Wort aus, das zu ihnen von diesem Kinde gesagt war. Und alle, vor die es kam, wunderten sich über das, was ihnen die Hirten gesagt hatten.

Maria aber behielt alle diese Worte und bewegte sie in ihrem Herzen. Und die Hirten kehrten wieder um, priesen und lobten Gott für alles, was sie gehört und gesehen hatten, wie denn zu ihnen gesagt war.

Was Matthäus von der Geburt Jesu erzählt, findest Du auf den Seiten 225–227.

Und als acht Tage um waren und man das Kind beschneiden mußte, gab man ihm den Namen Jesus.

Lukas 2,41–51

Der zwölfjährige Jesus im Tempel

Und Jesu Eltern gingen alle Jahre nach Jerusalem zum Passafest. Als Jesus zwölf Jahre alt war, gingen sie wieder hinauf, wie es Sitte war. Und als die Festtage vorüber waren und sie wieder nach Hause gingen, blieb der junge Jesus in Jerusalem, und seine Eltern bemerkten es nicht. Sie meinten aber, er wäre irgendwo in der Pilgergruppe, und zogen eine Tagesreise weit. Sie suchten ihn unter den Verwandten und Bekannten.

Als sie ihn nicht fanden, gingen sie wieder zurück nach Jerusalem und suchten ihn dort. Nach drei Tagen fanden sie ihn im Tempel sitzen, mitten unter den Lehrern! Er hörte ihnen zu und fragte sie. Und alle, die ihm zuhörten, verwunderten sich über seinen Verstand und über seine Antworten.

Als seine Eltern ihn sahen, entsetzten sie sich. Und seine Mutter sagte zu ihm: „Mein Sohn, warum hast du uns das angetan? Siehe, dein Vater und ich haben dich mit Schmerzen gesucht." Und er antwortete ihnen: „Warum habt ihr mich gesucht? Wißt ihr nicht, daß ich im Haus meines Vaters sein muß?" Doch sie verstanden nicht, was er zu ihnen sagte.

Und er kehrte mit seinen Eltern nach Nazareth zurück und ordnete sich ihnen unter. Seine Mutter behielt alle diese Worte in ihrem Herzen.

Lukas 3,1–7.10–14. 18–19a.20b

Das Wirken Johannes des Täufers – Seine Gefangennahme

Es war im fünfzehnten Regierungsjahr des Kaisers Tiberius, Pontius Pilatus war Statthalter in Judäa und Herodes Landesfürst von Galiläa. Da erging in der Wüste das Wort Gottes an Johannes, den Sohn des Zacharias. Und er kam in die Gegend um den Jordan und predigte eine Taufe als Zeichen der Umkehr und zur Vergebung der Sünden. So erfüllte sich, was geschrieben steht im Buch der Reden des Propheten Jesaja:

„Es ist eine Stimme
eines Predigers in der Wüste:

Macht den Weg frei für den Herrn!
Macht gerade seine Pfade.
Jede Schlucht soll aufgefüllt,
jeder Berg, jeder Hügel abgetragen werden.
Was krumm ist, soll gerade,
und was holprig ist, soll ebene Bahn werden.
Und alle Menschen sollen Gottes Heil schauen!"

Du kannst das beim Propheten Jesaja auf der Seite 147 lesen.

Das Volk zog in Scharen zu ihm hinaus, um sich von ihm taufen zu lassen. Johannes aber rief ihnen zu: „Ihr Schlangenbrut, wer hat euch denn gewiß gemacht, daß ihr dem künftigen Zorngericht Gottes entrinnen werdet?" Da fragten ihn die Leute: „Was sollen wir denn tun?" Er antwortete: „Wer zwei Hemden hat, der gebe eines dem, der keines hat; und wer zu essen hat, tue ebenso."

Es kamen auch die Zöllner, um sich taufen zu lassen, und fragten ihn: „Meister, was sollen denn wir tun?" Er antwortete: „Fordert am Zoll nicht mehr, als euch vorgeschrieben ist!" Da fragten ihn auch die Soldaten: „Was sollen denn wir tun?" Und von ihnen forderte er: „Mißhandelt niemand, erpreßt niemand und seid zufrieden mit eurem Sold."

Lies dazu die Erklärung auf Seite 186.

Und mit vielem andern mehr ermahnte er das Volk. Der Landesfürst Herodes aber, der von Johannes auch zurechtgewiesen worden war, warf Johannes ins Gefängnis.

Die Geschichte vom Tod Johannes des Täufers findest Du auf der Seite 239.

Emil Nolde

12. Er wurde den Menschen gleich

Der Evangelist Lukas erzählt von Jesu Worten und Taten

Jesu Taufe

Lukas 3,21–22

Während nun das ganze Volk getauft wurde, ließ sich auch Jesus von Johannes taufen. Und als er betete, da tat sich der Himmel auf, und der heilige Geist kam hernieder auf ihn wie eine Taube, und eine Stimme erscholl aus dem Himmel: „Du bist mein lieber Sohn, an dir habe ich Wohlgefallen!"

Jesu Versuchung

Lukas 4,1–13

Als Jesus vom Jordan zurückkam, wurde er von Gottes Geist in die Wüste geführt.

Vierzig Tage lang aß Jesus nichts, dann überkam ihn Hunger. Da wurde er vom Teufel in Versuchung geführt: „Bist du Gottes Sohn, dann sprich zu diesem Stein, daß er zu Brot werden soll!" Aber Jesus antwortete: „Es steht geschrieben: Der Mensch lebt nicht vom Brot allein."

Da führte ihn der Teufel hoch hinauf, zeigte ihm in einem Augenblick alle Reiche der Welt und sagte zu ihm: „Diese ganze Macht und ihre Herrlichkeit will ich dir geben. Wenn du mich anbetest, soll alles dir gehören." Aber Jesus antwortete: „Es steht geschrieben: Du sollst nur den Herrn, deinen Gott, anbeten und ihm allein dienen."

Dann führte ihn der Teufel nach Jerusalem, stellte ihn oben auf den Tempel und sagte zu ihm: „Wenn du Gottes Sohn bist, dann wirf dich von hier hinunter. Es steht doch geschrieben: Er wird seinen Engeln befehlen, daß sie dich behüten. Sie werden dich auf Händen tragen, damit du deinen Fuß nicht an einen Stein stößt." Jesus erwiderte: „Es steht geschrieben: Du sollst den Herrn, deinen Gott, nicht versuchen!"

Nach diesen Versuchungen ließ der Teufel für eine Zeit von ihm ab.

Lukas 4,14–24. 28–30

Jesus predigt in Nazareth

Synagogen sind jüdische Gemeindehäuser; es gab ja in Israel nur ein Gotteshaus: den Tempel in Jerusalem.

Mehr vom Propheten Jesaja kannst Du auf den Seiten 147–157 lesen.

Jesus kam in der Kraft des Geistes wieder nach Galiläa. Sein Ruf verbreitete sich in der ganzen Gegend. Er lehrte in den Synagogen und wurde von allen gepriesen. Und er kam auch nach Nazareth, wo er aufgewachsen war.

Am Sabbat ging er, wie er es gewohnt war, in die Synagoge. Er stand auf, um aus der Schrift vorzulesen. Da wurde ihm das Buch des Propheten Jesaja gereicht. Er öffnete es und las vor:

„Der Geist des Herrn ist mit mir,
weil er mich gesalbt hat,
um den Armen das Evangelium zu verkünden.
Er hat mich gesandt,
den Gefangenen ihre Freilassung anzusagen,
den Blinden, daß sie sehen können,
und den Mißhandelten, daß sie frei sind.
Das Gnadenjahr des Herrn soll ich ausrufen."

Er machte das Buch zu, gab es dem Diener und setzte sich. Alle in der Synagoge sahen ihn gespannt an. Da sprach er zu ihnen: „Heute hat sich dieses Wort der Schrift vor euren Ohren erfüllt."

Alle lobten ihn, doch zugleich wunderten sie sich über seine Worte: „Ist das nicht Josefs Sohn?" Er entgegnete ihnen: „Gewiß werdet ihr mir sagen: Aus Kapernaum haben wir ja große Dinge von dir gehört! Tu sie auch hier in deiner Vaterstadt! Aber, das sage ich euch: Kein Prophet gilt etwas in seinem Vaterland. Schon bei den Propheten Elia und Elisa war es genauso."

Als sie das hörten, wurden alle in der Synagoge voller Zorn. Sie stießen ihn zur Stadt hinaus und führten ihn an den Bergabhang, um ihn hinabzustürzen. Aber er ging fort, mitten durch die Menge hindurch.

Lukas 4,31–37

Die Heilung eines Besessenen

Jesus kam nach Kapernaum, einer Stadt in Galiläa. Dort lehrte er sie am Sabbat. Sie wunderten sich sehr über seine Lehre, weil er mit Vollmacht predigte.

In der Synagoge war ein Mann, der von einem unreinen Geist besessen war. Der schrie laut: „Halt, was willst du von uns, Jesus von Nazareth? Du bist gekommen, um uns zu vernichten. Ich weiß, wer du bist: der Heilige Gottes!" Doch Jesus bedrohte ihn: „Verstumme und fahre aus von ihm!" Und der böse Geist warf den Mann inmitten der Menge auf den Boden und fuhr aus, ohne ihm zu schaden.

Da kam eine große Furcht über alle: „Was ist das für eine Rede? Mit Vollmacht und Gewalt befiehlt er den unreinen Geistern, und sie fliehen!" Sein Ruf verbreitete sich in allen Orten der Umgebung.

Die Schwiegermutter des Petrus – Viele Kranke

Lukas 4,38–44

Jesus verließ die Synagoge und kam in Simons Haus. Dessen Schwiegermutter hatte Fieber, und sie baten ihn für sie. Er trat zu ihr und befahl dem Fieber zu weichen. Da verließ es sie. Sie stand sofort auf und diente ihnen.

Als die Sonne untergegangen war, brachten alle ihre Kranken mit allen Arten von Leiden zu ihm. Er legte seine Hände auf einen jeden und machte sie gesund.

Bei Tagesanbruch ging er an einen einsamen Ort. Doch das Volk suchte ihn. Sie kamen und wollten ihn festhalten, damit er nicht von ihnen wegginge. Aber er sagte zu ihnen: „Auch in den anderen Städten muß ich das Evangelium vom Reich Gottes predigen; denn dazu bin ich gesandt." Und er predigte in den Synagogen Judäas.

Der Fischzug des Petrus

Lukas 5,1–11

Als Jesus am See Genezareth stand, drängte sich die Volksmenge um ihn, um das Wort Gottes zu hören. Da sah er zwei Boote am Ufer liegen. Die Fischer waren ausgestiegen und wuschen ihre Netze. Er stieg in eines der Boote, das Simon gehörte, und bat ihn, ein wenig vom Land wegzufahren. Er setzte sich und lehrte die Menge vom Boot aus.

Danach befahl er Simon: „Fahr aufs tiefe Wasser hinaus, dort werft eure Netze zum Fang aus!" Simon entgegnete: „Meister, die ganze Nacht haben wir gearbeitet und nichts gefangen! Aber auf dein Wort hin will ich die Netze auswerfen."

Und sie fingen eine so große Menge Fische, daß ihre Netze zu reißen begannen. Da winkten sie ihre Gefährten im anderen Boot heran, sie sollten helfen. Gemeinsam füllten sie beide Boote so voll, daß sie fast sanken.

Emil Nolde

Als Simon Petrus das sah, fiel er Jesus zu Füßen und sagte: „Herr, geh weg von mir, ich bin ein sündiger Mensch." Denn er und seine Begleiter waren vom Schrecken erfaßt, weil sie so viele Fische gefangen hatten. Genauso erging es seinen Gefährten Jakobus und Johannes.

Doch Jesus sagte zu Simon: „Fürchte dich nicht! Von jetzt an wirst du Menschen fischen." Da brachten sie die Boote an Land, verließen alles und folgten ihm nach.

Die Heilung des Aussätzigen

Lukas 5,12–16

Als Jesus sich in einer der Städte aufhielt, war da ein Mann, der über und über mit Aussatz bedeckt war. Als der Jesus sah, fiel er vor ihm nieder und flehte ihn an: „Herr, wenn du willst, kannst du mich reinigen."

Da streckte Jesus die Hand aus, berührte ihn und sagte: „Ich will's tun, sei rein!" Im gleichen Augenblick verschwand der Aussatz. Er verbot ihm, irgendjemandem etwas davon zu erzählen: „Geh und zeig dich dem Priester. Bring für deine Reinigung ein Dankopfer, wie es vorgeschrieben ist!"

Die Priester mußten die Heilung dieser ansteckenden Krankheit bestätigen, damit der Mensch wieder in die Gemeinschaft aufgenommen war.

Aber sein Ruf verbreitete sich immer weiter. In Scharen kamen die Menschen zusammen, um ihn zu hören und um von ihren Krankheiten geheilt zu werden.

Jesus aber zog sich in die Wüste zurück, um zu beten.

Die Heilung eines Gelähmten

Lukas 5,17–26

Als Jesus eines Tages lehrte, saßen auch Pharisäer und Schriftgelehrte da. Sie waren aus allen Orten in Galiläa und Judäa und aus Jerusalem gekommen. Und die Kraft des Herrn war mit ihm, so daß er heilen konnte.

Die Pharisäer gehörten einer großen religiösen Gruppe an. Sie kamen aus dem Volk und wollten den Glauben des Volkes an den Gott Israels durch ihr Beispiel erneuern. So lebten sie streng nach den Gesetzen Gottes und glaubten an die Auferstehung der Toten.

Einige Männer brachten einen Gelähmten auf einer Matte. Sie versuchten, ihn hineinzubringen und vor Jesus zu legen. Doch weil sie wegen der Menschenmenge keinen Zutritt fanden, stiegen sie auf das Dach und ließen ihn samt der Matte durch die Ziegel hinunter mitten unter sie vor Jesus.

Als er ihren Glauben sah, sprach er: „Mensch, deine Sünden sind dir vergeben!" Da begannen die Schriftgelehrten und Pharisäer zu überlegen: Wer ist der, daß er so lästert? Wer kann denn Sünden vergeben außer Gott allein?

Jesus hat sich oft „*Menschensohn*" genannt. In seiner Muttersprache kann das soviel heißen wie „ein einzelner Mensch". Aber im Alten Testament steht auch einmal, daß Gott durch einen „Menschensohn" die Herrschaft auf der Erde übernehmen werde.

Jesus aber durchschaute sie: „Was denkt ihr in euren Herzen? Was ist leichter zu sagen: ‚Dir sind deine Sünden vergeben', oder zu sagen: ‚Steh auf und geh umher'? Ihr sollt aber sehen, daß der Menschensohn Vollmacht hat, auf Erden Sünden zu vergeben!" Und dann sprach er zu dem Gelähmten: „Ich sage dir, steh auf, nimm dein Bett und geh heim!"

Auf der Stelle stand er vor ihren Augen auf, nahm die Matte, ging heim und lobte Gott. Und alle entsetzten sich, lobten Gott, fürchteten sich und sagten: „Seltsame Dinge haben wir heute gesehen!"

Lukas 5,27–32

Die Berufung des Levi

Zöllner trieben für die Römer die verschiedenen Zölle und Steuern ein. Sie verdienten gut dabei und waren bei der Bevölkerung schlecht angesehen, weil sie für die Römer arbeiteten und auch als Betrüger galten.

Danach ging Jesus aus der Stadt hinaus und sah einen Zöllner mit Namen Levi am Zoll sitzen. Zu dem sprach er: „Folge mir nach!" Da verließ er alles, stand auf und folgte ihm nach.

Und Levi gab ihm zu Ehren ein großes Mahl in seinem Haus; viele Zöllner und andere saßen mit ihm zu Tisch. Darüber murrten die Pharisäer und Schriftgelehrten und sagten zu seinen Jüngern: „Warum eßt und trinkt ihr mit Zöllnern und Sündern?"

Jesus antwortete ihnen: „Die Gesunden bedürfen des Arztes nicht, sondern die Kranken. Ich bin gekommen, die Sünder zur Buße zu rufen und nicht die Gerechten."

Lukas 5,33–34

Jesus über das Fasten

Damit ist Johannes der Täufer gemeint, über den Du mehr auf Seite 178–179 lesen kannst.

Sie aber sagten zu Jesus: „Die Jünger des Johannes fasten oft und beten viel, genauso die Jünger der Pharisäer; deine Jünger aber essen und trinken." Jesus aber erwiderte: „Ihr könnt die Hochzeitsgäste doch nicht fasten lassen, solange der Bräutigam bei ihnen ist."

Lukas 6,1–5

Jesus und der Sabbat: Ährenausraufen

Einmal ging Jesus an einem Sabbat durch ein Kornfeld. Da rissen seine Jünger Ähren aus, zerrieben sie zwischen den Händen und aßen davon. Einige der Pharisäer sagten: „Warum tut ihr das, was am Sabbat nicht erlaubt ist?"

Jesus antwortete: „Habt ihr nie gelesen, was David tat, als er und seine Begleiter Hunger hatten? Er ging in das Haus Gottes, nahm die Schaubrote und aß davon, obwohl niemand davon essen durfte, als die Priester allein. Er gab sie auch denen, die bei ihm waren. Der Menschensohn ist auch Herr über den Sabbat."

Die Erklärung dazu findest Du auf Seite 186.

Jesus und der Sabbat: Eine Heilung

Lukas 6,6–11

An einem anderen Sabbat ging Jesus in die Synagoge und lehrte. Dort war ein Mann, dessen rechte Hand verdorrt war. Die Schriftgelehrten und Pharisäer lauerten nun darauf, ob Jesus auch am Sabbat heilen würde. Sie wollten etwas finden, um ihn zu verklagen.

Ausgebildete jüdische Theologen, die das Gesetz Gottes auslegten.

Aber Jesus merkte ihre Gedanken und sprach zu dem Mann mit der verdorrten Hand: „Steh auf und tritt vor!" Und der Mann trat vor.
Dann sprach Jesus zu den anderen: „Ich frage euch: Ist es am Sabbat erlaubt, Gutes zu tun oder Böses zu tun, Leben zu erhalten oder Leben zu vernichten?"

Vielleicht litt er an Muskelschwund.

Und er sah sie alle ringsum an und sprach dann zu dem Mann: „Strecke deine Hand aus!" Der Mann tat es – da war seine Hand wieder gesund. Die Schriftgelehrten aber gerieten ganz außer sich und besprachen, was sie mit Jesus tun wollten.

Es gab damals eine Gruppe von jüdischen Gelehrten, die meinten: Am Sabbat darf man *nichts* tun, auch nicht heilen!

Der Hauptmann von Kapernaum

Lukas 7,1–10

In Kapernaum lebte ein römischer Hauptmann, der hatte einen Knecht, der ihm lieb und wert war. Dieser war todkrank. Als der Hauptmann von Jesus hörte, schickte er die Ältesten der Juden zu ihm und bat ihn, zu kommen und seinen Knecht gesund zu machen.

Als sie nun zu Jesus kamen, baten sie ihn eindringlich: „Er ist es wert, daß du ihm seine Bitte erfüllst. Er hat unser Volk lieb. Sogar die Synagoge hat er uns erbaut". Da ging Jesus mit ihnen.

Die Erklärung dazu findest Du auf Seite 182.

Als er nicht mehr weit von dem Haus entfernt war, schickte der Hauptmann Freunde zu ihm und ließ ihm sagen: „Ach Herr, bemühe dich nicht. Ich bin es nicht wert, daß du in mein Haus kommst oder daß ich selbst zu dir kommen darf. Sprich nur ein Wort, dann wird mein Knecht gesund! Denn auch ich bin ein Mensch, für den Befehle gelten, und mir sind Soldaten unterstellt. Wenn ich zu einem sage: Geh!, so geht er, und wenn ich zu meinem Knecht sage: Tu das!, so tut er es."

Emil Nolde

Als Jesus das hörte, wunderte er sich über ihn und sprach zu dem Volk, das ihm nachfolgte: „Ich sage euch: Solchen Glauben habe ich in Israel nicht gefunden." Als die Boten wieder nach Hause kamen, war der Knecht gesund.

Der Jüngling zu Nain

Lukas 7,11–16

Danach ging Jesus in eine Stadt mit Namen Nain. Seine Jünger und eine große Volksmenge gingen mit ihm. Als er nah an das Stadttor kam, trug man gerade einen Toten heraus. Seine Mutter war Witwe, und er war ihr einziger Sohn gewesen. Eine Menge Leute aus der Stadt ging mit ihr.

Als der Herr sie sah, fühlte er mit ihr; und er sprach zu ihr: „Weine nicht!" Er berührte den Sarg, da blieben die Träger stehen. Jesus sprach: „Jüngling, ich sage dir: Steh auf!" Da richtete sich der Tote auf und fing an zu reden, und Jesus gab ihn seiner Mutter wieder.

Und Furcht ergriff sie alle, und sie priesen Gott mit den Worten: „Ein großer Prophet ist unter uns aufgestanden!" und: „Gott hat uns, sein Volk, besucht!"

Der Täufer läßt fragen: Wer bist du?

Lukas 7,18–23

Die Jünger des Johannes berichteten ihm alles über Jesus. Und Johannes sandte zwei Jünger zum Herrn und ließ ihn fragen: „Bist du der, der kommen soll, oder sollen wir auf einen anderen warten?"

Als die Männer zu Jesus kamen, sagten sie: „Johannes der Täufer hat uns zu dir geschickt und läßt dich fragen: Bist du der, der da kommen soll, oder sollen wir auf einen anderen warten?" Jesus machte gerade viele gesund von Krankheiten, Plagen und bösen Geistern, und vielen Blinden schenkte er das Augenlicht.

Mehr über Johannes kannst Du auf Seite 178 lesen.

Er antwortete ihnen: „Geht und berichtet Johannes, was ihr gesehen und gehört habt:

Blinde sehen, Lahme gehen,
Aussätzige werden rein, Taube hören,
Tote stehen auf,
Armen wird das Evangelium gepredigt;
und selig ist, wer sich nicht ärgert an mir."

Jesus zitiert hier den Propheten Jesaja, Kapitel 35. Das kannst Du auf Seite 152 nachlesen.

Lukas 7,36–50

Die Salbung durch die Sünderin

Die Erklärung dazu findest Du auf Seite 185.

Ein Pharisäer bat Jesus, bei ihm zu essen. Und er ging in das Haus des Pharisäers und setzte sich zu Tisch. In der Stadt lebte eine Frau, die war eine Sünderin. Als sie vernahm, daß er im Haus des Pharisäers zu Tisch saß, brachte sie ein Glas Salböl. Sie trat von hinten an ihn heran und weinte. Ihre Tränen fielen auf seine Füße, und sie wischte sie mit ihren Haaren ab, küßte seine Füße und salbte sie mit Salböl.

Als der Pharisäer, der ihn eingeladen hatte, das sah, dachte er: Wenn dieser Mann ein Prophet wäre, dann müßte er wissen, was für eine Frau das ist, die ihn da anrührt – eine Sünderin! Da wandte sich Jesus zu ihm: „Simon, ich habe dir etwas zu sagen." Er erwiderte: „Sprich, Meister!"

Ein Silbergroschen ist der Tageslohn eines Arbeiters.

„Ein Gläubiger hatte zwei Schuldner. Einer war fünfhundert Silbergroschen schuldig, der andere fünfzig. Weil sie es aber nicht bezahlen konnten, schenkte er es beiden. Wer von ihnen wird ihn am meisten lieben?" Simon antwortete: „Ich denke, der, dem er am meisten geschenkt hat." Jesus erwiderte: „Du hast recht."

Und er wandte sich zu der Frau und sprach zu Simon: „Siehst du diese Frau? Ich bin in dein Haus gekommen, und du hast mir kein Wasser für meine Füße gegeben. Sie aber hat ihre Tränen über meine Füße vergossen und sie mit ihren Haaren getrocknet.

Du hast mir keinen Begrüßungskuß gegeben, sie aber hat nicht aufgehört, meine Füße zu küssen, als ich hereingekommen bin. Du hast mein Haupt nicht mit Öl gesalbt; sie aber hat meine Füße mit Salböl gesalbt. Deshalb sage ich dir: Ihre vielen Sünden sind vergeben, weil sie viel Liebe gezeigt hat. Wem aber wenig vergeben wird, der liebt auch wenig."

Zu der Frau sprach er: „Deine Sünden sind dir vergeben!" Da dachten die Tischgäste: Wer ist dieser, daß er auch die Sünden vergibt? Jesus aber sprach zu der Frau: „Dein Glaube hat dir geholfen; geh hin in Frieden!"

Lukas 8,19–21

Jesu wahre Verwandte

Eines Tages kamen seine Mutter und seine Brüder zu Jesus. Wegen der Menschenmenge konnten sie aber nicht zu ihm gelangen. Da sagte man ihm: „Deine Mutter und deine Brüder stehen draußen und wollen dich sehen." Doch er antwortete: „Meine Mutter und meine Brüder sind alle die, die Gottes Wort hören und tun!"

Die Auferweckung der Tochter des Jairus

Lukas 8,41–42a. 49–56

Wegen des Bildes auf der Seite 192 sind die nun folgenden vier Geschichten in der Reihenfolge umgestellt. Wenn Du auf die Bibelstellen am Rand achtest, kannst Du erkennen, in welcher Reihenfolge Lukas sie erzählt hat!

Einmal kam der Synagogenvorsteher Jairus zu Jesus und fiel ihm zu Füßen. Er bat ihn, in sein Haus zu kommen, denn seine einzige Tochter von etwa zwölf Jahren lag im Sterben.

Während Jesus noch mit anderen redete, kam einer von den Leuten des Vorstehers und sagte: „Deine Tochter ist gestorben, bemühe den Meister nicht mehr!“ Als Jesus das hörte, antwortete er ihm: „Fürchte dich nicht; glaube nur, dann wird sie gesund!“

Als er in das Haus kam, ließ er niemand mit hineingehen, nur Petrus, Johannes, Jakobus und den Vater und die Mutter des Kindes. Sie weinten alle und klagten um sie. Jesus aber sprach: „Weint nicht! Sie ist nicht gestorben, sie schläft.“ Da lachten sie ihn aus; denn sie wußten, daß das Kind gestorben war.

Und er nahm das Mädchen bei der Hand und rief: „Kind, steh auf!“ Da kam ihr Geist in sie zurück, und sie stand auf. Er befahl, ihr zu essen zu geben. Ihre Eltern aber entsetzten sich. Doch er gebot ihnen, niemandem zu sagen, was geschehen war.

Die Speisung der Fünftausend

Lukas 9,10–17

Jesus zog sich mit seinen Jüngern allein in die Stadt Bethsaida zurück. Als die Volksmenge das merkte, zog sie ihm nach. Und er ließ sie zu sich, sprach zu ihnen vom Reich Gottes und machte alle gesund, die Heilung nötig hatten. Als der Tag zu Ende ging, traten die Zwölf zu ihm und sagten: „Laß das Volk gehen, damit sie in den Dörfern und Höfen ringsum Herberge und Essen finden; denn wir sind hier in der Wüste.“

Wir wissen, daß bei Jesus auch Frauen waren: zum Beispiel Maria Magdalena, Johanna und Susanna. Das war damals ungewöhnlich.

Er aber sprach: „Gebt doch ihr ihnen zu essen!“ Sie antworteten: „Wir haben nicht mehr als fünf Brote und zwei Fische. Wir müßten erst gehen und für alle diese Leute Essen kaufen.“ Denn es waren etwa fünftausend Mann.

Typisch für die damalige Zeit wird nur die Zahl der Männer genannt. Frauen und Kinder kommen also noch hinzu.

Doch Jesus sprach zu seinen Jüngern: „Laßt sie sich in Gruppen zu etwa fünfzig lagern!“ So taten sie es, und alle setzten sich. Jesus nahm die fünf Brote und die zwei Fische, sah zum Himmel auf, dankte, brach sie und gab die Stücke den Jüngern, um sie dem Volk auszuteilen.

Und sie aßen und wurden alle satt. Was sie an Brocken übrigließen, wurde aufgesammelt, zwölf Körbe voll.

Nolde.

Die Stillung des Sturms

Lukas 8,22–25

Einmal stieg Jesus mit seinen Jüngern in ein Boot und sagte zu ihnen: „Laßt uns über den See fahren!“ Und sie stießen vom Land ab. Unterwegs schlief Jesus ein. Da brach über dem See ein Wirbelsturm los; die Wellen überfluteten sie, und sie waren in großer Gefahr.

Da traten sie zu ihm und weckten ihn: „Meister, Meister, wir kommen um!“ Er stand auf und bedrohte den Wind und die Wellen. Die legten sich, und es wurde still. Er sprach aber zu ihnen: „Wo ist euer Glaube?“ Sie fürchteten sich, und voll Staunen fragten sie einander: „Wer ist dieser Mann? Dem Wind und dem Wasser gebietet er, und sie gehorchen ihm!“

Die Heilung des Besessenen aus Gerasa

Lukas 8,26–39

Sie fuhren weiter in die Gegend der Gerasener, die Galiläa gegenüberliegt. Als Jesus an Land ging, begegnete ihm ein Mann aus der Stadt, der hatte böse Geister. Seit langem trug er keine Kleidung mehr und blieb in keinem Haus. Der Mann war mit Ketten und Fesseln gebunden und gefangen gehalten worden; doch er hatte seine Fesseln zerrissen und war von dem bösen Geist in die Wüste getrieben worden. Er hauste nun in den Grabhöhlen außerhalb der Stadt.

Als der Mann Jesus sah, schrie er auf, fiel vor ihm nieder und rief: „Was willst du von mir, Jesus, du Sohn des Allerhöchsten? Ich bitte dich: Quäle mich nicht!“ Jesus fragte ihn nun: „Wie heißt du?“ Da antwortete er: „Legion“, denn viele böse Geister waren in ihn gefahren. Und die baten Jesus: „Befiehl uns nicht, in den Abgrund zu fahren!“

Eine Legion ist eine große römische Armeeeinheit.

Nun war aber dort auf dem Berg gerade eine große Herde Schweine auf der Weide. So baten die Geister Jesus: „Erlaube uns, in diese Schweine zu fahren!“ Jesus erlaubte es. Da fuhren die bösen Geister aus dem Mann aus und in die Schweine hinein. Und die Herde stürmte den Abhang hinunter in den See – und ersoff!

Als aber die Hirten sahen, was da geschah, flohen sie und verkündeten es in der Stadt und in den Dörfern. Da gingen die Leute hinaus, um zu sehen, was geschehen war. Sie kamen zu Jesus und fanden den Mann, aus dem die bösen Geister ausgefahren waren. Er saß Jesus zu Füßen, war bekleidet und vernünftig. Sie erschraken. Die, die alles gesehen hatten, verkündeten ihnen, wie der Besessene gesund geworden war.

Und die ganze Volksmenge aus dem umliegenden Land der Gerasener bat Jesus fortzugehen, denn große Furcht hatte sie ergriffen. Und Jesus stieg ins Boot und kehrte zurück.

Der Mann aber, von dem die bösen Geister ausgefahren waren, bat ihn, daß er bei ihm bleiben dürfe. Doch Jesus schickte ihn fort: „Geh wieder heim und sage, was Gott Großes an dir getan hat!" Da ging der Mann und verkündete überall in der Stadt, was Jesus Großes an ihm getan hatte.

Lukas 9,18–22

Das Bekenntnis des Petrus – Erste Ankündigung des Leidens Jesu

Einmal, als Jesus allein war und betete und nur seine Jünger bei ihm waren, fragte er sie: „Was sagen die Leute, wer ich bin?"

Die Jünger antworteten: „Sie sagen, daß du Johannes der Täufer bist; einige sagen auch, du bist Elia, und andere meinen, es ist einer der alten Propheten auferstanden."

Dieses Bekenntnis des Petrus hat in den ersten drei Evangelien eine wichtige Bedeutung. Deshalb ist es interessant, daß es im Johannesevangelium von einer Frau, Marta, ausgesprochen wird.

Da fragte Jesus: „Was sagt ihr denn?" Petrus antwortete: „Du bist der Christus Gottes!"

Da gebot ihnen Jesus, daß sie es niemandem sagen sollten, und sprach: „Der Menschensohn muß viel leiden; er muß von den Ältesten, den Priestern und den Schriftgelehrten verworfen werden; er muß getötet werden und am dritten Tag auferstehen!"

Lukas 9,23–25

Jesus über die Nachfolge

Und dann sprach Jesus zu ihnen allen: „Wer mir folgen will, der muß sich selbst verleugnen. Er muß täglich sein Kreuz auf sich nehmen und mir nachfolgen.

Denn:
Wer sein Leben erhalten will,
der wird es verlieren;
wer aber sein Leben um meinetwillen verliert,
der wird es erhalten.

Welchen Nutzen hat denn der Mensch,
wenn er die ganze Welt gewinnt,
sich selbst aber verliert
oder Schaden an sich selbst nimmt?“

Die Verklärung Jesu

Lukas 9,28–36

Etwa acht Tage danach ging Jesus auf einen Berg, um zu beten. Er nahm Petrus, Johannes und Jakobus mit. Und während er betete, wurde das Aussehen seines Gesichtes anders, und sein Gewand wurde weiß und glänzte.

Und sieh da: zwei Männer redeten mit ihm. Das waren Mose und Elia; sie erschienen in glänzender Herrlichkeit und redeten von seinem nahen Tod in Jerusalem. Aber Petrus und die bei ihm waren schliefen. Als sie aufwachten, sahen sie Jesus in seiner Herrlichkeit, und sie sahen die beiden Männer, die bei ihm standen.

Die Geschichten von Mose kannst Du auf den Seiten 51–68, die von Elia auf den Seiten 107–115 lesen.

Als die sich von ihm trennten, sagte Petrus zu Jesus: „Meister, hier ist ein guter Platz für uns! Laßt uns drei Hütten bauen, eine für dich, eine für Mose und eine für Elia.“ Er wußte aber nicht, was er da redete.

Noch währenddessen kam eine Wolke und überschattete sie. Als sie in die Wolke hineinkamen, erschraken sie. Und aus der Wolke geschah eine Stimme: „Dies ist mein auserwählter Sohn; den sollt ihr hören!“ Und dann sahen sie Jesus, allein.

Die drei Jünger schwiegen darüber und verkündeten in jenen Tagen niemandem, was sie gesehen hatten.

Die Heilung eines Kindes

Lukas 9,37–43a

Als sie am nächsten Tag von dem Berg zurückkehrten, kam Jesus eine große Volksmenge entgegen. Ein Mann aus der Menge rief: „Meister, ich bitte dich: Sieh doch nach meinem Sohn, denn er ist mein einziger Sohn! Ein Geist ergreift ihn, sodaß er plötzlich aufschreit. Der Geist reißt ihn so, daß er Schaum vor dem Mund hat. Er läßt kaum von ihm ab und mißhandelt ihn. Ich habe schon deine Jünger gebeten, ihn auszutreiben, aber sie konnten es nicht!“

Da antwortete Jesus: „Oh, was seid ihr doch so ungläubig und verwirrt – wie lange soll ich euch noch ertragen! Bring deinen Sohn her!“

Als der Junge zu ihm kam, riß ihn der böse Geist zu Boden und zerrte an ihm. Aber Jesus herrschte den unreinen Geist an und machte den Knaben gesund. Er gab ihn seinem Vater wieder. Und alle entsetzten sich über die Hoheit Gottes.

Lukas 9,43b-45

Die zweite Ankündigung des Leidens Jesu

Die Erklärung dazu findest Du auf Seite 186.

Als aber alle sich verwunderten über das, was Jesus tat, sprach er zu seinen Jüngern: „Hört gut zu: Der Menschensohn wird in die Hände der Menschen überantwortet werden!“

Aber sie verstanden diesen Satz nicht. Sie fürchteten sich aber, Jesus noch einmal danach zu fragen.

Lukas 9,46–48

Warnung

Unter den Jüngern kam der Gedanke auf, wer wohl von ihnen der Größte sei. Als Jesus merkte, was in ihren Herzen vorging, nahm er ein Kind, stellte es neben sich und sprach zu ihnen:

„Wer dieses Kind aufnimmt in meinem Namen, der nimmt mich auf.
Und: Wer mich aufnimmt, der nimmt den auf, der mich gesandt hat.
Denn: Wer der Kleinste ist unter euch allen, der ist groß.“

Lukas 9,51–56

Der Aufbruch nach Jerusalem

Die Erklärung findest Du auf Seite 199.

Als die Zeit des Leidens für Jesus gekommen war, entschloß er sich, geradewegs nach Jerusalem zu wandern. Er schickte Boten vor sich her. Die kamen in ein Dorf der Samariter, um ihm dort eine Unterkunft zu besorgen. Aber weil er auf dem Weg nach Jerusalem war, nahmen sie ihn nicht auf.

Als das seine Jünger Jakobus und Johannes sahen, sagten sie: „Herr, wenn du willst, so wollen wir sagen: Es soll Feuer vom Himmel fallen und sie verzehren!“ Jesus aber wandte sich um und wies sie zurecht. So gingen sie in ein anderes Dorf.

„Folge mir nach!“

Lukas 9,57–62

Als sie auf dem Weg waren, sprach ein Mann Jesus an: „Ich will dir folgen, wohin du auch gehst!“ Jesus antwortete ihm: „Die Füchse haben Gruben und die Vögel haben Nester; aber der Menschensohn hat nichts, wo er sein Haupt hinlegen kann.“

Die Erklärung dazu findest Du auf Seite 186.

Und zu einem anderen sprach Jesus: „Folge mir nach!“ Aber der erwiderte: „Ich will solange bei meinem Vater bleiben, bis er stirbt, dann will ich ihn noch begraben.“ Da antwortete Jesus ihm: „Laß die Toten ihre Toten begraben; du aber geh und verkündige das Reich Gottes!“

Und wieder ein anderer sagte: „Herr, ich will dir nachfolgen; aber erlaube mir, daß ich mich erst noch von meiner Familie verabschiede.“ Dem antwortete Jesus: „Wer seine Hand schon an den Pflug gelegt hat und dann noch zurücksieht, weiß nicht, was das Reich Gottes ist.“

Vom barmherzigen Samariter

Lukas 10,25–37

Einmal wollte ein Schriftgelehrter Jesus auf die Probe stellen und fragte ihn: „Meister, was muß ich tun, um das ewige Leben zu erlangen?“ Jesus sprach zu ihm: „Was steht im Gesetz geschrieben? Was liest du da?“ Er antwortete:

Die Erklärung dazu findest Du auf Seite 187.

Jesus erzählt dann ein *Gleichnis*; so hat er oft gepredigt. Gleichnisse sind kurze Beispiele oder Beispielgeschichten. Damit macht Jesus deutlich, wie es sein wird, wenn Gott die Herrschaft über die Erde übernimmt. Alle Gleichnis-Überschriften in dieser Bibel beginnen mit „Vom . . .“.

„Du sollst den Herrn, deinen Gott,
lieben mit deinem ganzen Herzen,
mit deiner ganzen Seele,
mit deiner ganzen Kraft,
mit allen deinen Gedanken
und deinen Nächsten wie dich selbst.“

Jesus sprach zu ihm: „Du hast gut geantwortet. Tu das, dann wirst du leben.“ Er aber wollte sich selbst rechtfertigen und sagte zu Jesus: „Wer ist denn mein Nächster?“ Darauf antwortete ihm Jesus:

„Ein Mann ging von Jerusalem nach Jericho hinab und wurde von Räubern überfallen. Die zogen ihn aus, schlugen ihn, machten sich davon und ließen ihn halbtot liegen. Zufällig ging ein Priester dieselbe Straße hinab. Als er ihn sah, ging er vorüber. Ebenso kam auch ein Levit zu der Stelle, sah ihn und ging vorüber.

Das ist ein Tempeldiener.

Ein Samariter aber, der auf der Reise war, kam auch dahin. Als er ihn sah, hatte er Mitleid mit ihm. Er ging zu ihm hin, goß Öl und Wein auf seine Wunden und verband sie. Dann hob er ihn auf sein Tier, brachte ihn in eine Herberge und pflegte ihn.

Am nächsten Tag zog er zwei Silbergroschen heraus, gab sie dem Wirt und sagte: ‚Pflege ihn; und wenn du mehr ausgibst, dann will ich es dir bezahlen, wenn ich wiederkomme.' Was meinst du? Wer von diesen dreien ist dem ein Nächster gewesen, der von den Räubern überfallen wurde?" Der Schriftgelehrte antwortete: „Der barmherzig an ihm gehandelt hat." Da sprach Jesus zu ihm: „Dann geh und handle genauso!"

Die Samariter waren eine Mischbevölkerung aus Israeliten und anderen Völkern. Sie bewohnten die Provinz Samaria, das ehemalige Nordreich Israel (siehe Seite 106). Deswegen und wegen religiöser Verschiedenheiten wurden sie von den Juden als Fremde und Ketzer verachtet und gemieden.

Maria und Marta

Lukas 10,38–42

Als sie weiterzogen, kam Jesus in ein Dorf. Eine Frau mit Namen Marta nahm ihn in ihr Haus auf. Sie hatte eine Schwester, die hieß Maria. Die setzte sich dem Herrn zu Füßen und hörte seinen Worten zu.

Marta aber machte sich viel zu schaffen, um ihm zu dienen. Sie kam zu ihm und sagte: „Herr, kümmert es dich nicht, daß meine Schwester mich allein dienen läßt? Sag ihr doch, daß sie mir helfen soll!" Der Herr aber antwortete ihr: „Marta, Marta, du machst dir viel Sorge und Mühe. Nur eines ist notwendig. Maria hat das gute Teil gewählt; das wird ihr nicht weggenommen werden."

Vom bittenden Freund

Lukas 11,5–10

Jesus sprach zu ihnen: „Hört! Einer von euch hat einen Freund, geht um Mitternacht zu ihm und sagt zu ihm: ‚Lieber Freund, leihe mir drei Brote; denn mein Freund ist zu mir gekommen, und ich habe nichts, was ich ihm vorsetzen kann.' Wird dann der Mann drinnen etwa antworten: ‚Mach mir keine Unruhe! Die Tür ist schon zugeschlossen. Meine Kinder und ich liegen schon im Bett. Ich kann doch nicht aufstehen und dir etwas geben!'

Ich sage euch: Wenn er schon nicht aufsteht und ihm etwas gibt, weil er sein Freund ist, wird er doch wegen seines unverschämten Drängens aufstehen und ihm alles geben, was er braucht. So sage ich euch:

Emil Nolde

Bittet, so wird euch gegeben.
Suchet, so werdet ihr finden.
Klopfet an, so wird euch aufgetan.
Denn wer da bittet, der empfängt;
und wer da sucht, der findet;
und wer da anklopft, dem wird aufgetan."

Lukas 12,16–21

Vom reichen Kornbauern

Jesus erzählte ihnen ein Gleichnis:
„Es war ein reicher Mann, dessen Feld hatte einen guten Ertrag gebracht. Er dachte bei sich selbst: Was soll ich tun? Ich habe nicht genug Lagerraum für meine Früchte.

Schließlich sagte er: ‚So will ich es machen: Meine Scheunen will ich abbrechen und größere bauen, darin will ich all mein Korn und meine Vorräte sammeln. Dann will ich zu mir selbst sagen: Liebe Seele, nun hast du einen großen Vorrat für viele Jahre. Ruh dich aus, iß, trink und sei guten Mutes!'

Aber Gott sprach zu ihm: ‚Du Narr! Diese Nacht noch wird man dein Leben von dir fordern. Wem wird dann gehören, was du angehäuft hast?' So ergeht es dem, der sich Schätze ansammelt, aber keinen Reichtum bei Gott hat!"

Lukas 13,6–9

Vom Feigenbaum

Jesus sagte ihnen dieses Gleichnis:
„Ein Mann hatte einen Feigenbaum in seinem Weinberg. Nun kam er und suchte Früchte auf dem Baum. Er fand aber keine. Da sprach er zu dem Weingärtner: ‚Jetzt bin ich drei Jahre lang gekommen und habe an diesem Feigenbaum Früchte gesucht – ich finde keine! Also hau ihn ab! Wozu nimmt er dem Boden die Kraft?'

Der Weingärtner aber antwortete: ‚Herr, laß ihn noch dieses Jahr! Ich will um ihn herum graben und ihn düngen. Vielleicht bringt er ja doch noch Frucht. Wenn aber nicht, dann hau ihn ab.' "

Vom Senfkorn und vom Sauerteig

Lukas 13,18–21

Jesus sprach: „Wem gleicht das Reich Gottes, und womit soll ich es vergleichen? Es gleicht einem Senfkorn, das ein Mensch nahm und in seinen Garten säte. Und es wuchs und wurde ein Baum, und die Vögel wohnten in seinen Zweigen."

Und wiederum sprach er: „Womit soll ich das Reich Gottes vergleichen? Es gleicht einem Sauerteig, den eine Frau nahm und unter einen halben Zentner Mehl mengte, bis der Teig ganz sauer war."

Von der engen Pforte und der verschlossenen Tür

Lukas 13,22–28a. 29–30

Jesus ging durch die Städte und Dörfer und lehrte; er war auf seinem Weg nach Jerusalem. Einmal fragte ihn einer: „Herr, meinst du, daß nur wenige selig werden?"

Jesus sprach zu ihnen: „Ringt darum, daß ihr durch die enge Pforte hineingeht. Denn das sage ich euch: Viele werden hineinkommen wollen – und werden es nicht können!

Denn wenn der Hausherr erst einmal die Tür verschlossen hat, bleibt sie verschlossen. Ihr steht dann draußen, klopft an die Tür und ruft: ‚Herr, mach uns auf!' Dann wird der Herr antworten: ‚Ich kenne euch nicht; wo seid ihr her? Weicht alle von mir, ihr Übeltäter!' Da wird Heulen und Zähneklappern sein. Von Osten und von Westen, von Norden und von Süden werden die kommen, die im Reich Gottes zu Tisch sitzen werden. Und seht:

Es sind Letzte, die werden die Ersten sein,
und sind Erste, die werden die Letzten sein!"

Vom großen Abendmahl

Lukas 14,15–24

Einer, der mit Jesus einmal zu Tisch saß, sagte zu ihm: „Selig ist, wer das Brot im Reich Gottes ißt!" Jesus antwortete ihm:

„Es war ein Mensch, der gab ein großes Abendmahl und lud viele dazu ein. Als das Mahl beginnen sollte, schickte er seinen Knecht, um den Eingeladenen zu sagen: Kommt, denn es ist alles bereit!

Emil Nolde

Da fingen sie nacheinander an, sich zu entschuldigen. Der erste sagte: ,Ich habe einen Acker gekauft und muß hingehen, um ihn anzusehen; ich bitte dich, entschuldige mich.' Der zweite sagte: ,Ich habe fünf Ochsengespanne gekauft und gehe jetzt, um sie anzusehen; ich bitte dich, entschuldige mich.' Der dritte sagte: ,Ich habe gerade geheiratet, deshalb kann ich nicht kommen.'

Der Knecht kam zurück und meldete das seinem Herrn. Da wurde der Hausherr zornig und befahl seinem Knecht: ,Schnell, geh hinaus auf die Straßen und Gassen der Stadt. Führe die Armen, die Verkrüppelten, die Blinden und die Lahmen herein!' Danach sagte der Knecht: ,Herr, was du befohlen hast, ist geschehen; es ist aber noch Platz.' Und der Herr antwortete: ,Dann geh hinaus auf die Landstraße und an die Zäune! Hole die Leute von dort herein, auf daß mein Haus voll werde!' "

Und Jesus fuhr fort: „Ich sage euch: Keiner der Männer, die eingeladen waren, wird mein Abendmahl schmecken!"

Vom verlorenen Schaf

Lukas 15,1–7

Viele Zöllner und Sünder kamen zu Jesus, um ihn zu hören. Die Pharisäer und Schriftgelehrten entrüsteten sich darüber: „Dieser nimmt Sünder an und ißt sogar mit ihnen!" Da erzählte er ihnen dieses Gleichnis:

Auf folgenden Seiten kannst Du dazu Erklärungen lesen: Zöllner: 186, Pharisäer: 185, Schriftgelehrte: 187.

„Wer von euch, der hundert Schafe hat und eines von ihnen verliert, läßt nicht die neunundneunzig in der Wüste und geht dem verloren nach, bis er es findet? Und wenn er es gefunden hat, dann legt er es sich voll Freude auf die Schultern. Wenn er dann heimkommt, ruft er seine Freunde und Nachbarn und sagt zu ihnen: ,Freut euch mit mir! Ich habe mein Schaf, das verloren war, wiedergefunden!'

Ich sage euch: So wird auch im Himmel mehr Freude sein über einen Sünder, der Buße tut, als über neunundneunzig Gerechte, die Buße nicht nötig haben!"

Vom verlorenen Groschen

Lukas 15,8–10

Jesus sprach weiter:
„Oder wenn eine Frau zehn Silbergroschen hat und einen davon verliert, zündet sie dann nicht eine Lampe an, fegt das ganze Haus und sucht uner-

müdlich, bis sie ihn findet? Und wenn sie ihn gefunden hat, ruft sie ihre Freundinnen und Nachbarinnen und sagt: ‚Freut euch mit mir! Ich habe meinen Silbergroschen, den ich verloren hatte, wiedergefunden!'

Ich sage euch: Ebenso wird bei den Engeln Gottes Freude herrschen über einen Sünder, der Buße tut."

Lukas 15,11–32

Vom verlorenen Sohn

Jesus sprach weiter: „Ein Mann hatte zwei Söhne. Der jüngere von ihnen sagte zu seinem Vater: ‚Vater, gib mir das Erbteil, das mir zusteht!' Da teilte er sein Hab und Gut unter sie auf. Nicht lange danach packte der jüngere Sohn alles zusammen und zog in ein fernes Land. Dort verpraßte er sein ganzes Erbe.

Als er nun alles verbraucht hatte, kam eine große Hungersnot über jenes Land, und er litt sehr. Da bettelte er einen Bürger jenes Landes an. Der schickte ihn auf seinen Acker zum Schweinehüten. Gerne hätte er seinen Bauch gefüllt mit dem, was die Schweine fraßen; aber niemand gab es ihm.

Da ging er in sich und sagte: ‚Alle Tagelöhner meines Vaters haben Brot im Überfluß, und ich komme hier um vor Hunger! Ich will mich aufmachen und zu meinem Vater gehen und zu ihm sagen: Vater, ich habe gegen den Himmel gesündigt und gegen dich. Ich bin nicht mehr wert, dein Sohn zu sein! Mach mich zu einem deiner Tagelöhner!'

Und er machte sich auf und kam zu seinem Vater. Dieser sah ihn schon von weitem kommen und hatte Mitleid mit ihm: Er lief ihm entgegen, fiel ihm um den Hals und küßte ihn. Der Sohn aber sagte zu ihm: ‚Vater, ich habe gegen den Himmel gesündigt und gegen dich; ich bin nicht mehr wert, dein Sohn zu sein.'

Doch der Vater sprach zu seinen Knechten: ‚Bringt schnell das beste Gewand her, zieht es ihm an und gebt ihm einen Ring an seine Hand und Schuhe an seine Füße. Dann bringt das gemästete Kalb und schlachtet es! Laßt uns essen und fröhlich sein! Denn dieser mein Sohn war tot und ist wieder lebendig geworden; er war verloren und ist wiedergefunden worden.' Und sie fingen an, fröhlich zu feiern.

Der ältere Sohn war auf dem Feld. Als er sich aber dem Haus näherte, hörte er Singen und Tanzen. Er rief einen der Knechte zu sich und fragte, was das sei. Der aber sagte ihm: ‚Dein Bruder ist gekommen, da hat dein Vater das gemästete Kalb geschlachtet, weil er ihn gesund wieder hat.' Da wurde der ältere Sohn zornig und wollte nicht hineingehen.

Doch sein Vater kam heraus und redete ihm gut zu. Er aber gab seinem Vater zur Antwort: ‚Sieh her, so viele Jahre diene ich dir und habe noch nie gegen deinen Willen gehandelt. Du hast mir nie einen Ziegenbock gegeben, damit ich mit meinen Freunden hätte feiern können. Jetzt aber ist der hier gekommen, dein Sohn, der dein Hab und Gut mit Huren verpraßt hat, und sofort hast du ihm das gemästete Kalb geschlachtet.‘

Der Vater sprach zu ihm: ‚Mein Sohn, du bist doch immer bei mir. Alles, was mein ist, ist auch dein. Du solltest dich mitfreuen und froh sein; denn dieser, dein Bruder, war tot und ist wieder lebendig geworden, er war verloren und ist wiedergefunden worden!‘“

Die zehn Aussätzigen

Lukas 17,11–19

Auf dem Weg nach Jerusalem zog Jesus durch Samaria und Galiläa. Als er in ein Dorf kam, begegneten ihm zehn aussätzige Männer. Sie blieben weit entfernt stehen und riefen: „Jesus, lieber Meister, erbarme dich unser!“ Als er sie sah, sprach er zu ihnen: „Geht hin und zeigt euch den Priestern!“ Noch auf dem Weg dorthin wurden sie rein.

Die Erklärung dazu findest Du auf Seite 185.

Einer von ihnen kehrte um, als er sah, daß er geheilt worden war. Mit lauter Stimme lobte er Gott, fiel Jesus zu Füßen und dankte ihm. Das aber war ein Samariter. Jesus sprach: „Sind nicht alle zehn rein geworden? Wo sind denn die übrigen neun? Ist keiner umgekehrt, um Gott die Ehre zu geben, außer diesem Fremden?“

Die Erklärung dazu findest Du auf Seite 199.

Und zu ihm sprach er: „Steh auf und geh! Dein Glaube hat dir geholfen.“

Vom Pharisäer und Zöllner

Lukas 18,9–14

Zu einigen, die sich für fromm hielten und die anderen verachteten, sagte Jesus folgendes Gleichnis:

„Zwei Menschen gingen hinauf in den Tempel, um zu beten. Der eine war ein Pharisäer, der andere war ein Zöllner. Der Pharisäer stand ganz allein und betete so: ‚Ich danke dir, Gott, daß ich nicht wie die anderen Leute bin, wie die Räuber, Betrüger und Ehebrecher, und auch nicht wie dieser Zöllner. Zweimal in der Woche faste ich. Von allem, was ich einnehme, gebe ich den zehnten Teil für die Armen.‘

Lies dazu die Erklärungen zu Pharisäer auf Seite 185 und zu Zöllner auf Seite 186.

Der Zöllner aber stand abseits; er wollte seine Augen auch nicht zum Himmel aufheben. Stattdessen schlug er sich an die Brust und betete so: ‚Gott, sei mir Sünder gnädig!'" Und Jesus fuhr fort: „Ich sage euch: Der Zöllner ging gerechtfertigt hinab in sein Haus; der Pharisäer aber nicht!

Denn:
Wer sich selbst erhöht,
der wird erniedrigt werden;
und wer sich selbst erniedrigt,
der wird erhöht werden."

Jesus und die Kinder

Lukas 18,15–17

Sie brachten auch kleine Kinder zu Jesus, damit er sie anrühren sollte. Als die Jünger das sahen, fuhren sie die Leute an. Aber Jesus rief sie zu sich und sprach:

„Laßt die Kinder zu mir kommen und verwehrt es ihnen nicht; denn ihnen gehört das Reich Gottes. Amen, ich sage euch: Wer das Reich Gottes nicht annimmt wie ein Kind, der wird nicht hineinkommen."

Das ist gewiß wahr!

Die Gefahr des Reichtums

Lukas 18,18–27

Ein Vornehmer fragte Jesus: „Guter Meister, was muß ich tun, um das ewige Leben zu gewinnen?" Jesus antwortete ihm: „Was nennst du mich gut? Niemand ist gut, außer Gott allein. Du kennst die Gebote:

Die zehn Gebote kannst Du auf Seite 65 nachlesen.

Du sollst nicht ehebrechen;
du sollst nicht töten;
du sollst nicht stehlen;
du sollst nicht falsch Zeugnis reden;
du sollst deinen Vater und deine Mutter ehren!"

Er aber erwiderte: „Das habe ich alles von Jugend an gehalten." Als Jesus das hörte, sprach er zu ihm: „Eines fehlt dir noch: Verkaufe alles, was du hast, und gib es den Armen, dann wirst du einen Schatz im Himmel haben. Dann komm und folge mir nach!" Doch als er das hörte, wurde er traurig; denn er war sehr reich.

Emil Nolde

Emil Nolde

Als Jesus ihn so traurig sah, sprach er: „Wie schwer kommen die Reichen in das Reich Gottes! Denn es ist leichter, daß ein Kamel durch ein Nadelöhr geht, als daß ein Reicher in das Reich Gottes kommt." Als sie das hörten, fragten sie: „Wer kann denn dann gerettet werden?" Jesus aber sprach: „Was bei den Menschen unmöglich ist, das ist bei Gott möglich."

Die dritte Ankündigung des Leidens Jesu

Lukas 18,31–34

Jesus nahm die Zwölf zu sich und sprach zu ihnen: „Seht, wir gehen hinauf nach Jerusalem. Es wird sich alles erfüllen, was bei den Propheten über den Menschensohn geschrieben steht.

Die Erklärung dazu findest Du auf Seite 186.

Er wird den Heiden ausgeliefert werden, er wird verspottet, mißhandelt und angespuckt werden. Sie werden ihn auspeitschen und töten. Aber am dritten Tag wird er auferstehen." Sie begriffen aber nicht, was Jesus damit sagen wollte.

Zachäus

Lukas 19,1–10

Jesus kam nach Jericho und ging durch die Stadt. Dort war ein Mann mit Namen Zachäus, ein Oberzöllner. Er wollte gern sehen, wer dieser Jesus sei, konnte es aber wegen der Menschenmenge nicht, denn er war klein. Darum lief er voraus und stieg auf einen Maulbeerbaum, um ihn zu sehen, weil er dort vorbeikommen sollte.

Das ist ein Zollunternehmer, der für die Römer die verschiedensten Zölle und auch die Steuern eintreiben ließ. Solche Leute hatten viele Angestellte – einfache Zöllner – und waren sehr reich. Sie waren schlecht angesehen, weil sie für die Römer arbeiteten, und galten als Betrüger.

Als Jesus an die Stelle kam, sah er auf und sprach zu ihm: „Zachäus, steige schnell herunter. Ich muß heute in deinem Haus einkehren." Da stieg er schnell hinunter und nahm ihn mit Freuden auf. Alle, die das sahen, murrten und sagten: „Bei einem Sünder ist er eingekehrt!"

Zachäus aber trat vor den Herrn und sagte: „Sieh Herr, die Hälfte von meinem Besitz will ich den Armen geben, und wenn ich jemand betrogen habe, so gebe ich es vierfach zurück."

Da antwortete ihm Jesus: „Heute wurde dieser Familie Heil geschenkt, weil auch Zachäus ein Sohn Abrahams ist. Denn der Menschensohn ist gekommen, um zu suchen und zu retten, was verloren ist!"

Lukas 19,28–40

Jesu Einzug in Jerusalem

Lies dazu auf Seite 157, was der Prophet Sacharja geschrieben hat!

Jesus wanderte weiter hinauf nach Jerusalem. Als er in der Nähe von Bethphage und Bethanien an den Ölberg kam, schickte er zwei seiner Jünger voraus: „Geht in das Dorf, das vor uns liegt. Wenn ihr hineinkommt, werdet ihr ein Eselsfüllen angebunden finden, auf dem noch nie ein Mensch gesessen hat. Bindet es los und bringt es her! Und wenn euch jemand fragt: Warum bindet ihr es los?, dann sagt: Der Herr braucht es."

Die beiden gingen hin und fanden alles so, wie er es ihnen gesagt hatte. Als sie das Eselsfüllen losbanden, sagten seine Besitzer zu ihnen: „Warum bindet ihr es los?" Sie antworteten: „Der Herr braucht es." Dann brachten sie es zu Jesus, legten ihre Mäntel auf den Esel und ließen Jesus aufsitzen.

Während er nun weiterritt, breiteten sie ihre Kleider auf den Weg. Als er schon nahe am Abhang des Ölbergs war, begannen alle Jünger mit lauter Stimme Gott zu loben wegen all der Machttaten, die sie gesehen hatten.

Sie riefen: „Gelobt sei der König, der da kommt, im Namen des Herrn! Friede sei im Himmel und Ehre in der Höhe!" Einige Pharisäer aus der Menge sagten zu ihm: „Meister, weise doch deine Jünger zurecht!" Er erwiderte: „Das sage ich euch: Wenn sie schweigen, dann werden die Steine schreien."

Lukas 19,45–48

Die Tempelreinigung

Im Vorhof des Tempels konnte man Opfertiere kaufen und dazu auch ausländisches Geld in jüdische Münzen tauschen.

Und Jesus ging in den Tempel und fing an, die Händler hinauszujagen. Er sprach zu ihnen: „Bei Jesaja steht geschrieben: Mein Haus soll ein Bethaus sein! Ihr aber habt es zur Räuberhöhle gemacht!"

Täglich lehrte er im Tempel. Die Hohenpriester, die Schriftgelehrten und die Angesehensten des Volkes trachteten danach, ihn umzubringen. Aber sie fanden keinen Weg, wie sie es machen sollten, weil das ganze Volk an ihm hing und ihm zuhörte.

Die Frage nach der Steuer

Lukas 20,20–26

Und sie belauerten Jesus und schickten Leute aus, die sich fromm stellen sollten. Die sollten ihm eine Falle stellen und ihn in seinen eigenen Worten fangen. Dann könnte man ihn der Staatsgewalt des römischen Statthalters übergeben.

Diese Leute nun fragten Jesus: „Meister! Wir wissen, daß du aufrichtig redest und lehrst. Du achtest nicht auf dein Ansehen bei den Menschen, sondern lehrst den Weg Gottes richtig. Also sage uns, ob es recht ist, daß wir dem Kaiser Steuern zahlen, oder nicht!"

Aber Jesus merkte ihre Hinterlist und antwortete: „Zeigt mir einen Silbergroschen! Wessen Bild und Aufschrift hat er?" Sie antworteten: „Das Bild und die Aufschrift des Kaisers." Da sprach Jesus zu ihnen: „Dann gebt doch dem Kaiser, was dem Kaiser gehört, und Gott gebt, was Gott gehört!"

So konnten sie ihn also nicht in seinen eigenen Worten fangen. Sie wunderten sich über seine Antwort und schwiegen still.

Emil Nolde

13. Er erniedrigte sich selbst

Der Evangelist Lukas erzählt von Jesu Leiden und Sterben und von seiner Auferstehung

Der Verrat des Judas

Lukas 22,1–6

Es nahte das Fest der Ungesäuerten Brote, das Passa heißt. Die Hohenpriester und Schriftgelehrten berieten, wie sie Jesus töten könnten. Sie fürchteten sich nämlich vor dem Volk.

Da fuhr der Satan in Judas Iskariot, der zu den Zwölfen gehörte. Er ging zu den Hohenpriestern und Hauptleuten: Er wollte Jesus an sie verraten. Sie freuten sich und versprachen ihm Geld. Judas sagte zu und suchte eine Gelegenheit, Jesus ohne Aufsehen an sie zu verraten.

Es ist das Erinnerungsfest an den Auszug aus Ägypten, das die Juden bis heute feiern. Die Geschichten vom Auszug, in denen auch das „Passalamm" eine Rolle spielt, kannst Du auf den Seiten 59–61 nachlesen.

Das Abendmahl

Lukas 22,7–15. 19–23

Dann kam der Tag der Ungesäuerten Brote, an dem man das Passalamm opfern mußte. Jesus sprach zu Petrus und Johannes: „Geht und bereitet das Passalamm vor, damit wir's miteinander essen." Sie fragten ihn: „Wo sollen wir es vorbereiten?" Er antwortete: „Wenn ihr in die Stadt hineinkommt, wird euch ein Mensch begegnen, der einen Wasserkrug trägt; dem folgt in das Haus, in das er geht, und sagt zu dem Hausherrn: Der Meister läßt dir sagen: Wo ist der Raum, in dem ich mit meinen Jüngern das Passalamm essen kann? Er wird euch einen großen Saal mit Sitzpolstern zeigen. Dort bereitet es vor."

Sie gingen und fanden es so, wie Jesus gesagt hatte, und bereiteten das Passalamm. Als die Stunde des Festes kam, setzte er sich mit den Aposteln nieder und sprach zu ihnen: „Mich hat sehr verlangt, dieses Passalamm mit euch zu essen, bevor ich leiden muß."

Lukas nennt die Begleiter Jesu in seinem Evangelium „Jünger" (Schüler), nach Jesu Auferstehung aber „Apostel" (Botschafter). Hier in dieser Geschichte nennt er sie auch schon „Apostel", weil es um das Abendmahl geht, das für die ersten Christen eine große Rolle spielt, wie Du auf Seite 266 und 277 lesen kannst.

Arnulf Rainer

Und er nahm das Brot, dankte und brach's und gab's ihnen und sprach: „Das ist mein Leib, der für euch gegeben wird; das tut zu meinem Gedächtnis." Desgleichen auch den Kelch nach dem Mahl und sprach: „Dieser Kelch ist der neue Bund in meinem Blut, das für euch vergossen wird.

Matthäus erzählt vom Abendmahl auf Seite 245; und Paulus kennt die Geschichte auch; das kannst Du auf Seite 277 lesen.

Aber seht, mein Verräter sitzt mit mir am Tisch! Der Menschensohn stirbt zwar, wie es beschlossen ist, doch wehe dem Menschen, der ihn verraten wird!" Da fragten sie einander, wer von ihnen dies wohl tun würde.

Die Erklärung dazu findest Du auf Seite 216.

Wer ist der Größte?

Lukas 22,24–26. 31–32a.33–34

Unter den Jüngern erhob sich ein Streit, wer von ihnen als der Größte gelten solle. Jesus aber sprach zu ihnen: „Die Könige herrschen über die Völker; ihre Machthaber lassen sich Wohltäter nennen. So soll es bei euch gerade nicht sein! Sondern unter euch soll der Größte ebensoviel wie der Jüngste gelten, und der Vornehmste soll wie ein Diener sein."

Dann sprach Jesus zu Petrus: „Simon, Simon, schwere Prüfungen stehen euch bevor. Ich habe für dich gebeten, daß dein Glaube nicht aufhört!" Petrus antwortete: „Herr, ich bin bereit, mit dir ins Gefängnis und in den Tod zu gehen!" Aber Jesus erwiderte: „Petrus, ich sage dir: Bevor der Hahn heute kräht, wirst du dreimal leugnen, daß du mich kennst!"

Jesus in Gethsemane

Lukas 22,39–42. 45–46

Wie gewöhnlich ging Jesus dann hinaus an den Ölberg. Die Jünger folgten ihm. Als sie ankamen, sprach er zu ihnen: „Betet, damit ihr nicht in Versuchung kommt!" Dann riß er sich von ihnen los, ging etwa einen Steinwurf weit weg, kniete nieder und betete: „Vater, wenn du willst, dann nimm diesen Kelch von mir; doch nicht *mein*, sondern *dein* Wille geschehe!"

Dann stand er vom Gebet auf und kam zu seinen Jüngern zurück. Er fand sie schlafend vor Traurigkeit und sprach zu ihnen: „Warum schlaft ihr? Steht auf und betet, damit ihr nicht in Versuchung kommt!"

Wie Matthäus von Gethsemane erzählt, kannst Du auf Seite 246 lesen.

Arnulf Rainer

Lukas 22,47–53

Jesu Gefangennahme

Jesus hat sich oft „*Menschensohn*“ genannt. In seiner Muttersprache kann das soviel heißen wie „ein einzelner Mensch“. Aber im Alten Testament steht auch einmal, daß Gott durch einen „Menschensohn“ die Herrschaft auf der Erde übernehmen werde. Mehr über diese Aufgabe des Menschensohns kannst Du in dem Gleichnis auf Seite 237 lesen.

Noch während Jesus redete, kam eine Schar von Kriegsknechten mit den Hauptleuten des Tempels. Einer von den Zwölfen, der mit Namen Judas, ging vor ihnen her. Er näherte sich Jesus, um ihn zu küssen. Jesus sprach zu ihm: „Judas, verrätst du den Menschensohn mit einem Kuß?“

Als seine Begleiter sahen, was geschehen sollte, fragten sie: „Herr, sollen wir mit dem Schwert dreinschlagen?“ Und einer von ihnen schlug nach dem Knecht des Hohenpriesters und hieb ihm das rechte Ohr ab.

Da sprach Jesus: „Laß ab! Nicht weiter!“ Und er rührte sein Ohr an und heilte ihn. Zu der Schar, die zu ihm gekommen war, sprach Jesus: „Wie gegen einen Räuber seid ihr mit Schwertern und Stangen ausgezogen. Dabei bin ich täglich bei euch im Tempel gewesen, und ihr habt nicht Hand an mich gelegt. Aber dies ist eure Stunde. Die Finsternis hat jetzt die Macht.“

Lukas 22,54–62

Die Verleugnung des Petrus

Die Knechte ergriffen Jesus, führten ihn ab und brachten ihn in das Haus des Hohenpriesters. Petrus folgte von ferne. Dort zündeten sie mitten im Hof ein Feuer an und setzten sich zusammen; Petrus setzte sich dazu.

Da sah ihn eine Magd am Feuer sitzen, die schaute ihn genau an und sagte: „Der war auch mit Jesus!“ Aber Petrus leugnete es: „Frau, ich kenne ihn nicht!“

Nach einer kleinen Weile sah ihn ein anderer und sagte: „Du bist doch auch einer von denen!“ Petrus erwiderte: „Mensch, ich bin es nicht!“

Aber nach etwa einer Stunde bekräftigte es noch einer: „Wahrhaftig, der war auch mit ihm; denn er ist ein Galiläer!“ Petrus aber stritt es ab: „Mensch, ich weiß nicht, was du sagst!“

Wie Matthäus von der Verleugnung erzählt, kannst Du auf Seite 249 lesen.

Und während er noch redete, krähte der Hahn. Der Herr wandte sich um und sah Petrus an. Da dachte Petrus an des Herrn Wort, wie er zu ihm gesagt hatte: Ehe heute der Hahn kräht, wirst du mich dreimal verleugnen! Da ging Petrus hinaus und weinte bitterlich.

Jesus vor dem Hohen Rat

Lukas 22,63–71

Die Männer aber, die Jesus gefangen hielten, verspotteten ihn und schlugen ihn. Sie verdeckten ihm das Gesicht und fragten: „Weissage doch: Wer war's, der dich geschlagen hat?" Und sie schmähten ihn noch mit anderen schlimmen Worten.

Wie Matthäus erzählt, daß Jesus vom Hohen Rat verurteilt wird, kannst Du auf Seite 247 lesen.

Als es Tag wurde, versammelten sich die Ältesten des Volkes, die Hohenpriester und die Schriftgelehrten und führten ihn vor ihren Rat. Sie fragten ihn: „Bist du der Christus, so sage es uns!"

Sie wollen wissen, ob Jesus sich für den von den Propheten angekündigten neuen König, den Gesalbten Gottes, hält. Gesalbter heißt auf hebräisch „Messias", auf griechisch „Christus".

Jesus aber antwortete: „Wenn ich es euch sage, glaubt ihr es nicht; wenn ich euch frage, antwortet ihr nicht. Aber der Menschensohn wird von nun an zur Rechten der Kraft Gottes sitzen." Da sagten sie alle: „Bist du denn Gottes Sohn?" Er sprach zu ihnen: „Ihr sagt es, ich bin es."

Da sagten sie: „Wozu brauchen wir noch eine Zeugenaussage? Wir haben es selbst aus seinem Mund gehört!"

Jesus vor Pilatus

Lukas 23,1–5

Dann stand die ganze Versammlung auf und führte Jesus vor Pilatus. Sie verklagten ihn: „Wir haben festgestellt, daß er unser Volk aufhetzt. Er verbietet, dem Kaiser Steuern zu geben, und er sagt von sich, er sei Christus, ein König."

Todesurteile konnten nur die Römer als Besatzungsmacht verhängen.

Pilatus fragte Jesus: „Bist du der König der Juden?" Jesus antwortete: „Du sagst es."

Pilatus aber wandte sich zu den Hohenpriestern und zum Volk: „Ich finde keine Schuld an diesem Menschen." Da wurden sie noch ungestümer: „Er wiegelt das Volk auf, denn er lehrt überall in ganz Judäa; von Galiläa bis hierher nach Jerusalem!"

Wie Matthäus erzählt, daß Jesus vor Pilatus steht, kannst Du auf Seite 249 lesen.

Jesus vor Herodes

Lukas 23,6–12

Als Pilatus das hörte, fragte er: „Ist dieser Mensch aus Galiläa?" Als er hörte, daß Jesus ein Galiläer und also Untertan des Königs Herodes war, ließ er ihn zu ihm bringen. Herodes war in diesen Tagen gerade in Jerusalem.

Als aber Herodes Jesus sah, freute er sich sehr. Er hätte ihn schon längst gerne gesehen. Er hatte von ihm gehört und hoffte, er würde ein Zeichen von Jesus sehen. Und er fragte ihn viel. Jesus aber antwortete ihm nichts.

Die Hohenpriester und Schriftgelehrten standen dabei und verklagten ihn hart. Herodes mit seinen Soldaten verachtete nun Jesus und verspottete ihn. Er legte ihm ein weißes Gewand an und sandte ihn zu Pilatus zurück.

An dem Tag wurden Herodes und Pilatus Freunde; vorher waren sie einander feind gewesen.

Jesu Verurteilung

Lukas 23,13–25

Pilatus rief die Hohenpriester, die Oberen und das Volk zusammen und sagte zu ihnen:

„Ihr habt diesen Menschen zu mir gebracht. Ihr habt ihn angeklagt als einen, der das Volk aufwiegelt. Ich habe ihn vor euch verhört und habe an diesem Menschen keine Schuld gefunden. Herodes auch nicht, denn er hat ihn uns zurückgesandt. Er hat nichts getan, was den Tod verdient. Darum will ich ihn schlagen lassen und freigeben."

Da schrien sie alle: „Weg mit dem; gib uns lieber den Barrabas frei!" Barrabas war wegen Aufruhr und Mord ins Gefängnis geworfen worden. Pilatus redete weiter auf sie ein, weil er doch Jesus freilassen wollte. Aber sie riefen: „Kreuzigen! Kreuzige ihn!"

Pilatus sagte zum dritten Mal: „Was hat er denn Böses getan? Ich habe nichts an ihm gefunden, was den Tod verdient; darum will ich ihn schlagen lassen und freigeben." Aber sie setzten ihm mit großem Geschrei zu und forderten, daß er gekreuzigt würde. Und ihr Geschrei nahm überhand.

Da urteilte Pilatus nach ihrer Bitte. Er ließ den frei, der wegen Aufruhr und Mord ins Gefängnis geworfen worden war; aber Jesus verurteilte er.

Wie Matthäus von der Verurteilung Jesu erzählt, kannst Du auf Seite 250 lesen.

Jesu Kreuzigung und Tod

Lukas 23,26–27. 32–49

Als sie Jesus dann abführten, ergriffen sie einen Mann, Simon von Kyrene, der gerade vom Feld kam. Sie legten ihm das Kreuz auf, damit er es Jesus nachtragen solle. Viele Menschen folgten dem Zug, auch Frauen, die Jesus beweinten und um ihn klagten.

Arnulf Rainer

Zwei Verbrecher, vielleicht aber auch Kämpfer gegen die römische Besatzungsmacht.

Es wurden noch zwei Übeltäter hingeführt, damit sie mit ihm hingerichtet würden. Und als der Zug an den Platz kam, der „Schädelstätte“ heißt, kreuzigten sie Jesus dort und die Übeltäter mit ihm, einen zur Rechten und einen zur Linken. Jesus aber sprach: „Vater, vergib ihnen; denn sie wissen nicht, was sie tun!“

Für die Zuschauer wurde auf einer Holztafel der Grund der Hinrichtung mitgeteilt. Die Strafe sollte ja abschrecken.

Und die Soldaten verteilten sein Kleider und losten darum. Das Volk stand dabei und sah zu. Die Oberen aber spotteten: „Anderen hat er geholfen; er soll sich doch selbst helfen, wenn er der Christus, der Auserwählte Gottes, ist!“ Auch die Soldaten verspotteten ihn, brachten ihm Essig zu trinken und sagten: „Bist du der König der Juden, so hilf dir selbst!“ Über ihm hing auch eine Tafel mit der Aufschrift: „Dies ist der König der Juden.“

Einer der Übeltäter, die am Kreuz hingen, lästerte: „Bist du nicht der Christus? Hilf dir selbst und uns!“ Da wies ihn der andere zurecht: „Fürchtest du dich denn nicht vor Gott? Du bist doch in der gleichen Verdammnis! Wir sind es mit Recht, denn wir bekommen, was wir für unsere Taten verdienen. Der aber hat nichts Unrechtes getan!“ Und weiter sagte er: „Jesus, denke an mich, wenn du in dein Reich kommst!“ Jesus antwortete ihm: „Amen, ich sage dir: Heute wirst du mit mir im Paradies sein!“

Das ist gewiß wahr!

Das war der Vorhang, der im Tempel das Heilige vom Allerheiligsten trennte. Nur der Hohepriester durfte es betreten.

Es war schon gegen zwölf Uhr, da kam eine Finsternis über das ganze Land bis gegen drei Uhr nachmittags. Die Sonne verlor ihren Schein, und der Vorhang des Tempels riß mitten entzwei. Da rief Jesus laut: „Vater, ich befehle meinen Geist in deine Hände!“ Und als er das gesagt hatte, starb er. Als der Hauptmann sah, was da geschah, pries er Gott und sagte: „Wahrhaftig, der ist ein frommer Mensch gewesen!“

Wie Matthäus von der Kreuzigung erzählt, kannst Du auf Seite 251 lesen.

Viele Menschen waren dabei und schauten zu. Sie schlugen sich an ihre Brust, als sie sahen, was da geschah. Dann gingen sie wieder weg. Alle seine Bekannten aber standen weiter weg und sahen das alles; auch die Frauen, die ihm aus Galiläa nachgefolgt waren.

Lukas 23,50–56

Jesu Begräbnis

Wie Matthäus von Jesu Begräbnis erzählt, kannst Du auf Seite 253 lesen.

Da war ein Mann mit Namen Josef, ein Mitglied des Hohen Rates, der war ein guter, frommer Mann und hatte den Rat und das Handeln der anderen nicht gebilligt. Er war aus Arimathäa und wartete auf das Reich Gottes. Der ging zu Pilatus und bat um den Leichnam Jesu. Er nahm ihn ab, wickelte ihn in ein Leinentuch und legte ihn in ein Felsengrab, in dem noch nie jemand gelegen hatte.

Es war Rüsttag, und der Sabbat brach an. Die Frauen, die mit Jesus aus Galiläa gekommen waren, folgten ihm und besahen sich das Grab. Sie schauten zu, wie sein Leichnam hineingelegt wurde. Dann kehrten sie um und bereiteten wohlriechende Öle und Salben zu. Aber den Sabbat über ruhten sie nach den Vorschriften des Gesetzes.

Der Rüsttag ist der Tag der Vorbereitung für den Sabbat, also unser Freitag.

Jesu Auferstehung: Die Frauen und Petrus am Grab

Lukas 24,1–12

Am ersten Tag der Woche kamen Maria von Magdala, Johanna, Maria, die Mutter des Jakobus, und andere sehr früh zum Grab. Die wohlriechenden Öle, die sie zubereitet hatten, trugen sie bei sich. Da fanden sie den Stein vom Grab weggewälzt, gingen hinein und fanden den Leib des Herrn Jesus nicht.

Die Gräber waren Höhlen, die in den Fels gehauen und mit einem großen Stein verschlossen waren, den man wegrollen konnte!

Als sie darüber bekümmert waren, traten zwei Männer mit glänzenden Kleidern zu ihnen. Die Frauen erschraken und neigten ihr Angesicht zur Erde. Da sprachen die Männer sie an: „Was sucht ihr den Lebenden bei den Toten? Er ist nicht hier, er ist auferstanden. Denkt daran, was er euch gesagt hat, als er noch in Galiläa war: Der Menschensohn muß in die Hände der Sünder ausgeliefert werden. Er muß gekreuzigt werden und am dritten Tag auferstehen."

Die Erklärung dazu findest Du auf Seite 216.

Da erinnerten sich die Frauen an Jesu Worte, gingen wieder vom Grab weg und verkündeten das alles den elf Jüngern und den anderen allen. Aber die hielten diese Worte für Geschwätz und glaubten ihnen nicht. Petrus aber stand auf, lief zum Grab, bückte sich hinein und sah nur Leinentücher. Da ging er weg und wunderte sich über das, was geschehen war.

Die Emmausjünger

Lukas 24,13–35

Zwei der Jünger gingen am selben Tag in ein Dorf namens Emmaus, das war von Jerusalem etwa zwei Wegstunden entfernt. Sie redeten miteinander von allen diesen Geschichten. Da näherte sich Jesus selbst und ging mit ihnen. Aber sie erkannten ihn nicht.

Jesus sprach sie an: „Was sind das für Dinge, die ihr unterwegs miteinander verhandelt?" Da blieben sie traurig stehen, und der eine, mit Namen Kleopas, antwortete: „Bist du der einzige unter den Fremden in Jerusalem, der nicht weiß, was in diesen Tagen dort geschehen ist?" Jesus fragte: „Was denn?"

Sie antworteten: „Das mit Jesus von Nazareth. Er war ein Prophet, mächtig in Taten und Worten vor Gott und allen Menschen. Ihn haben unsere Hohenpriester und Oberen zum Tod verurteilen und kreuzigen lassen. Und wir hatten doch gehofft, daß er Israel erlöst! Heute ist der dritte Tag, daß dies alles geschehen ist.

Auch haben uns einige Frauen aus unserer Mitte erschreckt: Sie sind früh beim Grab gewesen. Sie haben seinen Leichnam nicht gefunden. Die Frauen erzählten, Engel am Grab hätten ihnen gesagt, Jesus lebt. Da gingen einige von uns hin zum Grab und fanden es so, wie die Frauen sagten; Jesus aber sahen sie nicht."

Da sprach Jesus zu ihnen: „Oh, ihr Unverständigen! Ihr glaubt nicht, was die Propheten gesagt haben! Mußte nicht Christus dies alles erleiden und in seine Herrlichkeit eingehen?" Und dann fing er an bei Mose und allen Propheten und legte ihnen aus, was in der ganzen Schrift von ihm gesagt war.

Darüber kamen sie nah an das Dorf, wo sie hinwollten. Jesus tat so, als wollte er weitergehen. Aber sie nötigten ihn:

„Bleibe bei uns;
denn es will Abend werden,
und der Tag hat sich geneigt."

Da ging er mit hinein, um bei ihnen zu bleiben.

Als Jesus dann mit ihnen zu Tisch saß, nahm er das Brot, dankte, brach's und gab's ihnen. Da wurden ihre Augen geöffnet, und sie erkannten ihn. Und er verschwand vor ihren Augen. Sie sagten zueinander: „Brannte nicht unser Herz, als er auf dem Weg mit uns redete und uns die Schrift erklärte?"

Noch zur selben Stunde standen sie auf und kehrten zurück nach Jerusalem. Dort fanden sie die Elf versammelt und die anderen Jünger, die bei ihnen waren. Die sagten: „Der Herr ist wahrhaftig auferstanden und Simon erschienen." Da erzählten sie, was ihnen auf dem Weg geschehen war und wie sie Jesus erkannt hatten, als er das Brot brach.

Jesu Erscheinung vor den Jüngern

Lukas 24,36–49

Während sie noch darüber redeten, trat Jesus selbst mitten unter sie und sprach sie an: „Friede sei mit euch!" Sie erschraken und fürchteten sich; sie meinten, sie sähen einen Geist.

Arnulf Rainer

Da sprach Jesus: „Warum seid ihr so erschrocken, und warum kommen solche Gedanken in euer Herz? Seht meine Hände und meine Füße, ich bin's selber. Faßt mich an und seht: Ein Geist hat doch kein Fleisch und keine Knochen." Und er zeigte ihnen seine Hände und Füße.

Als sie es aber vor Freude noch nicht glaubten und sich verwunderten, sprach er: „Habt ihr hier etwas zu essen?" Und sie legten ihm ein Stück gebratenen Fisch vor. Er nahm es und aß vor ihren Augen. Dann sprach er: „Das sind meine Worte, die ich zu euch gesagt habe, als ich noch bei euch war: Es muß alles erfüllt werden, was von mir geschrieben steht im Gesetz des Mose, in den Propheten und in den Psalmen."

Was die drei anderen Evangelisten von der Auferstehung erzählen, kannst Du lesen: Markus: Seite 242, Matthäus: Seiten 253–254, Johannes: Seiten 259–262.

Und er half ihnen, die Schrift zu verstehen: „So steht's geschrieben: Christus wird leiden, und er wird von den Toten auferstehen am dritten Tag. In seinem Namen wird Buße gepredigt zur Vergebung der Sünden unter allen Völkern.

Lies dazu die Pfingstgeschichte auf Seite 265!

Fangt in Jerusalem an und seid dafür Zeugen. Bleibt in der Stadt, bis ihr mit Kraft aus der Höhe ausgerüstet werdet!"

Lukas 24,50–53

Jesu Himmelfahrt

Wie es weitergeht, erzählt Lukas in einem zweiten Buch; Du findest es in Kapitel 17.

Danach führte er sie hinaus nach Bethanien, hob die Hände auf und segnete sie. Dann schied er von ihnen und fuhr gen Himmel auf. Sie aber beteten ihn an und kehrten mit großer Freude nach Jerusalem zurück. Dort waren sie allezeit im Tempel und priesen Gott.

Es gibt im Neuen Testament vier Evangelien, die von Jesus von Nazareth, seinen Worten und Taten, seinem Leiden und Sterben und von seiner Auferstehung erzählen. Markus, Matthäus und Lukas erzählen sehr ähnlich, sie haben auch viele Geschichten gemeinsam; Johannes erzählt ganz anders. In dieser Bibel ist das Lukasevangelium in den Kapiteln 11–13 ausführlich enthalten. Im nächsten Kapitel folgen nun Erzählungen und Gleichnisse aus den Evangelien des Matthäus und Markus, die im Lukasevangelium nicht enthalten sind. Kapitel 16 enthält die wichtigsten Geschichten aus dem Johannesevangelium, auch alle seine Ostergeschichten.

14. Er wurde den Menschen gleich

Die Evangelisten Matthäus und Markus erzählen von Jesu Worten und Taten

Die Weisen aus dem Morgenland

Matthäus 2,1–12

Als Jesus zu Bethlehem in Judäa geboren war – es war zur Zeit des Königs Herodes – da kamen Weise aus dem Morgenland nach Jerusalem und fragten: „Wo ist der neugeborene König der Juden? Wir haben im Morgenland seinen Stern gesehen. Wir sind gekommen, um ihn anzubeten."

Als der König Herodes das hörte, erschrak er und ließ alle Hohenpriester und Schriftgelehrten des Volkes zusammenkommen. Er fragte sie: „Wo wird der Christus geboren werden?" Sie antworteten ihm: „In Bethlehem in Judäa; denn bei dem Propheten Micha steht geschrieben:

Ausgebildete jüdische Theologen, die das Gesetz Gottes auslegten.

Und du, Bethlehem im jüdischen Lande,
bist keineswegs die kleinste unter den Städten in Juda;
denn aus dir wird kommen der Fürst,
der mein Volk Israel weiden soll."

Da rief Herodes die Weisen heimlich zu sich und erkundigte sich genau bei ihnen: „Wann ist denn der Stern erschienen?" Sie antworteten: „Vor zwei Jahren." Und er schickte sie nach Bethlehem: „Zieht hin und forscht fleißig nach dem Kind; und wenn ihr's findet, dann sagt mir's, damit ich auch komme, um es anzubeten."

Als sie das gehört hatten, zogen sie hin. Und der Stern, den sie im Morgenland gesehen hatten, zog vor ihnen her, bis er über dem Ort stand, wo das Kind war. Als sie den Stern sahen, freuten sie sich sehr und gingen in das Haus. Dort fanden sie das Kind mit Maria, seiner Mutter. Sie fielen nieder, beteten es an und schenkten ihm Gold, Weihrauch und Myrrhe.

Aber Gott befahl ihnen im Traum, nicht wieder zu Herodes zurückzukehren; also zogen sie auf einem anderen Weg wieder in ihr Land zurück.

Die Flucht nach Ägypten

Matthäus 2,13–15

Als die Weisen weggezogen waren, erschien dem Josef der Engel des Herrn. Im Traum sprach er zu ihm: „Steh auf, nimm das Kind und seine Mutter mit dir und flieh nach Ägypten. Bleib dort, bis ich dir's sage; denn Herodes hat vor, das Kind suchen und umbringen zu lassen."

Da stand er auf, nahm das Kind und seine Mutter bei Nacht mit sich und entwich nach Ägypten. Dort blieb er bis nach dem Tod des Herodes, damit erfüllt würde, was der Herr durch den Propheten Hosea gesagt hat: „Aus Ägypten habe ich meinen Sohn gerufen."

Der Kindermord des Herodes

Matthäus 2,16–18

Als Herodes merkte, daß er von den Weisen betrogen worden war, wurde er sehr zornig. Er ließ alle Kinder in Bethlehem und in der ganzen Umgebung töten – alle, die zwei Jahre und darunter waren. Denn die Weisen hatten ihm gesagt: „Vor zwei Jahren ist uns der Stern erschienen."

So wurde erfüllt, was der Prophet Jeremia gesagt hat:

Mehr vom Propheten Jeremia findest Du in Kapitel 10.

„Man hat ein Geschrei gehört,
viel Weinen und Wehklagen;
Rahel beweinte ihre Kinder
und wollte sich nicht trösten lassen,
denn es war aus mit ihnen."

Die Rückkehr aus Ägypten

Matthäus 2,19–23a

Als Herodes gestorben war, erschien der Engel des Herrn dem Josef in Ägypten. Im Traum sprach er zu ihm: „Steh auf, nimm das Kind und seine Mutter mit dir! Zieh zurück nach Israel! Alle, die dem Kind nach dem Leben getrachtet haben, sind gestorben."

Da stand Josef auf, nahm das Kind und seine Mutter mit sich und kam nach Israel. Aber als er hörte, daß in ihrer Heimat Judäa jetzt der Sohn des Herodes König war, fürchtete er sich, dorthin zu gehen. Und im Traum empfing er von Gott einen Befehl, und so zog er nach Galiläa in eine Stadt namens Nazareth.

Was Lukas von der Geburt Jesu erzählt, findest Du auf den Seiten 170–177.

Georges Rouault

Über die Kindheit und die Jugendzeit Jesu berichten die Evangelisten nichts. Erst nach seiner Taufe durch Johannes den Täufer (lies nach auf Seite 181) erfahren wir in Geschichten etwas über sein Reden und Tun, über seine Wundertaten und über seine Lehre (dies alles kannst Du auf den Seiten 181–209 nachlesen). Einiges aus Jesu Lehre hat Matthäus in der Bergpredigt zusammmengefaßt.

Die Bergpredigt

Matthäus 5,1–10

Als Jesus die vielen Menschen sah, ging er auf einen Berg und setzte sich. Seine Jünger stellten sich zu ihm. Jesus lehrte sie:

Selig sind . . .

„Selig sind, die da geistlich arm sind,
denn ihrer ist das Himmelreich!

Selig sind, die da Leid tragen,
denn sie sollen getröstet werden!

Selig sind die Sanftmütigen,
denn sie werden das Erdreich besitzen!

Selig sind, die da hungert und dürstet nach der Gerechtigkeit,
denn sie sollen satt werden!

Selig sind die Barmherzigen,
denn sie werden Barmherzigkeit erlangen!

Selig sind, die reines Herzens sind,
denn sie werden Gott schauen!

Selig sind die Friedfertigen,
denn sie werden Gottes Kinder heißen!

Selig sind, die um der Gerechtigkeit willen verfolgt werden,
denn ihrer ist das Himmelreich!“

Matthäus 5,21–22

Und wenn du es nur denkst . . .

„Ihr habt gehört, daß zu den Alten gesagt ist: Du sollst nicht töten, wer aber tötet, der sei dem Gericht verfallen.
Ich aber sage euch:
Schon jeder, der auf seinen Bruder auch nur zornig ist,
der ist dem Gericht verfallen;
schon jeder, der zu seinem Bruder auch nur sagt: Du Nichtsnutz!,
der ist dem Gericht des Hohen Rates verfallen;
schon jeder, der auch nur sagt: Du Hohlkopf!,
der ist dem höllischen Feuer verfallen!“

Liebet eure Feinde . . .

Matthäus 5,43–48

„Ihr habt gehört, daß zu den Alten gesagt ist: Du sollst deinen Nächsten lieben und deinen Feind hassen!

Ich aber sage euch:
Liebet eure Feinde und bittet für die, die euch verfolgen. Dann werdet ihr Kinder eures Vaters im Himmel sein! Denn er läßt seine Sonne über Böse und Gute aufgehen und läßt über Gerechte und Ungerechte regnen.

Wenn ihr die liebt, die euch auch lieben, wofür wollt ihr da belohnt werden? Tun dasselbe nicht sogar die Zöllner? Und wenn ihr nur zu euren Brüdern freundlich seid, was tut ihr da Besonderes? Tun dasselbe nicht sogar die Heiden?

Zöllner waren Juden, die für die Römer Steuern eintrieben. Sie verdienten gut dabei und waren bei der Bevölkerung sehr schlecht angesehen, weil sie für die Römer arbeiteten und auch als Betrüger galten.

Ihr aber sollt vollkommen sein, wie euer Vater im Himmel vollkommen ist!"

Vater unser . . .

Matthäus 6,5–13

„Wenn ihr betet, sollt ihr nicht wie die Heuchler sein! Die gehen gern in die Synagogen und stehen an den Straßenecken. Sie beten dort, damit sie von den Leuten gesehen werden. Amen, ich sage euch: Sie haben ihren Lohn damit schon gehabt!

Das sind jüdische Gemeindehäuser.

Das ist gewiß wahr!

Wenn du aber betest, dann geh in deine Kammer, schließ die Tür und bete zu deinem Vater, der verborgen ist. Dein Vater sieht auch in das Verborgene und wird es dir vergelten!

Wenn ihr betet, sollt ihr auch nicht viel plappern wie die Heiden. Sie meinen, sie werden erhört, wenn sie viele Worte machen. Ihr sollt es nicht so machen. Denn euer Vater weiß, was ihr nötig habt, bevor ihr ihn bittet!

Darum sollt ihr so beten:

Vater unser im Himmel!
Dein Name werde geheiligt.
Dein Reich komme.
Dein Wille geschehe wie im Himmel so auf Erden.
Unser tägliches Brot gib uns heute.
Und vergib uns unsere Schuld,
wie auch wir vergeben unseren Schuldigern.
Und führe uns nicht in Versuchung,
sondern erlöse uns von dem Bösen.
Denn dein ist das Reich und die Kraft
und die Herrlichkeit in Ewigkeit.
Amen."

Sorgt euch nicht . . .

Matthäus 6,25–26. 28–29.31–34

„Ich sage euch: Sorgt euch nicht um euer Leben, was ihr essen und trinken werdet! Sorgt auch nicht um euren Körper, was ihr anziehen werdet! Das Leben ist doch mehr als nur Nahrung, und der Körper ist doch mehr als nur Kleidung! Seht die Vögel unter dem Himmel an: sie säen nicht, sie ernten nicht, sie sammeln nicht in die Scheunen; und euer himmlischer Vater ernährt sie doch. Seid ihr denn nicht viel mehr als sie?
Und warum sorgt ihr euch um die Kleidung? Schaut die Lilien auf dem Felde an, wie sie wachsen: sie arbeiten nicht, auch spinnen sie nicht. Ich sage euch, daß auch Salomo in aller seiner Herrlichkeit nicht gekleidet gewesen ist, wie eine von ihnen.
Darum sollt ihr nicht sorgen und sagen: Was werden wir essen? Was werden wir trinken? Womit werden wir uns kleiden? Nach dem allen trachten die Heiden. Denn euer himmlischer Vater weiß, daß ihr all dessen bedürft.
Trachtet zuerst nach dem Reich Gottes und nach seiner Gerechtigkeit, so wird euch das alles zufallen.
Darum sorgt euch nicht um morgen, denn der morgige Tag wird schon für sich selber sorgen. Jeder Tag hat mit seiner eigenen Plage genug!"

Urteilt nicht . . .

Matthäus 7,1–5

„Urteilt nicht, damit ihr nicht verurteilt werdet! Denn nach eurem Urteil werdet ihr beurteilt werden, und mit eurem Maßstab wird man euch messen.
Was siehst du aber den Splitter im Auge deines Bruders, und den Balken in deinem eigenen Auge nimmst du nicht wahr? Oder wieso kannst du zu deinem Bruder sagen: Halt, ich will dir den Splitter aus deinem Auge ziehen? – und in deinem Auge ist ein Balken! Du Heuchler, zieh zuerst den Balken aus deinem eigenen Auge, und dann erst sieh zu, wie du den Splitter aus dem Auge deines Bruders ziehst!"

Die Goldene Regel

Matthäus 7,12

„Alles, von dem ihr wollt, daß es euch die Leute tun sollen, das tut ihnen auch! Das ist das ganze Gesetz und die Botschaft der Propheten."

. . . erschraken die Menschen

Matthäus 7,28–29

Und als Jesus diese Rede beendet hatte, erschraken die Menschen über seine Lehre; denn er lehrte mit Vollmacht und nicht wie ihre Schriftgelehrten.

Georges Rouault

Matthäus 10,2–10

Die Aussendung der zwölf Jünger

Das sind die Namen der zwölf Jünger, die Jesus zu sich rief:

Zuerst Simon, genannt Petrus, und sein Bruder Andreas,
Jakobus, der Sohn des Zebedäus, und sein Bruder Johannes,
Philippus, Bartholomäus, Thomas, Matthäus, der Zöllner,
Jakobus, der Sohn des Alphäus, Thaddäus, Simon Kananäus
und Judas Iskariot, der ihn später verraten sollte.

Die Samariter waren eine Mischbevölkerung aus Israeliten und anderen Völkern. Sie bewohnten die Provinz Samaria, das ehemalige Nordreich Israel. Deswegen und wegen religiöser Verschiedenheiten wurden sie von den Juden als Fremde und Ketzer verachtet und gemieden.

Diese Zwölf sandte Jesus aus und sprach: „Geht nicht zu den Heiden und in keine Stadt der Samariter, sondern zu den verlorenen Schafen Israels. Predigt: Das Himmelreich ist nahe herbeigekommen. Macht Kranke gesund, weckt Tote auf, macht Aussätzige rein, treibt böse Geister aus. Weder Gold noch Silber noch Kupfer sollt ihr in euren Gürteln haben, auch keine Reisetasche, keine zwei Hemden, keine Schuhe und keinen Stock. Denn jeder Arbeiter ist seine Nahrung wert."

Matthäus 11,28

Jesus spricht:
„Kommt her zu mir alle, die ihr mühselig und beladen seid,
ich will euch erquicken!"

Matthäus 13,44–46

Vom Schatz im Acker und von der kostbaren Perle

Die Erklärung, was ein Gleichnis ist, kannst Du auf der Seite 235 lesen.

Jesus sprach:
„Das Himmelreich gleicht einem im Acker verborgenen Schatz, den ein Mensch fand und wieder vergrub. In seiner Freude verkaufte er alles, was er hatte, und kaufte dafür diesen Acker."

„Das Himmelreich gleicht auch einem Kaufmann, der gute Perlen suchte. Als er eine kostbare Perle fand, verkaufte er alles, was er hatte, und kaufte dafür diese Perle."

Matthäus 14,22–33

Der sinkende Petrus

Die folgende Geschichte erzählt Matthäus im Anschluß an die Geschichte von der Speisung der 5000, die Du auf der Seite 191 lesen kannst.

Jesus drängte seine Jünger, in ein Boot zu steigen und schon vor ihm auf die andere Seite des Sees zu fahren. Er wollte warten, bis die Menschen gegangen waren. Danach stieg er allein auf einen Berg, um zu beten.

Das Boot der Jünger aber war schon weit vom Land entfernt. Da geriet es in Seenot, weil ihm der Wind entgegenblies. Mitten in der Nacht kam Jesus zu den Jüngern. Er ging auf dem See. Da erschraken die Jünger und riefen: „Ein Gespenst!“ Laut schrien sie vor Furcht.

Aber sofort sprach Jesus sie an: „Seid getrost, ich bin's; fürchtet euch nicht!“ Petrus antwortete: „Herr, wenn du es bist, dann befiehl mir, auf dem Wasser zu dir zu kommen!“ Jesus sprach: „Komm her!“

Da stieg Petrus aus dem Boot und ging auf dem Wasser auf Jesus zu. Aber als er sah, wie stark der Wind war, erschrak er – und begann zu sinken. Da schrie er: „Herr, hilf mir!“ Sofort streckte Jesus die Hand aus, ergriff ihn und sprach: „Du Kleingläubiger, warum hast du gezweifelt?“ Und sie stiegen in das Boot, da legte sich der Wind. Die im Boot fielen vor ihm nieder und sagten: „Du bist wahrhaftig Gottes Sohn!“

Jesus über Tadel und Gebet

Matthäus 18,15–17. 19–20

Jesus sprach:
„Wenn dein Bruder an dir sündigt, dann geh zu ihm und weise ihn unter vier Augen zurecht. Wenn er auf dich hört, hast du deinen Bruder gewonnen. Wenn er nicht auf dich hört, dann nimm noch einen oder zwei dazu, damit jede Sache vor zwei oder drei Zeugen bestätigt wird. Wenn er auf die aber auch nicht hört, dann bring es vor die Gemeindeversammlung. Und wenn er auch auf die Gemeinde nicht hört, dann soll er für dich wie ein Heide oder Zöllner sein.

Das heißt: Wie sie soll er nicht mehr zur Gemeinde gehören.

Amen, ich sage euch: Wenn sich auf der Erde zwei von euch einig sind, worum sie Gott bitten wollen, dann soll es ihnen von meinem Vater im Himmel erfüllt werden. Denn wo zwei oder drei versammelt sind in meinem Namen, da bin ich mitten unter ihnen.“

Das ist gewiß wahr!

Vom Schalksknecht

Matthäus 18,21–35

Petrus fragte Jesus einmal: „Herr, wie oft muß ich denn meinem Bruder vergeben? Genügt es siebenmal?“ Jesus antwortete ihm: „Ich sage dir: nicht nur siebenmal, sondern siebzig mal siebenmal.

Denn das Himmelreich gleicht einem König, der mit seinen Knechten abrechnen wollte. Da wurde einer vor ihn gebracht, der schuldete ihm zehntausend Talente Silber. Weil er nicht bezahlen konnte, befahl der Herr: ‚Verkauft ihn, seine Frau, seine Kinder und alles, was er hat, dann ist die

Talente sind ein Gewichtsmaß. Ein Silbertalent waren 43,65 kg Silber. Es wurde jedoch auch als Maß für Geld genutzt.

Schuld bezahlt!' Der Knecht fiel ihm zu Füßen und flehte ihn an: ,Hab Geduld mit mir; ich will dir alles bezahlen.' Da hatte der Herr Mitleid mit diesem Knecht und erließ ihm die Schuld.

Als dieser Knecht nun wegging, traf er einen seiner Mitknechte, der ihm hundert Silbergroschen schuldete. Er packte ihn und würgte ihn: ,Bezahle, was du mir schuldest!' Sein Mitknecht fiel nieder und bat ihn: ,Hab Geduld mit mir; ich will dir's bezahlen.' Aber er wollte nicht, sondern brachte ihn ins Gefängnis.

Ein Silbergroschen ist der Tageslohn eines Arbeiters; ein Talent Silber sind neuntausend Silbergroschen.

Als das seine Mitknechte sahen, wurden sie sehr traurig und trugen ihrem Herrn das alles vor. Da bestellte ihn sein Herr zu sich und sagte: ,Du böser Knecht! Dir habe ich deine ganze Schuld erlassen, weil du mich gebeten hast. Hättest du da nicht auch Mitleid haben sollen mit deinem Mitknecht – so wie ich mit dir?' Und zornig übergab er ihn den Folterknechten, bis er alles bezahlt hatte.

So wird mein himmlischer Vater es auch mit euch machen, wenn ihr einander nicht von Herzen vergebt!"

Wenn Jesus gepredigt hat, hat er oft *Gleichnisse* erzählt. Das sind kurze Beispiele oder Beispielgeschichten, mit denen er deutlich machen will, wie es sein wird, wenn Gott die Herrschaft auf der Erde übernimmt.

Von den Arbeitern im Weinberg

Matthäus 20,1–15

Jesus sprach:
„Das Himmelreich gleicht einem Hausherrn, der frühmorgens losging, um Arbeiter für seinen Weinberg einzustellen. Als er mit den Arbeitern über einen Silbergroschen als Tageslohn einig war, schickte er sie in seinen Weinberg.

Etwa um neun Uhr ging er wieder hin und sah noch andere untätig auf dem Marktplatz herumstehen. Er sagte zu ihnen: ,Geht auch in den Weinberg; ich will euch bezahlen, was recht ist.' Um zwölf Uhr und um drei Uhr nachmittags ging er wieder hin und machte es ebenso.

Und um fünf Uhr fand er noch andere und sagte zu ihnen: ,Warum steht ihr den ganzen Tag untätig herum?' Sie antworteten ihm: ,Uns hat niemand eingestellt.' Er forderte sie auf: ,Geht auch in den Weinberg!'

Am Abend sagte der Herr des Weinbergs zu seinem Verwalter: ,Ruf die Arbeiter und gib ihnen den Lohn. Fang bei den Zuletztgekommenen an.' Die um fünf Uhr eingestellt worden waren, kamen, und jeder erhielt seinen Silbergroschen. Und als dann die ersten an die Reihe kamen, meinten sie, sie bekämen mehr. Aber sie erhielten auch jeder einen Silbergroschen!

Georges Rouault

Da beschwerten sie sich beim Hausherrn: ‚Die letzten haben nur eine Stunde gearbeitet, aber du hast sie wie uns behandelt, und wir haben den ganzen Tag Last und Hitze ertragen!' Er antwortete einem von ihnen: ‚Mein Freund, ich tue dir kein Unrecht. Sind wir denn nicht einig geworden über einen Silbergroschen? Nimm, was dir gehört, und geh! Ich aber will dem letzten dasselbe geben wie dir.

Mit dem, was mir gehört, kann ich doch tun, was ich will? Blickst du so böse drein, nur weil ich so gütig bin?'"

Matthäus 25,14–30

Von den anvertrauten Talenten

Jesus sprach:
„Im Himmelreich ist es wie mit einem Menschen, der ins Ausland ging: Er rief seine Knechte und vertraute ihnen sein Vermögen an. Dem einen gab er fünf Talente, dem anderen zwei, dem dritten eins, jedem nach seiner Fähigkeit. Dann zog er fort.

Was ein Talent ist, kannst Du auf Seite 233 lesen.

Sogleich ging der mit den fünf Talenten hin, handelte mit ihnen und gewann weitere fünf dazu. Ebenso gewann der mit den zwei Talenten zwei weitere dazu. Der aber, der nur eins erhalten hatte, grub ein Loch in die Erde und verbarg das Geld seines Herrn.

Nach langer Zeit kam der Herr zurück und forderte Rechenschaft von den Knechten. Da trat der vor, der fünf Talente erhalten hatte, legte die weiteren fünf dazu und sagte: ‚Herr, du hast mir fünf Talente anvertraut; sieh, ich habe damit fünf weitere dazugewonnen.' Da sagte sein Herr zu ihm: ‚Recht so, du tüchtiger und treuer Knecht! Du hast für Weniges treu gesorgt, ich will dich über Vieles setzen; geh hinein zu deines Herrn Freudenmahl!'

Dann trat der vor, der zwei Talente erhalten hatte, und sagte: ‚Herr, du hast mir zwei Talente anvertraut; sieh, ich habe damit zwei weitere dazugewonnen.' Sein Herr sagte zu ihm: ‚Recht so, du tüchtiger und treuer Knecht! Du hast für Weniges treu gesorgt, ich will dich über Vieles setzen; geh hinein zu deines Herrn Freudenmahl!'

Dann trat auch der vor, der nur ein Talent erhalten hatte, und sagte: ‚Herr, ich wußte, daß du ein harter Mann bist. Du willst ernten, wo du nicht gesät hast, und einsammeln, wo du nichts ausgestreut hast. Ich fürchtete mich und verbarg dein Talent in der Erde. Hier hast du, was dir gehört.'

Sein Herr aber antwortete ihm: ‚Du böser und fauler Knecht! Wenn du das alles so genau wußtest, dann hättest du mein Geld wenigstens zu den Geldverleihern bringen sollen. Dann hätte ich mein Geld mit Zinsen wiederbekommen. Nehmt ihm das Talent ab und gebt es dem, der zehn Talente hat.

Denn wer hat, dem wird noch gegeben werden in Hülle und Fülle, aber wer nicht hat, dem wird auch das noch genommen werden, was er hat. Den nichtsnutzigen Knecht werft in die Finsternis hinaus, da wird Heulen und Zähneklappern sein!'"

Vom Weltgericht

Matthäus 25,31–46

Jesus sprach:
„Wenn der Menschensohn kommen wird, werden alle seine Engel ihn begleiten. Dann wird er auf dem Thron seiner Herrlichkeit sitzen. Alle Völker werden vor ihm versammelt werden. Und er wird sie trennen, wie ein Hirte die Schafe von den Böcken trennt: Die Schafe nach rechts und die Böcke nach links.

Hier in diesem Gleichnis kannst Du sehen, welche Aufgabe der *Menschensohn* hat, wenn Gott die Herrschaft über die Erde übernimmt; lies dazu auch die Erklärung auf der Seite 243!

Dann wird der König zu denen auf der rechten Seite sagen: ‚Ihr Gesegneten meines Vaters: Kommt her, erbt das Reich, das euch von Anbeginn der Welt zugesagt ist! Denn:

Ich bin hungrig gewesen,
und ihr habt mir zu essen gegeben.
Ich bin durstig gewesen,
und ihr habt mir zu trinken gegeben.
Ich bin ein Fremder gewesen,
und ihr habt mich aufgenommen.
Ich bin nackt gewesen,
und ihr habt mich gekleidet.
Ich bin krank gewesen,
und ihr habt mich besucht.
Ich bin im Gefängnis gewesen,
und ihr seid zu mir gekommen.'

Dann werden ihm die Gerechten antworten und sagen: ‚Herr, wann haben wird dich hungrig gesehen und haben dir zu essen gegeben? oder durstig und haben dir zu trinken gegeben? Wann haben wir dich als Fremden gesehen und haben dich aufgenommen? oder nackt und haben dich gekleidet? Wann haben wir dich krank oder im Gefängnis gesehen und sind zu dir gekommen?'

Und der König wird antworten und zu ihnen sagen: ‚Amen, ich sage euch: Was ihr getan habt einem von diesen meinen geringsten Brüdern, das habt ihr mir getan!‘

Das ist gewiß wahr!

Dann wird er zu denen auf der linken Seite sagen: ‚Ihr Verfluchten: Geht weg von mir! Geht in das ewige Feuer, das dem Teufel und seinen Engeln bestimmt ist! Denn:

Ich bin hungrig gewesen,
und ihr habt mir nicht zu essen gegeben.
Ich bin durstig gewesen,
und ihr habt mir nicht zu trinken gegeben.
Ich bin ein Fremder gewesen,
und ihr habt mich nicht aufgenommen.
Ich bin nackt gewesen,
und ihr habt mich nicht gekleidet.
Ich bin krank und im Gefängnis gewesen,
und ihr habt mich nicht besucht.‘

Dann werden sie ihm auch antworten und sagen: ‚Herr, wann haben wir dich hungrig oder durstig gesehen oder als Fremden oder nackt oder krank oder im Gefängnis und haben dir nicht gedient?‘

Dann wird er ihnen antworten und sagen: ‚Amen, ich sage euch: Was ihr nicht getan habt einem von diesen meinen geringsten Brüdern, das habt ihr mir auch nicht getan.‘ Und alle werden gehen: Die einen zur ewigen Strafe, aber die Gerechten in das ewige Leben.“

Das ist gewiß wahr!

Der Tod Johannes des Täufers

Markus 6,17–29

König Herodes heiratete Herodias, die Frau seines Bruders Philippus. Da sagte Johannes zu ihm: „Es ist nicht recht, daß du die Frau deines Bruders hast!“ Daraufhin ließ ihn der König Herodes greifen und ins Gefängnis werfen.

Mehr über Johannes den Täufer kannst Du auf den Seiten 178–179 lesen.

Nun wollte Herodias ihn töten, aber sie konnte es nicht, denn Herodes fürchtete Johannes als einen frommen und heiligen Mann. Er hielt ihn in Gewahrsam. Immer, wenn er ihn kommen ließ und ihm zuhörte, wurde er sehr unruhig. Und doch hörte er ihm gern zu.

Georges Rouault

Dann kam ein günstiger Tag. Herodes gab an seinem Geburtstag ein Festmahl für seine Großen und die Obersten und die Vornehmsten von Galiläa. Da trat die Tochter der Herodias herein und tanzte. Das gefiel dem Herodes und denen, die mit ihm am Tisch saßen. Deshalb sagte der König zu dem Mädchen: „Bitte mich, um was du willst, ich will dir's geben." Er schwor ihr sogar einen Eid: „Um was du mich bittest, will ich dir geben, bis zur Hälfte meines Königreichs!"

Sie ging hinaus und fragte ihre Mutter: „Um was soll ich bitten?" Sie antwortete: „Um das Haupt Johannes des Täufers." Eilig ging sie hinein zum König und sagte: „Ich will, daß du mir das Haupt Johannes des Täufers gibst, jetzt gleich, auf einer Schale!" Der König wurde sehr betrübt. Doch er hatte einen Eid geschworen, und alle andern am Tisch hatten ihn gehört. Deshalb konnte er sie nicht vergeblich bitten lassen.

Also schickte der König den Henker hin und befahl, das Haupt des Johannes herzubringen. Der Henker enthauptete ihn im Gefängnis, trug sein Haupt auf einer Schale herbei und gab es dem Mädchen; und das Mädchen gab es seiner Mutter.

Als das die Jünger des Johannes hörten, kamen sie, nahmen seinen Leichnam und legten ihn in ein Grab.

Markus 7,24–30

Die Frau aus Syrophönizien

Tyrus liegt weit im Norden, außerhalb von Israel.

Jesus kam in das Gebiet von Tyrus. Dort ging er in ein Haus und wollte das niemanden wissen lassen. Und doch konnte es nicht verborgen bleiben, sondern gar bald hörte eine Frau von ihm, deren Tochter einen unreinen Geist hatte. Sie kam und fiel zu Jesu Füßen nieder. Die Frau – eine Griechin aus Syrophönizien – bat ihn: „Treibe den bösen Geist von meiner Tochter aus!"

Aber Jesus sprach zu ihr: „Laß zuerst einmal die Kinder satt werden. Es ist doch nicht recht, den Kindern das Brot wegzunehmen und es den Hunden vorzuwerfen." Da erwiderte die Frau: „Ja, Herr, aber: Die Hunde fressen doch auch unter dem Tisch von den Brotkrümeln der Kinder!" Da sprach Jesus zu ihr: „Weil du das gesagt hast: geh nur, der böse Geist ist von deiner Tochter ausgefahren."

Da ging sie in ihr Haus und sah das Kind auf dem Bett liegen; der böse Geist war ausgefahren.

Die Heilung eines Taubstummen

Markus 7,31–37

Als Jesus aus dem Gebiet von Tyrus wieder fortging, kam er in das Gebiet der „Zehn Städte". Dort brachten sie einen Mann zu ihm, der taub und stumm war. Sie baten ihn, daß er die Hand auf ihn lege.

Jesus nahm ihn aus der Menge beiseite, legte ihm die Finger in die Ohren und berührte seine Zunge mit Speichel. Er sah zum Himmel auf, seufzte und sprach zu ihm: „Hefata!", das heißt: Tu dich auf. Und sogleich taten sich seine Ohren auf, und die Fessel seiner Zunge löste sich, und er redete richtig.

Das ist ein aramäisches Wort aus der Muttersprache Jesu.

Und Jesus gebot ihnen, daß sie es niemandem sagen sollten. Aber je mehr er es verbot, desto mehr verbreiteten sie es. Sie wunderten sich über die Maßen und sagten: „Er hat alles wohlgemacht; die Tauben läßt er hören, und die Sprachlosen läßt er reden."

Die Heilung eines Blinden

Markus 8,22–25

Sie kamen nach Bethsaida. Da brachte man einen Blinden zu Jesus. Jesus nahm den Blinden bei der Hand und führte ihn hinaus vor das Dorf. Er tat Speichel auf seine Augen, legte seine Hände auf ihn und fragte ihn: „Siehst du etwas?"

Da sah er auf und antwortete: „Ich sehe die Menschen umhergehen, aber so, als sähe ich Bäume." Dann legte Jesus die Hände noch einmal auf seine Augen. Da sah er deutlich und konnte alles scharf sehen.

Bartimäus

Markus 10,46–52

Auf dem Weg nach Jerusalem kamen sie auch durch Jericho. Als Jesus mit seinen Jüngern und einer großen Menge aus Jericho wieder wegging, saß da ein blinder Bettler am Weg; der hieß Bartimäus.

Als der hörte, daß es Jesus von Nazareth war, fing er an zu schreien: „Jesus, du Sohn Davids, erbarme dich meiner!" Viele fuhren ihn an: „Schweig doch still!" Aber er schrie noch viel lauter: „Du Sohn Davids, erbarme dich meiner!"

Der angekündigte Messias soll ein Nachkomme des Königs David sein. Lies dies auf Seite 155! Deshalb wird Jesus so angeredet.

Jesus blieb stehen und sprach: „Ruft ihn her!" Sie riefen den Blinden und sagten zu ihm: „Sei getrost, steh auf! Er ruft dich!" Da warf Bartimäus seinen Mantel ab, sprang auf und kam zu Jesus. Jesus sprach zu ihm: „Was soll ich für dich tun?"

Der Blinde antwortete: „Mein Rabbi, daß ich sehen kann." Jesus antwortete ihm: „Geh hin, dein Glaube hat dir geholfen." Und sogleich wurde er sehend und folgte Jesus auf dem Weg nach Jerusalem.

Markus 16,1–8

Jesu Auferstehung

Als der Sabbat vorbei war, kauften Maria von Magdala, Maria, die Mutter des Jakobus, und Salome wohlriechende Öle. Sie wollten zum Grab gehen, um Jesus zu salben. Sie kamen am ersten Tag der Woche zum Grab, sehr früh, als die Sonne aufging.

Die Gräber waren Höhlen, die in Fels gehauen und mit einem großen Stein verschlossen waren, den man wegrollen konnte.

Und sie sagten zueinander: „Wer wälzt uns den Stein von der Tür des Grabes weg?"

Dann sahen sie hin: Der Stein war schon weggewälzt, dabei war er doch sehr groß. Sie gingen in das Grab hinein und sahen rechts einen jungen Mann sitzen, der ein langes weißes Gewand anhatte. Da erschraken sie sehr.

Was die drei anderen Evangelisten von der Auferstehung erzählen, kannst Du lesen: Lukas: Seiten 221–224, Matthäus: Seiten 253–254, Johannes: Seiten 259–262.

Er aber sprach sie an: „Erschreckt nicht! Ihr sucht Jesus von Nazareth, den Gekreuzigten. Er ist auferstanden. Er ist nicht hier. Seht den Platz, wo sie ihn hingelegt hatten. Geht und sagt seinen Jüngern und Petrus: Er wird vor euch nach Galiläa gehen; dort werdet ihr ihn sehen, wie er es zu euch gesagt hat."

Da gingen sie hinaus und flohen zitternd vor Schreck. Niemandem sagten sie etwas; so sehr fürchteten sie sich.

15. Gehorsam bis zum Tod am Kreuz

Der Evangelist Matthäus erzählt von Jesu Leiden und Sterben und von seiner Auferstehung

Der Plan der Hohenpriester und Ältesten

Matthäus 26,1–5

Als Jesus seine Reden beendet hatte, sprach er zu seinen Jüngern: „Ihr wißt, daß in zwei Tagen das Passafest ist. Da wird der Menschensohn gekreuzigt werden."

Jesus hat sich oft *„Menschensohn"* genannt. In seiner Muttersprache kann das soviel heißen wie „ein einzelner Mensch". Aber im Alten Testament steht auch einmal, daß Gott durch einen „Menschensohn" die Herrschaft über die Erde übernehmen werde.

Derweil versammelten sich die Hohenpriester und die Ältesten des Volkes im Palast des Hohenpriesters Kaiphas. Sie berieten, wie sie Jesus mit List ergreifen und töten könnten. „Aber ja nicht während des Festes," sagten sie, „sonst gibt es noch einen Volksaufstand!"

Die Salbung in Bethanien

Matthäus 26,6–13

Jesus war in Bethanien im Haus Simons des Aussätzigen. Als er zu Tisch saß, trat eine Frau zu ihm. Sie hatte ein Glas mit kostbarem Salböl und goß es auf sein Haupt.

Als das die Jünger sahen, wurden sie unwillig und sagten: „Was soll diese Verschwendung? Das Öl hätte doch teuer verkauft werden können! Und das Geld hätte man dann besser den Armen gegeben!"

Als Jesus das merkte, sprach er zu ihnen: „Warum betrübt ihr die Frau? Sie hat ein gutes Werk an mir getan. Arme habt ihr doch jederzeit bei euch, mich aber nicht. Sie hat das Öl auf meinen Körper gegossen: Das hat sie für mein Begräbnis getan. Amen, ich sage euch: Wo immer später diese frohe Botschaft in der ganzen Welt gepredigt werden wird, da wird man sich an sie erinnern. Man wird erzählen, was sie getan hat!"

Das ist gewiß wahr!

G. Rouault
1908

Der Verrat des Judas

Matthäus 26,14–16

Einer von den Zwölfen, Judas Iskariot, ging zu den Hohenpriestern und fragte: „Ich will euch Jesus verraten; was wollt ihr mir dafür geben?“ Sie boten ihm dreißig Silberlinge. Von da an suchte Judas eine Gelegenheit, um Jesus zu verraten.

Das war der gesetzlich festgesetzte Preis für das Leben eines Sklaven. Ein Silberling sind vier Tageslöhne eines Arbeiters.

Das Abendmahl

Matthäus 26,17–28. 30

Am Tag vor dem Passafest traten die Jünger zu Jesus und fragten: „Wo sollen wir dir das Passalamm zum Essen vorbereiten?“ Jesus antwortete: „Geht in die Stadt und sagt zu dem und dem: Der Meister läßt dir sagen: Meine Zeit ist nah; ich will mit meinen Jüngern bei dir Passa feiern.“

Lukas erzählt vom Abendmahl Jesu auf Seite 213; und Paulus kennt die Geschichte auch; das kannst Du auf Seite 277 lesen.

Die Jünger taten, wie Jesus befohlen hatte, und bereiteten das Passalamm. Am Abend setzte er sich mit den Zwölfen zu Tisch. Als sie aßen, sprach er: „Amen, ich sage euch: Einer von euch wird mich verraten!“

Das ist gewiß wahr!

Da wurden sie alle sehr betrübt und fingen an ihn zu fragen, jeder einzeln: „Herr, bin ich's?“ Jesus antwortete: „Wer mit mir zusammen in die Schüssel greift, der wird mich verraten. Der Menschensohn geht zwar in den Tod, wie es ihm bestimmt ist, doch wehe dem Menschen, durch den er verraten wird! Für diesen Menschen wäre es besser, wenn er nie geboren worden wäre!“

Die Erklärung dazu findest Du auf Seite 243.

Da fragte ihn Judas: „Bin ich's, Rabbi?“ Jesus antwortete ihm: „Du sagst es.“

Während des Essens nahm Jesus das Brot, dankte und brach's und gab's den Jüngern und sprach: „Nehmt, eßt; das ist mein Leib.“ Und er nahm den Kelch, dankte und gab ihnen den und sprach: „Trinkt alle daraus; das ist mein Blut, für viele zur Vergebung der Sünde vergossen. Dadurch schließt Gott mit euch den neuen Bund.“

Diesen neuen Bund hat der Prophet Jeremia verheißen. Du kannst dies auf der Seite 149 nachlesen.

Nachdem sie dann den Lobgesang gesungen hatten, gingen sie hinaus an den Ölberg.

Georges Rouault

Matthäus 26, 31a.33–35

Die Ankündigung der Verleugnung des Petrus

Das ist gewiß wahr!

Unterwegs sprach Jesus zu ihnen: „In dieser Nacht werdet ihr alle an mir irre werden." Doch Petrus widersprach: „Auch wenn alle an dir irre werden, ich niemals!" Da antwortete ihm Jesus: „Amen, ich sage dir: In dieser Nacht, ehe der Hahn kräht, wirst du mich dreimal verleugnen!"

Doch Petrus beteuerte: „Und ich will dich nicht verleugnen, selbst wenn ich mit dir sterben muß!" Und alle Jünger sagten das gleiche.

Matthäus 26,36–46

Jesus in Gethsemane

Wie Lukas von Gethsemane erzählt, kannst Du auf Seite 215 lesen.

Da kam Jesus mit seinen Jüngern zu einem Garten, der hieß Gethsemane. Dort sagte er zu ihnen: „Setzt euch hier hin, während ich gehe, um zu beten." Er nahm Petrus mit und die beiden Söhne des Zebedäus und fing an zu trauern und zu klagen: „Meine Seele ist zu Tode betrübt. Bleibt hier und wacht mit mir!"

Dann ging er ein wenig weiter, fiel nieder auf sein Angesicht und betete: „Mein Vater! Wenn es möglich ist, soll dieser Kelch an mir vorübergehen; doch nicht was ich will, soll geschehen, sondern was du willst."

Aber als Jesus wieder zu seinen Jüngern zurückkam, fand er sie schlafend. Da sprach er zu Petrus: „Könnt ihr denn nicht einmal eine Stunde mit mir wachen? Wachet und betet, damit ihr nicht in Versuchung kommt. Der Geist ist willig, aber das Fleisch ist schwach!"

Und dann ging er ein zweites Mal zur Seite und betete: „Mein Vater! Wenn es nicht möglich ist, daß dieser Kelch an mir vorübergeht, dann geschehe dein Wille!" Er kam zurück und fand sie schon wieder schlafend. Ihre Augen waren voller Schlaf.

Die Erklärung dazu findest Du auf Seite 243.

Da verließ er sie, ging wieder zur Seite und betete zum drittenmal dieselben Worte. Dann kehrte er zu seinen Jüngern zurück und sprach: „Ach, wollt ihr weiter schlafen und ruhen? Seht, die Stunde ist da: Der Menschensohn wird in die Hände der Sünder ausgeliefert. Steht auf, laßt uns gehen! Seht, mein Verräter ist da!"

Jesu Gefangennahme

Matthäus 26,47–55. 56b

Und noch während Jesus sprach, kam Judas. Mit ihm kam eine große Schar mit Schwertern und mit Stangen. Sie waren von den Hohenpriestern und Ältesten des Volkes geschickt.

Der Verräter hatte ihnen ein Zeichen genannt: Es ist der, den ich küssen werde; den ergreift. Und er trat zu Jesus: „Sei gegrüßt, Rabbi!" – und küßte ihn. Jesus sprach zu ihm: „Mein Freund, dazu bist du gekommen?" Da traten sie heran, legten Hand an Jesus und ergriffen ihn.

Einer aber von denen, die bei Jesus waren, zog sein Schwert, schlug nach einem Knecht des Hohenpriesters und hieb ihm ein Ohr ab. Da sprach Jesus zu ihm: „Steck dein Schwert an seinen Platz! Denn wer das Schwert nimmt, soll durch das Schwert umkommen. Ich könnte doch meinen Vater bitten, mir sofort mehr als zwölf Legionen Engel zu schicken! Aber wie würde dann die Schrift erfüllt? Sie sagt doch, daß alles so geschehen muß!"

Und zu der Schar sprach er: „Wie gegen einen Räuber seid ihr mit Schwertern und Stangen ausgezogen, um mich zu fangen! Dabei habe ich doch täglich im Tempel gesessen und gelehrt. Dort habt ihr mich nicht ergriffen." Da verließen ihn alle Jünger. Sie flohen.

Wie Lukas von der Gefangennahme erzählt, kannst Du auf Seite 216 lesen.

Jesus vor dem Hohen Rat

Matthäus 26, 57–64a.65–68

Man führte Jesus zum Hohenpriester Kaiphas, wo die Schriftgelehrten und Ältesten sich versammelt hatten. Petrus aber folgte ihm bis zum Palast des Hohenpriesters. Er ging in den Hof und setzte sich zu den Knechten. Er wollte doch sehen, worauf das alles hinausläuft.

Ausgebildete jüdische Theologen, die das Gesetz Gottes auslegten.

Die Hohenpriester und der ganze Hohe Rat suchten eine falsche Zeugenaussage gegen Jesus, damit sie ihn töten könnten. Aber obwohl viele falsche Zeugen auftraten, fanden sie doch nichts gegen ihn. Zuletzt traten zwei auf, die sagten: „Er hat gesagt: Ich kann den Tempel Gottes abbrechen und in drei Tagen wieder aufbauen."

Lies dazu das letzte Gesetz auf Seite 69!

Da stand der Hohepriester auf und fragte Jesus: „Antwortest du nicht auf das, was die da gegen dich vorbringen?" Jesus schwieg. Da sagte der Hohepriester: „Ich beschwöre dich jetzt beim lebendigen Gott: Sage mir, ob du der Christus bist, der Sohn Gottes!" Da antwortete ihm Jesus: „Du sagst es!"

Da zerriß der Hohepriester seine Kleider und rief aus: „Er hat Gott gelästert! Wozu brauchen wir weitere Zeugen? Ihr habt die Gotteslästerung selbst gehört! Nun, was ist euer Urteil?"

Sie antworteten: „Die Todesstrafe! Er ist des Todes schuldig!" Dann spuckten sie ihm ins Gesicht und schlugen ihn mit Fäusten. Einige aber schlugen ihn ins Gesicht und sagten: „Weissage uns doch, du Christus: Wer war's? Wer hat dich geschlagen?"

Wie Lukas erzählt, daß Jesus vom Hohen Rat verurteilt wird, kannst Du auf Seite 217 lesen.

Die Verleugnung des Petrus

Matthäus 26,69–75

Petrus aber saß draußen im Hof. Da trat eine Magd zu ihm und sagte: „Du warst doch auch mit diesem Jesus aus Galiläa!" Aber Petrus leugnete es vor ihnen allen: „Ich weiß nicht, wovon du sprichst!"

Wie Lukas von der Verleugnung erzählt, kannst Du auf Seite 216 lesen.

Als er dann in die Torhalle hinausging, sah ihn eine andere Magd und sagte zu den Umstehenden: „Der da war auch mit dem Jesus von Nazareth!" Petrus leugnete es wieder, ja, er schwor sogar: „Ich kenne diesen Menschen nicht!"

Kurze Zeit später traten einige, die da herumstanden, zu ihm und sagten: „Wahrhaftig, du bist auch einer von denen! Dein Dialekt verrät dich!" Und Petrus fing an, sich zu verfluchen und zu schwören: „Ich kenne diesen Menschen nicht!"

Petrus stammt aus Galiläa, das hört man an seiner Sprache; Jerusalem liegt in Judäa.

Da krähte der Hahn. Und Petrus dachte an Jesu Wort: „Ehe der Hahn kräht, wirst du mich dreimal verleugnen." Und Petrus ging hinaus und weinte bitterlich.

Jesus vor Pilatus – Das Ende des Judas

Matthäus 27,1–8. 11–14

Am Morgen faßten dann alle Hohenpriester und die Ältesten den Beschluß, Jesus zu töten. Sie fesselten ihn, führten ihn ab und übergaben ihn dem römischen Statthalter Pilatus.

Todesurteile konnten nur die Römer als Besatzungsmacht verhängen.

Als Judas sah, daß Jesus zum Tod verurteilt war, reute ihn sein Verrat. Er brachte den Hohenpriestern und Ältesten die dreißig Silberlinge zurück: „Ich habe Unrecht getan, weil ich einen Unschuldigen verraten habe." Aber sie entgegneten: „Was geht das uns an? Das ist deine Sache!" Da warf Judas die dreißig Silberlinge in den Tempel, ging fort und erhängte sich.

Georges Rouault

Die Hohenpriester nahmen die Silberlinge und sagten: „Das ist Blutgeld; da wäre es nicht recht, es in den Opferkasten zu legen." Also beschlossen sie, davon den Töpferacker zu kaufen, um dort die Fremden zu beerdigen. Bis heute heißt dieser Acker deshalb „Blutacker".

Wie Lukas erzählt, daß Jesus vor Pilatus steht, kannst Du auf Seite 217 und 219 lesen.

Jesus aber stand vor dem Statthalter. Der fragte ihn: „Bist du der König der Juden?" Jesus antwortete: „Du sagst es." Aber als er von den Hohenpriestern und Ältesten verklagt wurde, antwortete er nichts. Da fragte Pilatus: „Hörst du denn nicht, wie schwer sie dich anklagen?" Aber nicht auf ein einziges Wort antwortete Jesus, so daß der Statthalter sich sehr wunderte.

Matthäus 27,15–30

Jesu Verurteilung und Verspottung

Nun hatte der Statthalter die Gewohnheit, dem Volk zum Passafest einen Gefangenen seiner Wahl freizulassen. In jener Zeit hatten sie einen berüchtigten Gefangenen mit Namen Barabbas. Als alle versammelt waren, fragte Pilatus: „Welchen wollt ihr? Wen soll ich freilassen: Barabbas oder Jesus, von dem gesagt wird, er sei der Christus?" Er wußte nämlich, daß sie Jesus aus Neid übergeben hatten.

Während Pilatus auf dem Richterstuhl saß, ließ ihm seine Frau etwas ausrichten: „Mit diesem Gerechten habe lieber nichts zu schaffen! Halte du dich da raus! Ich habe heute nacht von ihm geträumt und viel gelitten!"

Aber die Hohenpriester und Ältesten überredeten das Volk: „Bittet um Barabbas, nicht um Jesus; der soll umgebracht werden!"

Als der Statthalter also fragte: „Welchen wollt ihr? Wen von den beiden soll ich euch freilassen?", da riefen sie: „Barabbas!" Da fragte Pilatus: „Und was soll ich mit Jesus machen, von dem gesagt wird, er sei der Christus?" Da riefen sie alle: „Laß ihn kreuzigen!" Pilatus fragte: „Ja, was hat er denn Böses getan?" Da schrien sie noch lauter: „Laß ihn kreuzigen!"

Pilatus sah, daß er nichts ausrichtete. Der Tumult wurde nur immer größer. Da nahm er Wasser und wusch sich vor dem Volk die Hände. Er sagte: „Ich bin unschuldig an seinem Blut; seht ihr zu, wie ihr damit fertig werdet!" Darauf antwortete das ganze Volk: „Sein Blut komme über uns und unsere Kinder!"

Wie Lukas von der Verurteilung Jesu erzählt, kannst Du auf Seite 219 lesen.

Da ließ Pilatus ihnen Barabbas frei. Jesus aber ließ er auspeitschen und verurteilte ihn zur Kreuzigung.

Die Soldaten des Statthalters nahmen Jesus mit in ihre Unterkunft. Dort zogen sie ihn aus und legten ihm einen Purpurmantel an. Sie flochten eine Dornenkrone, setzten sie ihm auf's Haupt und gaben ihm einen Rohrstock in die rechte Hand. Dann beugten sie die Knie vor ihm und spotteten: „Gegrüßt seist du, König der Juden!" Sie spuckten ihn an, nahmen den Rohrstock und schlugen damit auf sein Haupt.

Jesu Kreuzigung und Tod

Matthäus 27, 31–52a.54–56

Nachdem sie Jesus verspottet hatten, zogen sie ihm den Mantel wieder aus und seine Kleider wieder an. Dann führten sie ihn ab, um ihn zu kreuzigen. Unterwegs fanden sie einen Mann aus Kyrene mit Namen Simon. Den zwangen sie, Jesus das Kreuz zu tragen. Als sie an den Platz „Golgatha" kamen, gaben sie Jesus Wein zu trinken. Aber der war mit Galle vermischt, und als Jesus das schmeckte, wollte er ihn nicht trinken.

Wie Lukas von der Kreuzigung erzählt, kannst Du auf Seite 219 lesen.

Das heißt „Schädelstätte", denn es war der Hinrichtungsplatz.

Als sie ihn gekreuzigt hatten, verteilten sie seine Kleider und losten darum. Oben, über seinem Kopf, brachten sie eine Aufschrift an mit der Ursache seines Todes: „Dies ist Jesus, der König der Juden."

Die Aufschrift nennt den Grund der Hinrichtung, zur Abschreckung für die Zuschauer.

Mit Jesus wurden noch zwei Räuber gekreuzigt, einer zur Rechten und einer zur Linken. Die Vorübergehenden höhnten: „Du da! Du willst den Tempel abbrechen und in drei Tagen wieder aufbauen: Hilf dir doch selber, wenn du Gottes Sohn bist! Steig herab vom Kreuz!"

Auch die Hohenpriester, die Schriftgelehrten und die Ältesten spotteten: „Anderen hat er geholfen, und sich selber kann er nicht helfen. Wenn er der König von Israel ist, dann soll er doch jetzt von diesem Kreuz herabsteigen! Dann wollen wir auch an ihn glauben! Er hat doch Gott vertraut, nun soll der ihn auch erhören, wenn er Gefallen an ihm hat. Er hat ja sogar gesagt: Ich bin Gottes Sohn!" Und auch die beiden Räuber, die mit ihm gekreuzigt worden waren, schmähten ihn.

Gegen zwölf Uhr kam eine Finsternis über das ganze Land bis gegen drei Uhr. Und um drei Uhr am Nachmittag schrie Jesus laut: „Eli, Eli, lama asabtani?", das heißt: „Mein Gott, mein Gott, warum hast du mich verlassen?". Einige, die dabeistanden, sagten: „Der ruft nach Elia!" Und sofort lief einer und holte einen Schwamm. Den tauchte er in Essig, steckte ihn auf einen Rohrstock und gab ihm zu trinken. Die anderen aber sagten: „Halt, laß sehen, ob Elia kommt und ihm hilft!"

Lies dazu Psalm 22 auf Seite 118!

Über Elia kannst Du in Kapitel 8 lesen.

Aber Jesus schrie abermals laut und verschied.

Und siehe: Der Vorhang im Tempel zerriß von oben bis unten in zwei Stücke. Und die Erde bebte, und die Felsen zerrissen, und die Gräber taten sich auf. Als der Hauptmann und seine Wache sahen, was da geschah, erschraken sie sehr und sagten: „Wahrhaftig, das ist Gottes Sohn gewesen!"

Das war der Vorhang, der im Tempel das Heilige vom Allerheiligsten trennte. Nur der Hohepriester durfte es betreten.

Viele Frauen, die Jesus aus Galiläa gefolgt waren, sahen von weitem zu. Darunter waren auch Maria von Magdala und Maria, die Mutter von Jakobus und Josef, und die Mutter der Zebedäussöhne.

Jesu Begräbnis

Matthäus 27,57–61

Am Abend kam ein reicher Mann aus Arimathia mit Namen Josef. Der war auch ein Jünger Jesu. Er ging zu Pilatus und bat um den Leichnam Jesu. Pilatus befahl: „Gebt ihm den Leichnam!" Josef nahm den Leichnam und wickelte ihn in ein reines Leinentuch. Dann legte er ihn in sein eigenes neues Grab, das er in einen Felsen hatte hauen lassen. Er wälzte einen großen Stein vor den Eingang des Grabes und ging davon.

Maria von Magdala und die andere Maria aber waren dort; sie saßen dem Grab gegenüber.

Wie Lukas vom Begräbnis Jesu erzählt, kannst Du auf Seite 220 lesen.

Die Bewachung des Grabes

Matthäus 27,62–66

Am nächsten Tag kamen die Hohenpriester mit den Pharisäern zu Pilatus. Sie sagten: „Herr, wir haben an das gedacht, was dieser Verführer gesagt hat, als er noch lebte: Ich will nach drei Tagen auferstehen. Deshalb befiehl doch, daß man das Grab bis zum dritten Tag bewacht. Sonst kommen noch seine Jünger und stehlen ihn. Und dann sagen sie dem Volk: Er ist auferstanden von den Toten. Der letzte Betrug wäre dann schlimmer als der erste!"

Die Pharisäer gehörten einer großen religiösen Gruppe an. Sie kamen aus dem Volk und wollten den Glauben des Volkes an den Gott Israels durch ihr Beispiel erneuern. So lebten sie streng nach den Gesetzen Gottes.

Pilatus sagte: „Da habt ihr die Wache; geht hin und bewacht das Grab, so gut ihr könnt!" Da gingen sie, sicherten das Grab mit der Wache und versiegelten den Stein.

Jesu Auferstehung: Die Frauen am Grab

Matthäus 28,1–15a

Als der Sabbat vorüber war und der erste Tag der Woche anbrach, kamen Maria von Magdala und die andere Maria, um nach dem Grab zu

Georges Rouault

Die Gräber waren Höhlen, die in einen Fels gehauen und mit einem großen Stein verschlossen waren, den man wegrollen konnte.

sehen. Der Engel des Herrn kam vom Himmel herab, trat hinzu, wälzte den Stein weg und setzte sich darauf. Seine Gestalt war wie der Blitz und sein Gewand weiß wie der Schnee. Die Wachen erschraken aus Furcht vor ihm und waren wie tot.

Zu den Frauen aber sprach der Engel: „Fürchtet euch nicht! Ich weiß, ihr sucht Jesus, den Gekreuzigten. Er ist nicht hier. Er ist auferstanden, wie er gesagt hat. Kommt her und seht die Stelle, wo er gelegen hat. Und dann geht schnell zu seinen Jüngern. Sagt ihnen: Er ist von den Toten auferstanden. Seht, er wird vor euch nach Galiläa gehen; dort werdet ihr ihn sehen. Seht, ich habe es euch gesagt!"

Da gingen sie schnell weg vom Grab, voller Furcht und mit großer Freude zugleich. Sie liefen, um es seinen Jüngern zu verkündigen. Und siehe: Da begegnete ihnen Jesus und sprach: „Seid gegrüßt!" Sie traten zu ihm, fielen vor ihm nieder und umfaßten seine Füße. Da sprach Jesus: „Fürchtet euch nicht! Geht hin und verkündigt meinen Brüdern: Sie sollen nach Galiläa gehen; dort werden sie mich sehen."

Während die Frauen gingen, kamen einige von der Wache in die Stadt. Sie berichteten den Hohenpriestern alles, was geschehen war.

Was die anderen Evangelisten von der Auferstehung Jesu erzählen, kannst Du lesen: Lukas: Seiten 221–224, Markus: Seite 242, Johannes: Seiten 259–262.

Da kamen sie mit den Ältesten zusammen und hielten Rat. Dann gaben sie den Soldaten viel Geld und sagten: „Behauptet, seine Jünger sind in der Nacht gekommen und haben den Leichnam gestohlen, als wir schliefen. Wenn das aber dem Statthalter zu Ohren kommt, wollen wir ihn besänftigen und dafür sorgen, daß er euch nicht bestraft." Die Wachen nahmen das Geld und taten, was ihnen aufgetragen worden war.

Matthäus 28,16–20

Der Taufbefehl

Die elf Jünger gingen nach Galiläa auf den Berg, wohin Jesus sie bestellt hatte. Dort sahen sie ihn und fielen vor ihm nieder; einige hatten aber immer noch Zweifel an ihm. Jesus sprach zu ihnen:

„Mir ist gegeben alle Gewalt im Himmel und auf Erden.
Darum gehet hin und machet zu Jüngern alle Völker:
Taufet sie auf den Namen des Vaters
und des Sohnes und des heiligen Geistes
und lehret sie halten alles,
was ich euch befohlen habe.
Und siehe, ich bin bei euch alle Tage
bis an der Welt Ende."

16. Darum hat ihn Gott erhöht

Der Evangelist Johannes erzählt von Jesus Christus

Die Hochzeit zu Kana

Johannes 2,1–10

In Kana war eine Hochzeit. Die Mutter Jesu war da, und auch Jesus war mit seinen Jüngern zur Hochzeit eingeladen. Als der Wein ausging, sagte die Mutter Jesu zu ihm: „Sie haben keinen Wein mehr." Jesus antwortete ihr: „Frau, was geht es dich an, was ich tue? Meine Stunde ist noch nicht gekommen." Seine Mutter sagte zu den Dienern: „Tut, was er euch sagt!"

Im Haus standen nach jüdischer Sitte sechs steinerne Wasserkrüge für die Reinigung. Jesus sprach zu den Dienern: „Füllt die Wasserkrüge mit Wasser!" Und sie füllten sie bis an den Rand. Dann sagte Jesus: „Schöpft jetzt davon und bringt es dem Speisemeister!" Und sie brachten es ihm.

Der Speisemeister kostete den Wein, der Wasser gewesen war. Er wußte nicht, woher er kam – nur die Diener wußten es, sie hatten ja das Wasser geschöpft. Da rief der Speisemeister den Bräutigam: „Jedermann schenkt doch zuerst den guten Wein aus und den geringeren erst, wenn sie betrunken werden; aber du hast den guten Wein bis jetzt zurückbehalten."

Die Heilung eines Kranken am Teich Bethesda

Johannes 5,1–9a.

Danach war ein Fest der Juden, und Jesus zog hinauf nach Jerusalem. In Jerusalem beim Schaftor war ein Teich, der hieß auf hebräisch Bethesda. Dort waren fünf Hallen, in denen viele Kranke, Blinde, Lahme und Verkrüppelte lagen. Darunter war auch ein Mensch, der seit achtunddreißig Jahren krank lag.

Als Jesus den liegen sah und hörte, daß er schon so lange gelegen hatte, sprach er ihn an: „Willst du gesund werden?" Der Kranke antwortete: „Herr, ich habe keinen Menschen, der mich in den Teich bringt, wenn sich

das Wasser bewegt. Wenn ich aber hinkomme, dann ist immer schon ein anderer vor mir hineingestiegen." Jesus sprach zu ihm: „Steh auf, nimm deine Matte und geh!" Und sogleich wurde der Mensch gesund, nahm seine Matte und ging.

Die Kranken warteten nämlich darauf, daß sich das Wasser bewegte. Wer dann zuerst hineinstieg, der wurde gesund.

Die Ehebrecherin

Johannes 8,1–11

Frühmorgens kam Jesus in den Tempel, und viele Menschen kamen zu ihm. Und er setzte sich und lehrte sie. Da brachten die Schriftgelehrten und Pharisäer eine Frau zu ihm, die man beim Ehebruch ergriffen hatte. Sie stellten sie in die Mitte und sagten zu ihm: „Meister, diese Frau ist auf frischer Tat beim Ehebruch ergriffen worden. Das Gesetz des Mose gebietet uns aber, solche Frauen zu steinigen. Was sagst du?"

Ausgebildete jüdische Theologen, die das Gesetz Gottes auslegten.

Die Pharisäer gehörten einer großen religiösen Gruppe an. Sie kamen aus dem Volk und wollten den Glauben des Volkes an den Gott Israels durch ihr Beispiel erneuern. So lebten sie streng nach den Gesetzen Gottes.

Sie sagten das aber, um ihn auf die Probe zu stellen: Sie hofften, ihn wegen seiner Antwort verklagen zu können. Doch Jesus bückte sich und schrieb mit dem Finger auf die Erde. Als sie ihn ständig weiterfragten, richtete er sich auf und sprach zu ihnen: „Wer unter euch ohne Sünde ist, der werfe den ersten Stein auf sie!" Und er bückte sich wieder und schrieb auf die Erde.

Als sie das hörten, gingen sie weg, einer nach dem anderen, die Ältesten zuerst; und Jesus blieb mit der Frau allein. Da richtete sich Jesus auf und fragte sie: „Wo sind sie jetzt, Frau? Hat dich niemand verdammt?" Sie antwortete: „Niemand, Herr." Und Jesus sprach: „Dann verdamme ich dich auch nicht; geh und sündige zukünftig nicht mehr!"

Die „Ich-bin"-Worte Jesu

Johannes 6,35

„Ich bin das Brot des Lebens.
Wer zu mir kommt, den wird nicht hungern;
und wer an mich glaubt, den wird nimmermehr dürsten."

Johannes 8,12

„Ich bin das Licht der Welt.
Wer mir nachfolgt, der wird nicht wandeln in der Finsternis,
sondern wird das Licht des Lebens haben."

Johannes 10,11. 14–15.27

„Ich bin der gute Hirte.
Der gute Hirte läßt sein Leben für die Schafe.
Ich bin der gute Hirte und kenne die Meinen,

Pablo Picasso

und die Meinen kennen mich,
wie mich der Vater kennt,
und ich kenne den Vater.
Und ich lasse mein Leben für die Schafe.
Meine Schafe hören meine Stimme,
und ich kenne sie,
und sie folgen mir."

Johannes 11, 25–26a

„Ich bin die Auferstehung und das Leben.
Wer an mich glaubt, der wird leben, auch wenn er stirbt;
und wer da lebt und glaubt an mich, der wird nimmermehr sterben."

Johannes 14,6

„Ich bin der Weg und die Wahrheit und das Leben;
niemand kommt zum Vater denn durch mich."

Johannes 15,1.5–6

„Ich bin der wahre Weinstock.
Mein Vater ist der Weingärtner.
Ich bin der Weinstock, ihr seid die Reben.
Wer in mir bleibt,
in dem werde auch ich bleiben,
so wird er viel Frucht bringen.
Ohne mich könnt ihr nichts tun.
Wer nicht in mir bleibt,
in dem werde auch ich nicht bleiben,
der wird weggeworfen wie eine Rebe.
Sie verdorrt.
Sie wird eingesammelt.
Sie wird ins Feuer geworfen.
Sie muß verbrennen."

Johannes 13, 1a.2a. 4–10.12–15

Die Fußwaschung

Vor dem Passafest aber erkannte Jesus, daß jetzt seine Stunde gekommen war, um aus dieser Welt zum Vater zu gehen. Beim Abendessen stand Jesus vom Mahl auf. Er legte sein Obergewand ab, nahm ein Tuch und band es sich um. Dann goß er Wasser in ein Becken und fing an, den Jüngern die Füße zu waschen. Mit dem Tuch trocknete er sie ab.

Als er zu Simon Petrus kam, sagte der zu ihm: „Herr, willst du mir die Füße waschen?" Jesus antwortete ihm: „Was ich tue, das verstehst du jetzt nicht; später wirst du es erfahren." Aber Petrus entgegnete: „Auf keinen Fall sollst *du mir* die Füße waschen!" Jesus antwortete ihm: „Wenn ich dich nicht wasche, dann gehörst du nicht zu mir." Darauf Simon Petrus: „Herr, dann aber nicht nur die Füße, sondern auch die Hände und den Kopf!" Aber Jesus erwiderte: „Wer gewaschen ist, der braucht sich nur die Füße waschen zu lassen, denn er ist ja schon ganz rein. Und ihr, meine Jünger, seid ganz rein."

Als er ihre Füße gewaschen hatte, nahm er seine Kleider, setzte sich wieder und sprach zu ihnen: „Versteht ihr, was ich da getan habe? Ihr nennt mich Meister und Herr. Ihr habt recht, denn ich bin es. Ich nun, euer Herr und Meister, habe euch die Füße gewaschen. So sollt auch ihr euch untereinander die Füße waschen. Ein Beispiel habe ich euch gegeben, damit ihr tut, wie ich euch getan habe."

Jesus spricht: *Johannes 13,34a.35*
„Ein neues Gebot gebe ich euch, daß ihr euch untereinander liebt, wie ich euch geliebt habe. Daran wird jedermann erkennen, daß ihr meine Jünger seid, wenn ihr Liebe untereinander habt."

Der Ostermorgen

Johannes 20,1–10

Am ersten Tag der Woche kam Maria von Magdala frühmorgens zum Grab. Es war noch finster. Da sah sie, daß der Stein vom Grab weg war. Sie lief zu Simon Petrus und dem anderen Jünger, den Jesus lieb hatte: „Sie haben den Herrn aus dem Grab weggenommen! Jetzt wissen wir nicht, wo sie ihn hingelegt haben."

Da gingen Petrus und der andere Jünger hinaus zum Grab. Die beiden liefen, aber der andere Jünger war schneller als Petrus. Der kam zuerst zum Grab, schaute hinein und sah die Leinentücher liegen; er ging aber nicht hinein.

Dann kam Simon Petrus ihm nach, ging in das Grab hinein und sah auch die Leinentücher liegen. Das Tuch aber, das Jesus um den Kopf gebunden worden war, lag nicht bei den Leinentüchern, sondern zusammengewickelt daneben. Da ging auch der andere Jünger hinein, sah und glaubte. Bis jetzt hatten sie die Schrift noch nicht verstanden, die sagt: Er muß von den Toten auferstehen. Dann gingen die Jünger wieder heim.

Pablo Picasso

Maria von Magdala

Johannes 20,11–18

Maria aber stand draußen vor dem Grab. Weinend schaute sie in das Grab. Da sah sie zwei Engel in weißen Gewändern dort sitzen, wo sie den Leichnam Jesu hingelegt hatten: Einer saß da, wo sein Kopf gelegen hatte, und einer bei den Füßen. Die Engel sprachen zu ihr: „Frau, warum weinst du?" Maria antwortete: „Sie haben meinen Herrn weggenommen, und ich weiß nicht, wo sie ihn hingelegt haben."

Als sie das sagte, wandte sie sich um und sah Jesus stehen. Sie wußte aber nicht, daß es Jesus war. Jesus sprach zu ihr: „Frau, warum weinst du? Wen suchst du?" Maria meinte, es wäre der Gärtner, und antwortete: „Herr, hast du ihn weggetragen? Dann sage mir, wo du ihn hingelegt hast; ich will ihn holen." Da sprach Jesus sie an: „Maria!" Und sie wandte sich um und sagte zu ihm auf Hebräisch: „Rabbuni!" – das heißt: mein Meister.

Und Jesus sprach zu ihr: „Rühr mich nicht an, denn ich bin noch nicht zum Vater aufgefahren! Geh zu meinen Brüdern und sag ihnen: Ich fahre auf zu meinem Vater und zu eurem Vater, zu meinem Gott und zu eurem Gott."

Da ging Maria von Magdala und verkündete den Jüngern: „Ich habe den Herrn gesehen! Und das und das hat er zu mir gesagt!"

Vollmacht für die Jünger

Johannes 20,19–23

Am Abend dieses ersten Tages der Woche waren die Jünger versammelt. Aus Furcht hatten sie die Türen verschlossen. Da trat Jesus mitten unter sie und sprach: „Friede sei mit euch!" Dann zeigte er ihnen seine Hände und seine Seite. Da wurden die Jünger froh, daß sie den Herrn sahen.

Johannes erzählt bei der Kreuzigung, daß ein Soldat Jesus nach dem Sterben mit einer Lanze in die Seite gestochen hat.

Jesus sagte noch einmal zu ihnen: „Friede sei mit euch! Wie der Vater mich gesandt hat, so sende ich euch." Und er hauchte sie an: „Nehmt hin den heiligen Geist! Wem immer ihr die Sünden vergebt, dem sind sie vergeben; wem immer ihr die Sünden belaßt, dem sind sie belassen."

Thomas

Johannes 20,24–29

Einer der zwölf Jünger aber war nicht dabei, als Jesus erschienen war. Er hieß Thomas. Die anderen Jünger sagten zu ihm: „Wir haben den Herrn gesehen!" Thomas entgegnete: „Wenn ich nicht die Nägelmale in seinen

Händen sehe; ja, wenn ich nicht meinen Finger in die Nägelmale und meine Hand nicht in seine Seite legen kann, kann ich das nicht glauben!"

Nach acht Tagen waren seine Jünger wieder drinnen versammelt. Thomas war diesmal dabei. Obwohl die Türen verschlossen waren, trat Jesus mitten unter sie und sprach: „Friede sei mit euch!" Und dann sagte er zu Thomas: „Reiche deinen Finger und sieh meine Seite; und sei nicht ungläubig, sondern gläubig!" Thomas antwortete: „Mein Herr und mein Gott!"

Da sprach Jesus zu ihm: „Weil du mich nun gesehen hast, Thomas, darum glaubst du. Aber: Selig sind, die nicht sehen und trotzdem glauben!"

Johannes 21,1–14

Der Auferstandene am See Tiberias

Das ist der See Genezareth.

Danach zeigte sich Jesus noch einmal den Jüngern am See Tiberias: Dort waren Simon Petrus, Thomas, Nathanael aus Kana in Galiläa, die Söhne des Zebedäus und zwei andere seiner Jünger beieinander. Simon Petrus sagte: „Ich will fischen gehen!", und sie antworteten: „Dann wollen wir mit dir gehen." Sie stiegen in das Boot, aber in dieser Nacht fingen sie nichts.

Als es schon Morgen war, stand Jesus am Ufer, aber die Jünger wußten nicht, daß es Jesus war. Da sprach Jesus sie an: „Kinder, habt ihr nichts zu essen?" Sie antworteten: „Nein!" Er aber sprach: „Werft das Netz aus zur rechten Seite des Bootes, dann werdet ihr etwas finden!" Da warfen sie das Netz aus und konnten es nicht mehr ziehen wegen der Menge der Fische.

Da sagte der Jünger, den Jesus liebhatte, zu Petrus: „Es ist der Herr!" Als Simon Petrus das hörte, band er sich das Obergewand um – denn er war nackt – und warf sich ins Wasser.

Die anderen Jünger aber kamen mit dem Boot und zogen das Netz mit den Fischen an Land. Dort sahen sie ein Kohlenfeuer mit Fischen darauf und Brot. Und Jesus sprach zu ihnen: „Bringt von den Fischen, die ihr gefangen habt!"

Simon Petrus stieg ins Boot und zog das Netz an Land. Es war voll mit großen Fischen. Dann sprach Jesus zu ihnen: „Kommt und haltet das Mahl!" Aber keiner von den Jüngern wagte ihn zu fragen: Wer bist du? Sie wußten, daß es der Herr war. Jesus nahm das Brot und gab es ihnen, und ebenso auch die Fische.

Was die anderen Evangelisten von der Auferstehung Jesu erzählen, kannst Du lesen: Lukas: Seiten 221–224, Markus: Seite 242, Matthäus: Seiten 253–254.

Das war nun das dritte Mal, daß Jesus den Jüngern offenbart wurde, nachdem er von den Toten auferstanden war.

17. Alle Zungen sollen bekennen

Aus der Apostelgeschichte des Lukas

Lukas hat als einziger der vier Evangelisten zu seinem Evangelium noch eine Fortsetzung geschrieben, in der er von den ersten Christengemeinden nach Jesu Tod und Auferstehung erzählt und von den Taten der Apostel, besonders vom Apostel Paulus. Auch dieses zweite Buch hat Lukas für Theophilus geschrieben. Lies dazu auf Seite 170!

Apostelgeschichte 1,1–2a.3–5

Ich habe dir, lieber Theophilus, einen ersten Bericht gegeben von all dem, was Jesus von Anfang an tat und lehrte. Das ging bis zu dem Tag, an dem er in den Himmel aufgenommen wurde.

Den Aposteln zeigte er sich nach seiner Leidenszeit durch viele Beweise als der Lebendige. Vierzig Tage lang ließ er sich unter ihnen sehen und redete mit ihnen vom Reich Gottes.

Als er mit ihnen zusammen war, sprach er: „Verlaßt Jerusalem nicht, sondern wartet auf die Verheißung des Vaters: Johannes hat mit Wasser getauft; ihr aber sollt bald mit dem Heiligen Geist getauft werden!"

Das ist Gottes Geist; das, wodurch Gott in der Welt wirkt.

Christi Himmelfahrt

Apostelgeschichte 1,6–14

Als sie mit ihm auf dem Ölberg zusammengekommen waren, nahe bei Jerusalem, fragten sie ihn: „Herr, wirst du in dieser Zeit das Reich für Israel wieder aufrichten?" Jesus antwortete: „Es steht euch nicht zu, die Zeit oder die Stunde zu kennen, die der Vater bestimmt hat. Aber ihr werdet die Kraft des Heiligen Geistes empfangen. Der wird auf euch kommen, und ihr werdet meine Zeugen sein in Jerusalem, in Judäa, in Samaria und bis an das Ende der Erde."

1927
ausgewählte Stätte

Als Jesus das gesagt hatte, wurde er zusehends aufgehoben, und eine Wolke nahm ihn vor ihren Augen weg. Während sie ihm nachsahen, wie er gen Himmel fuhr, standen auf einmal zwei Männer in weißen Gewändern bei ihnen. Die sagten: „Ihr Männer von Galiläa, was steht ihr da und seht zum Himmel? Dieser Jesus, der von euch weg in den Himmel aufgenommen wurde, wird so wiederkommen, wie ihr ihn habt gen Himmel fahren sehen."

Du kannst das auf Seite 224 am Ende des Lukas-Evangeliums lesen.

Da kehrten sie nach Jerusalem zurück. Dort stiegen sie in das Obergemach des Hauses hinauf, wo sie sich immer aufhielten. Es waren:

Petrus, Johannes,
Jakobus und Andreas,
Philippus und Thomas,
Bartholomäus und Matthäus,
Jakobus, der Sohn des Alphäus,
Simon der Zelot
und Judas, der Sohn des Jakobus.

Sie alle waren stets beieinander, einmütig im Gebet, zusammen mit den Frauen und mit Maria, der Mutter Jesu, und seinen Brüdern.

Das Pfingstwunder

Apostelgeschichte 2,1–8.11b-13

Als aber der Pfingsttag gekommen war, waren sie alle einmütig an einem Ort beieinander.

Da geschah plötzlich ein Brausen vom Himmel wie von einem gewaltigen Wind und erfüllte das ganze Haus. Und zerteilte Zungen erschienen ihnen, wie von Feuer. Die setzten sich auf einen jeden von ihnen. Sie wurden alle vom Heiligen Geist erfüllt und fingen an, in anderen Sprachen zu predigen, wie es der Geist ihnen eingab.

Lies dazu Seite 5, 1. Vers!

Lies dazu Seite 63 unten!

In Jerusalem wohnten Juden, gottesfürchtige Männer aus allen Völkern. Als nun dieses Brausen geschah, lief die Menge zusammen. Sie wurden bestürzt, denn jeder hörte die Apostel in seiner eigenen Sprache reden.

Lies dazu Seite 17!

Sie entsetzten und verwunderten sich: „Sind denn nicht alle, die da reden, aus Galiäa? Wieso hören wir denn jeder seine eigene Muttersprache? In unseren Sprachen hören wir sie alle von den großen Taten Gottes reden!" Sie entsetzten sich alle, wurden ratlos und sagten einer zum anderen: „Was will das werden?" Andere aber hatten ihren Spott und sagten: „Sie sind voll von süßem Wein!"

Paul Klee

Apostelgeschichte 2,14–17.22–24.32–33.36

Die Pfingstpredigt des Petrus

Da trat Petrus mit den Elf auf und erhob seine Stimme: „Ihr Juden! Liebe Männer! Ihr alle, die ihr in Jerusalem wohnt, das sollt ihr wissen: Die hier sind nicht betrunken, wie ihr meint; es ist doch auch erst neun Uhr früh. Nein, es ist das, was durch den Propheten Joel gesagt worden ist:

So spricht Gott:
In den letzten Tagen soll es geschehen,
da will ich meinen Geist ausgießen auf alle Menschen,
und eure Söhne und eure Töchter sollen weissagen,
und eure Jünglinge sollen Gesichte sehen,
und eure Alten sollen Träume haben.

Ihr Männer von Israel, hört diese Worte: Jesus von Nazareth hat in der Kraft Gottes in eurer Mitte Wunder und Zeichen getan, wie ihr selbst wißt. Diesen Mann, der durch Gottes Ratschluß dahingegeben war, den habt ihr durch die Hand der Heiden ans Kreuz schlagen lassen und umgebracht.

Den hat Gott auferweckt. Es war unmöglich, daß er vom Tod festgehalten werden konnte. Das können wir alle bezeugen. Er ist nun von Gott erhöht worden und hat vom Vater den Heiligen Geist empfangen. Den hat er auf uns ausgegossen, wie ihr hier seht und hört.

So wisse nun ganz Israel gewiß, daß Gott diesen Jesus, den ihr gekreuzigt habt, zum Herrn und Christus gemacht hat!"

Apostelgeschichte 2,37–42.44–47

Die erste Gemeinde

Als die Menschen das hörten, ging es ihnen durchs Herz. Sie fragten Petrus und die anderen Apostel: „Ihr Männer, liebe Brüder, was sollen wir tun?"

Petrus antwortete: „Tut Buße, kehrt um! Jeder von euch lasse sich auf den Namen Jesu Christi taufen zur Vergebung seiner Sünden. Dann werdet ihr die Gabe des Heiligen Geistes empfangen! Euch und euren Kindern gilt diese Verheißung. Sie gilt auch allen, die fern sind, und die der Herr, unser Gott, noch dazurufen wird." Mit noch vielen anderen Worten redete Petrus zu ihnen und ermahnte sie: „Laßt euch erretten von eurem verkehrten Weg!"

Diejenigen, die sein Wort annahmen, ließen sich taufen. An diesem Tag wurden der Gemeinde etwa dreitausend Menschen hinzugefügt. Sie blieben aber beständig in der Lehre der Apostel und in der Gemeinschaft und im Brotbrechen und im Gebet.

Alle, die gläubig geworden waren, blieben beieinander und hatten alle Dinge gemeinsam. Sie verkauften ihre Güter und verteilten sie unter alle, so wie es jeder nötig hatte.

Und täglich waren sie einmütig beieinander im Tempel. Das Brot brachen sie hier und dort in den Häusern. Sie hielten ihre Mahlzeit mit Freude und lauterem Herzen, lobten Gott und fanden beim ganzen Volk Wohlgefallen. Und Gott fügte der Gemeinde täglich weitere Menschen hinzu.

Lies dazu auf den Seiten 277–279, was Paulus nach Korinth schreiben muß!

Der Kämmerer aus Äthiopien

Apostelgeschichte 8,26–32.33b–39

Der Bote des Herrn sprach zum Apostel Philippus: „Steh auf und geh nach Süden auf die Straße von Jerusalem nach Gaza!" Philippus stand auf und ging hin. Ein Mann aus Äthiopien aber war nach Jerusalem gekommen, um anzubeten. Er war der Kämmerer am Hof der Königin Kandake; er verwaltete ihren ganzen Schatz.

Nun zog er wieder heim, saß auf seinem Wagen und las den Propheten Jesaja. Der Geist sprach zu Philippus: „Geh hin und halte dich bei diesem Wagen auf!" Philippus lief hin. Als er hörte, daß der Mann den Propheten Jesaja las, fragte er ihn: „Verstehst du auch, was du liest?" Der Kämmerer antwortete: „Wie kann ich, wenn mich niemand anleitet?" Und er bat Philippus, aufzusteigen und sich zu ihm zu setzen.

Er las aber gerade folgendes in der Schrift: „Wie ein Schaf, das zum Schlachten geführt wird, und wie ein Lamm, das vor seinem Scherer verstummt, so tut er seinen Mund nicht auf. Denn sein Leben wird von der Erde weggenommen."

Du findest das auf Seite 157.

Der Kämmerer fragte Philippus: „Ich bitte dich, von wem redet der Prophet, von sich selber oder von jemand anderem?" Da fing Philippus mit diesem Wort der Schrift an und predigte ihm das Evangelium von Jesus.

Und während sie auf der Straße dahinfuhren, kamen sie an ein Wasser. Da sagte der Kämmerer: „Sieh, da ist Wasser; was hindert mich, daß ich mich taufen lasse?" Er ließ den Wagen halten; sie stiegen beide in das Wasser, und Philippus taufte ihn.

Als sie dann aus dem Wasser wieder herausstiegen, entrückte der Geist des Herrn den Philippus, und der Kämmerer sah ihn nicht mehr. Er zog aber fröhlich seines Weges.

Paul Klee

Die Bekehrung des Paulus

Apostelgeschichte 9,1–11a.13–21a

Ein Pharisäer namens Saulus aber schnaubte noch immer mit Drohen und Morden gegen die Jünger des Herrn, wie er es schon die ganze Zeit zuvor getan hatte. Er ging zum Hohenpriester und bat ihn um Briefe an die Synagogen in Damaskus, damit er Anhänger der neuen Lehre gefesselt nach Jerusalem führen könnte, alle, Männer wie Frauen.

Aber als er auf dem Weg war und in die Nähe von Damaskus kam, umleuchtete ihn plötzlich ein Licht vom Himmel. Er fiel auf die Erde und hörte eine Stimme: „Saul, Saul, was verfolgst du mich?" Saulus erwiderte: „Herr, wer bist du?" Der sprach: „Ich bin Jesus, den du verfolgst. Steh auf und geh in die Stadt, da wird man dir sagen, was du tun sollst."

Seine Gefährten aber standen sprachlos; denn sie hörten zwar eine Stimme, aber sie sahen niemanden. Saulus richtete sich von der Erde auf; und als er seine Augen aufschlug, sah er nichts. Da nahmen sie ihn bei der Hand und führten ihn nach Damaskus. Er konnte drei Tage nicht sehen und aß und trank nichts.

In Damaskus war ein Jünger mit Namen Hananias; dem erschien der Herr und sprach zu ihm: „Hananias!" Er antwortete: „Hier bin ich, Herr!" Der Herr sprach weiter zu ihm: „Steh auf und geh in die Straße, die die ‚Gerade' heißt. Frage in dem Haus des Judas nach einem Mann mit Namen Saulus von Tarsus." Hananias aber antwortete: „Herr, ich habe schon von vielen über diesen Mann gehört, wieviel Böses er deinen Heiligen in Jerusalem angetan hat. Er hat Vollmacht von den Hohenpriestern, hier alle gefangenzunehmen, die deinen Namen anrufen."

Doch der Herr sprach: „Geh nur hin; denn ich habe ihn zu meinem Werkzeug auserwählt. Er soll meinen Namen vor Heiden, Könige und vor das Volk Israel tragen! Ich will ihm zeigen, wieviel er wegen mir leiden muß." Da ging Hananias hin, kam in das Haus, legte Saulus die Hände auf und sprach: „Lieber Bruder Saul, der Herr hat mich gesandt – Jesus, der dir auf dem Weg hierher erschienen ist. Du sollst wieder sehend werden, und erfüllt mit dem Heiligen Geist." Sogleich fiel es wie Schuppen von seinen Augen, und er wurde wieder sehend. Er stand auf, ließ sich taufen, nahm Speise zu sich und stärkte sich.

Einige Tage blieb Paulus bei den Jüngern in Damaskus. Er predigte von Anfang an in den Synagogen, daß Jesus der Sohn Gottes ist. Aber alle, die das hörten, entsetzten sich: „Ist das denn nicht derselbe, der in Jerusalem alle vernichten wollte, die diesen Namen anrufen?"

Anfangs, bis zu seiner Taufe, nennt Lukas den Paulus nach der jüdischen Form seines Namens „Saulus"; von da ab benutzt er die römische Form „Paulus". Vielleicht hat Paulus das selbst auch so gemacht.

Klee
Garten im Orient

Paulus in Jerusalem

Apostelgeschichte 9,26–28.31

Als Paulus später nach Jerusalem kam, versuchte er, sich zu den Jüngern zu halten; doch alle fürchteten sich vor ihm. Sie glaubten nicht, daß er jetzt auch ein Jünger Jesu wäre. Ein Jünger mit Namen Barnabas aber nahm ihn zu sich. Er führte ihn zu den anderen Aposteln und erzählte ihnen, wie Paulus auf dem Weg den Herrn gesehen hätte. Und daß der mit ihm geredet hätte und daß Paulus dann in Damaskus frei und offen im Namen Jesu gepredigt hätte.

Danach ging Paulus bei den Jüngern in Jerusalem ein und aus. Er predigte frei und offen im Namen des Herrn. So hatte nun die Gemeinde in ganz Judäa, Galiläa und Samarien Frieden. Sie baute sich auf, lebte in der Furcht des Herrn und vermehrte sich unter dem Beistand des Heiligen Geistes.

Danach wurde Paulus beauftragt, sich auf die Reise zu begeben, um das Evangelium außerhalb Israels – also den Nichtjuden – zu verkünden.

Paulus in Lystra

Apostelgeschichte 14,8–15.18

Paulus kam nach Lystra. Dort war ein Mann, der schwache Füße hatte und nur sitzen konnte. Er war von Geburt an gelähmt und hatte noch nie gehen können. Der hörte Paulus reden und glaubte, ihm könne geholfen werden. Als Paulus das sah, rief er mit lauter Stimme: „Stell dich aufrecht auf deine Füße!" Und der Mann sprang auf und ging umher.

Lystra liegt in der Mitte der heutigen Türkei, etwa 120 km nördlich der Südküste.

Als die Menschen sahen, was Paulus getan hatte, riefen sie auf lykaonisch: „Die Götter sind den Menschen gleich geworden und zu uns herabgekommen!" Und sie nannten Barnabas „Zeus" und Paulus „Hermes", weil er das Wort führte. Da brachte der Priester des Zeus aus dem Tempel vor ihrer Stadt Stiere und Kränze vor das Tor und wollte mit dem ganzen Volk opfern.

Zeus ist der oberste Gott der Griechen; Hermes der Bote der Götter vom Olymp.

Als die Apostel Barnabas und Paulus das hörten, zerrissen sie ihre Kleider, sprangen unter die Menschen und schrien: „Ihr Männer, was macht ihr da? Wir sind doch auch sterbliche Menschen wie ihr! Wir predigen euch das Evangelium: Wendet euch ab von diesen falschen Göttern! Wendet euer Herz zu dem lebendigen Gott, der Himmel und Erde und das Meer gemacht hat, und alles, was darinnen ist." Obwohl Paulus und Barnabas das sagten, konnten sie das Volk kaum davon abbringen, ihnen wie Göttern zu opfern.

Paul Klee

Apostelgeschichte 16,8–12a.13–15

Der Ruf nach Mazedonien

Paulus und seine Begleiter zogen durch Mysien und kamen nach Troas. Einer seiner Begleiter erzählt:

Das ist ein Teil von Griechenland; hier wird erzählt, wie das Christentum nach Europa kommt.

Da sah Paulus nachts eine Erscheinung: Ein Mann aus Mazedonien stand da und bat ihn: „Komm herüber nach Mazedonien und hilf uns!" Als er diese Erscheinung gesehen hatte, beschlossen wir sogleich, nach Mazedonien zu reisen. Wir waren gewiß, daß uns Gott dahin gerufen hatte, um dort das Evangelium zu predigen.

Also fuhren wir von Troas ab und kamen geradewegs nach Samothrake, am nächsten Tag nach Neapolis und von dort nach Philippi. Am Sabbattag gingen wir hinaus vor die Stadt an den Fluß. Wir dachten, daß man sich dort traf, um zu beten. Wir setzten uns und redeten mit den Frauen, die dort zusammenkamen.

Zur Familie gehörten alle, die im Haus lebten, auch Dienstboten und Sklaven.

Auch eine gottesfürchtige Frau mit Namen Lydia hörte zu. Sie war eine Purpurhändlerin aus der Stadt Thyatira. Der Herr tat ihr das Herz auf, und so achtete sie genau darauf, was Paulus redete. Als sie dann mit ihrer Familie getauft worden war, bat sie uns: „Wenn ihr überzeugt seid, daß ich an den Herrn glaube, dann kommt in mein Haus und bleibt da." Und sie drängte uns sehr, mit ihr zu kommen.

Apostelgeschichte 16,16–22

Die Magd mit dem Wahrsagegeist

Als wir zum Gebet gingen, begegnete uns eine Magd, die hatte einen Wahrsagegeist. Sie brachte ihren Herren viel Gewinn ein mit ihrem Wahrsagen. Die folgte Paulus und uns überall hin und schrie: „Diese Menschen sind Knechte des allerhöchsten Gottes, die euch den Weg des Heils verkünden."

Das tat sie viele Tage lang. Paulus war darüber so aufgebracht, daß er sich umwandte und zu dem Geist sprach: „Ich gebiete dir im Namen Jesu Christi, daß du aus ihr ausfährst!" Und sofort fuhr der Geist aus ihr aus.

Als nun ihre Herren sahen, daß damit ihre Hoffnung auf Gewinn auch ausgefahren war, ergriffen sie Paulus und Silas. Sie schleppten sie auf den Markt, führten sie den Stadtrichtern vor und sagten: „Diese Menschen bringen unsere Stadt in Aufruhr. Sie sind Juden und verkünden Ordnungen, die wir weder annehmen noch einhalten dürfen, weil wir Römer sind."

Da wandte sich das Volk gegen Paulus und Silas; die Stadtrichter ließen ihnen die Kleider herunterreißen und befahlen, sie mit Stöcken zu schlagen.

Paulus und Silas im Gefängnis

Apostelgeschichte 16,23–40

Nachdem man sie hart geschlagen hatte, warf man sie ins Gefängnis und befahl dem Aufseher, sie gut zu bewachen. Der warf sie in die innerste Gefängniszelle und schloß ihre Füße in den Block.

Aber um Mitternacht beteten Paulus und Silas und lobten Gott. Plötzlich geschah ein großes Erdbeben, so daß die Grundmauern des Gefängnisses wankten. Sogleich öffneten sich alle Türen, und von allen fielen die Fesseln ab.

Der Aufseher fuhr aus dem Schlaf auf und sah, daß die Türen des Gefängnisses offenstanden. Er meinte, die Gefangenen wären entflohen, zog sein Schwert und wollte sich selbst töten. Paulus aber rief laut: „Tu dir nichts an; wir sind alle hier!" Da forderte der Aufseher ein Licht, stürzte hinein und fiel Paulus und Silas zitternd zu Füßen.

Er führte sie hinaus und fragte: „Liebe Herren, was muß ich tun, damit ich gerettet werde?" Sie antworteten: „Glaube an den Herrn Jesus, dann wirst du und deine Familie selig!"

Und sie predigten ihm und allen, die in seinem Haus waren, das Wort des Herrn. Noch in derselben Stunde nahm er sie zu sich und wusch ihnen die Striemen. Dann ließ er sich und alle die Seinen sogleich taufen. Er führte sie in sein Haus, deckte ihnen den Tisch und freute sich mit seiner ganzen Familie, daß er zum Glauben an Gott gekommen war.

Als es Tag geworden war, sandten die Stadtrichter die Amtsdiener und ließen ausrichten: „Laß diese Männer frei!"

Der Aufseher überbrachte Paulus die Botschaft: „Die Stadtrichter haben ausrichten lassen, daß ihr frei sein sollt. Also kommt heraus und geht in Frieden!" Aber Paulus erwiderte: „Sie haben uns ohne Recht und Urteil öffentlich geschlagen, obwohl wir römische Bürger sind. Sie haben uns ins Gefängnis geworfen – und nun wollen sie uns heimlich fortschicken? Nein! Sie sollen selbst kommen und uns herausführen!"

Wer im damaligen römischen Weltreich das römische Bürgerrecht besaß, hatte viele Vorrechte.

Die Amtsdiener berichteten diese Worte den Stadtrichtern. Die fürchteten sich, als sie hörten, daß es römische Bürger seien. Eilends kamen sie und redeten Paulus und Silas gut zu. Die Stadtrichter führten beide heraus und baten sie, die Stadt zu verlassen.

Da gingen Paulus und Silas aus dem Gefängnis zur Lydia. Und nachdem sie die Brüder gesehen und getröstet hatten, zogen sie fort.

Klee

Paulus in Ephesus

Apostelgeschichte 19,1.23–40;20,1; 21,17–18a

Paulus zog durch das Hochland und kam nach Ephesus. Um diese Zeit gab es nicht geringe Unruhe über die neue Lehre. Da war nämlich ein Goldschmied mit Namen Demetrius. Der machte silberne Tempel der Göttin Diana, verkaufte sie und verschaffte so den Handwerkern einen beträchtlichen Gewinn.

Damit ist das Christentum gemeint.

Deshalb versammelte er die Handwerker und ihre Zuarbeiter und sagte: „Liebe Männer, ihr wißt, daß wir großen Gewinn von diesem Gewerbe haben. Ihr seht und hört, daß dieser Paulus uns viele Menschen, nicht nur in Ephesus, sondern fast in der ganzen Provinz Asia, abspenstig macht. Er überredet sie und behauptet: Was mit Händen gemacht ist, das sind keine Götter!

Die römische Provinz Asia umfaßte die heutige Westtürkei. Ephesus liegt ungefähr in der Mitte der Westküste.

Dadurch kommt nicht nur unser Gewerbe in Verruf, sondern der Tempel der großen Göttin Diana wird auch mißachtet. Außerdem wird ihre göttliche Majestät untergehen, die doch von der ganzen Provinz Asia, ja vom ganzen Weltkreis, verehrt wird."

Als sie das hörten, wurden sie von Zorn erfüllt und schrien: „Groß ist die Diana der Epheser!" Die ganze Stadt wurde voll Getümmel und Aufregung. Alle stürmten zum Theater und ergriffen die Gefährten des Paulus und schleppten sie mit. Als Paulus auch zum Theater unters Volk gehen wollte, ließen es die Jünger nicht zu.

Dort im Theater schrien die einen dies, die anderen das; in der Versammlung ging es drunter und drüber. Die meisten wußten nicht einmal, warum sie zusammengekommen waren. Einige aus der Menge riefen den Alexander nach vorn, den die Juden zu ihrer Verteidigung ausgesucht hatten. Alexander winkte mit der Hand und wollte sich vor dem Volk verantworten. Als sie merkten, daß er ein Jude war, schrie alles wie aus einem Mund, fast zwei Stunden lang: „Groß ist die Diana der Epheser!"

Als der Kanzler dann endlich das Volk beruhigt hatte, sagte er: „Ihr Männer von Ephesus! Wo ist ein Mensch, der nicht weiß, daß die Stadt Ephesus eine Hüterin der großen Diana ist? Jeder weiß, daß das Bild der großen Diana vom Himmel gefallen ist. Jeder weiß auch, daß wir das Bild der großen Diana ehren und beschützen!

Wenn nun Demetrius und die anderen Handwerker einen Anspruch gegen irgendjemanden vorzubringen haben, dann gibt es dafür doch Gericht und den Statthalter; da laßt sie sich untereinander verklagen!

Paul Klee

Wenn ihr aber darüber hinaus noch etwas wollt, dann kann man es in einer ordentlichen Volksversammlung entscheiden. Denn wir stehen in Gefahr, wegen des heutigen Aufruhrs verklagt zu werden. Dann haben wir keinen vernünftigen Grund, mit dem wir diesen Aufruhr entschuldigen könnten."

Und als er das gesagt hatte, ließ er die Leute gehen. Als das Getümmel vorbei war, rief Paulus die Jünger zu sich, nahm Abschied und brach auf, um nach Mazedonien zu reisen.

Als Paulus später nach Jerusalem zurückkam, nahmen ihn die Brüder dort gerne auf. Er traf sich auch mit Jakobus und den Ältesten der Gemeinde.

Wer das römische Bürgerrecht besaß, durfte den Kaiser in Rom als den obersten Richter anrufen.

Die Apostelgeschichte berichtet weiter, daß Paulus nach sieben Tagen verhaftet und gefangengesetzt wurde. Im Lauf der Verhandlung gegen ihn berief er sich als römischer Bürger auf den Kaiser in Rom. Der römische Statthalter Festus antwortete ihm darauf: „Auf den Kaiser hast du dich berufen, zum Kaiser sollst du ziehen!" So kam Paulus nach Rom. Wir wissen noch, daß er dort zwei Jahre lang unter Hausarrest stand, daß er aber Besuch empfangen und predigen konnte. Über sein weiteres Schicksal wissen wir nichts.

18. Jesus Christus ist der Herr

Aus den Briefen des Apostel Paulus

Neben den Jesusgeschichten in den Evangelien und dem Bericht über die ersten Christen in der Apostelgeschichte enthält das Neue Testament noch eine ganze Reihe von Briefen, besonders solche des Apostel Paulus.
Diese Briefe schreibt Paulus an junge Christengemeinden, die er auf seinen Missionsreisen größtenteils selbst gegründet hat. Paulus hat nicht – wie die Evangelisten – Jesusgeschichten erzählt, sondern er hat über Jesus gesprochen (er nennt ihn immer den „Herrn" oder „Christus"): Gott selbst hat seinen Sohn in unsere Welt geschickt, er ist am Kreuz hingerichtet worden, und Gott hat ihn auferweckt von den Toten. Was bedeutet das für uns und für unser Leben?
Was Paulus in seinen Gemeinden gepredigt hat, erklärt und vertieft er in seinen Briefen. Sie sind zum Teil veranlaßt durch Fragen und Probleme, die nach Paulus' Weiterreise in diesen Gemeinden entstanden sind.
Über die Briefe des Paulus kannst Du Dir in den folgenden Ausschnitten aus dem ersten Brief an die Korinther und dem an die Römer einen Eindruck verschaffen.

Das Abendmahl feiern

1. Korinther 11, 17–29.33–34

Die Christen in der griechischen Hafenstadt Korinth trafen sich regelmäßig in Privathäusern zum Gottesdienst. Dabei feierten sie auch das Abendmahl, das sie mit einer gemeinsamen Mahlzeit begannen. Paulus hat nun gehört, daß die Reichen alles, was sie mitbrachten, für sich alleine aßen! Die Armen gingen dann leer aus, wenn sie (vielleicht von der Arbeit) später hinzukamen. Offensichtlich meinte man, das Abendmahl sei eine rein geistliche Angelegenheit, und daß es deshalb beim gemeinsamen Sattessen nicht auf's Teilen ankomme! Dazu schreibt Paulus:

Ich kann es aber nicht loben, daß eure Versammlungen nicht zu eurem Nutzen, sondern zu eurem Schaden führen! Erstens höre ich da von Spaltungen in euren Gemeindeversammlungen, und zum Teil glaube ich das. Es muß ja auch Spaltungen unter euch geben, damit deutlich wird, wer sich bewährt und wer nicht.

Von den Spaltungen schreibt Paulus ab Seite 279 mehr.

Dali
1965

In euren Zusammenkünften wird nicht das Abendmahl des Herrn gefeiert! Denn jeder nimmt beim Essen sein eigenes Mahl schon vorweg; der eine ist dann noch hungrig, der andere schon betrunken! Habt ihr denn keine Häuser, wo ihr essen und trinken könnt? Oder verachtet ihr die Gemeinde Gottes, indem ihr die beschämt, die nichts haben? Was soll ich denn dazu sagen? Soll ich euch dafür etwa loben? Nein, dafür lobe ich euch nicht!

Denn ich habe es vom Herrn selbst empfangen, was ich euch weitergegeben habe, als ich bei euch war:

Dies kannst Du auf den Seiten 213 und 245 nachlesen.

Der Herr Jesus, in der Nacht, da er verraten ward,
nahm er das Brot,
dankte und brach's und sprach:
Das ist mein Leib, der für euch gegeben wird;
das tut zu meinem Gedächtnis.
Desgleichen nahm er auch den Kelch
nach dem Mahl und sprach:
Dieser Kelch ist der neue Bund in meinem Blut;
das tut, sooft ihr daraus trinkt, zu meinem Gedächtnis.

Denn immer, wenn ihr von diesem Brot eßt und aus diesem Kelch trinkt, verkündigt ihr den Tod des Herrn – bis er wiederkommt.

Wer also unwürdig von dem Brot ißt oder aus dem Kelch des Herrn trinkt, der wird am Leib und Blut des Herrn schuldig! Jeder soll sich selbst prüfen, bevor er von diesem Brot ißt und aus diesem Kelch trinkt. Denn wer ohne Achtung vor dem Leib des Herrn davon ißt und trinkt, der ißt und trinkt sich selbst zum Gericht.

Wer die Bedeutung dieses Essens und Trinkens beim Abendmahl mißachtet.

Ihr lieben Brüder! Wenn ihr also zum Essen zusammenkommt, dann wartet aufeinander. Wenn einer Hunger hat, soll er daheim essen, damit ihr euch bei euren Versammlungen nicht das Gericht Gottes zuzieht.

Alles andere will ich ordnen, wenn ich zu euch komme.

Ein Leib – Viele Glieder

1. Korinther 12,12–22.24b-31

Paulus sorgte sich vor allem deshalb um die Gemeinde in Korinth, weil es dort zu Gruppen- und Parteibildungen gekommen war. Verschiedene Begabungen und Fähigkeiten hatten dazu geführt, daß Ehrgeiz und Konkurrenz die Gemeinde spaltete: Einige hielten sich für bessere Christen als andere. Paulus argumentiert dagegen mit einem Bild: Alle Christen sind Glieder eines einzigen Leibes, und dieser Körper ist Christus selbst. Wir sprechen darum auch heute noch davon, daß die Kirche der „Leib Christi ist".

Salvador Dalí

Wir alle gehören zum „Leib Christi"!

Es gibt doch nur einen Leib, der aber hat viele Glieder; und alle die vielen Glieder bilden diesen einen Leib. So ist es auch bei Christus! Wir sind durch den einen Geist Gottes alle zu einem einzigen Leib zusammengetauft worden – ob wir nun Juden oder Griechen, Sklaven oder freie Bürger sind. Wir sind alle mit ein- und demselben Geist getränkt.

Woraus besteht ein menschlicher Körper – ein Leib?

Auch ein Leib besteht nicht nur aus einem Glied, sondern aus vielen. Wenn jetzt der Fuß sagt: Ich bin keine Hand, deshalb gehöre ich nicht zum Körper, wäre er etwa deswegen kein Teil des Körpers? Oder wenn das Ohr sagte: Ich bin kein Auge, deshalb gehöre ich nicht zum Körper, wäre es deswegen etwa kein Körperteil? Wenn der ganze Körper nur Auge wäre, wo bliebe das Gehör? Oder wenn er nur Gehör wäre, wo bliebe der Geruch?

Aber nun hat Gott die Glieder des Körpers eingesetzt, jedes zu seiner Aufgabe im Körper, so wie er das gewollt hat. Wenn nun alle Körperteile ein- und dasselbe wären, wo bliebe dann der ganze Körper? Es sind aber eben viele Glieder, und sie bilden einen Leib.

Da braucht das Auge nicht zur Hand zu sagen: Ich brauche dich nicht; oder der Kopf zu den Füßen: Ich brauche euch nicht! Vielmehr sind gerade die Körperteile, die uns am schwächsten zu sein scheinen, die nötigsten. Und wenn ein Glied leidet, so leiden alle Glieder mit, und wenn ein Glied geehrt wird, so freuen sich alle Glieder mit.

So sollt auch ihr zusammen leben!

Gott selbst hat den Leib so zusammengefügt: Alle Glieder sollen in gleicher Weise füreinander sorgen. Ihr aber seid alle gemeinsam der Leib Christi, und jeder von euch ist eines seiner Glieder.

Wie bei einem menschlichen Körper hat Gott in der Gemeinde verschiedene Glieder eingesetzt: Erstens Apostel, zweitens Propheten, drittens Lehrer, ferner hat er die Gabe verliehen, gesund zu machen, zu helfen, zu leiten und in Zungen zu reden. Ist etwa jeder ein Apostel? Ist jeder ein Prophet? Ist jeder ein Lehrer? Ist jeder ein Wundertäter? Kann jeder heilen? Kann jeder Zungen reden? Kann jeder die Schrift auslegen? Strebt doch danach, daß jeder die besten Gaben hat. Ich will euch jetzt aber einen noch besseren Weg zeigen:

Das ist ein unverständliches Lallen, von dem damals einige dachten, daß so Gottes Geist durch Menschen spricht.

Das Hohe Lied der Liebe

1. Korinther 13

Wenn ich mit Menschen- und mit Engelzungen reden könnte
und hätte die Liebe nicht,
dann wäre ich ein tönendes Erz oder eine klingende Schelle.

Und wenn ich weissagen könnte
und wüßte alle Geheimnisse –
und wenn ich alles durchschauen könnte
und hätte die Erkenntnis der ganzen Welt –
und wenn ich all den Glauben hätte,
mit dem ich Berge versetzen könnte –
und hätte die Liebe nicht,
so wäre ich nichts.

Das meint: prophetisch reden. Darüber kannst Du auf den Seiten 135 und 143 mehr lesen.

Und wenn ich mein Hab und Gut den Ärmsten gäbe
und ließe meinen Leib verbrennen
und hätte die Liebe nicht,
so wäre es mir nichts nütze.

Die Liebe ist langmütig und freundlich,
die Liebe handelt nicht unwillig,
sie spielt sich nicht auf,
sie gibt sich nicht wild und ungebärdig.

Die Liebe sucht nicht den Vorteil für sich,
sie läßt sich nicht erbittern,
sie rechnet das Böse nicht an.

Die Liebe freut sich nicht über Ungerechtigkeit,
sie freut sich aber an Wahrheit.
Sie erträgt alles,
sie hofft alles,
sie glaubt alles,
sie duldet alles.

Die Liebe hört niemals auf,
wenn auch die Weissagungen aufhören werden,
wenn auch das Zungenreden aufhören wird,
auch wenn alles Verstehen aufhören wird.

Denn unser Wissen ist Stückwerk,
und unser Weissagen ist Stückwerk.
Aber wenn das Vollkommene kommen wird,
dann wird das Stückwerk aufhören.

Wenn am Ende aller Tage Christus wiederkommen und sein Friedensreich in der Welt aufrichten wird.

Dalí
1964

Als ich ein Kind war, redete ich wie ein Kind,
war klug wie ein Kind
und hatte kindliche Wünsche.
Als ich aber erwachsen wurde,
legte ich ab, was kindlich war.

Jetzt sehen wir von all dem nur ein dunkles Bild,
wie durch einen trüben Spiegel,
bald aber sehen wir – klar –
wie von Angesicht zu Angesicht.

Jetzt erkenne ich's nur stückweise,
dann aber werde ich alles erkennen,
wie ich von Gott schon erkannt worden bin.

Nun aber bleiben:
Glaube, Hoffnung, Liebe,
diese drei,
aber die Liebe ist das Größte!

Über die Auferstehung

Paulus ist Apostel geworden, weil ihm vor Damaskus der auferstandene Jesus begegnet war. Der am Kreuz gestorbene Jesus kann aber nur auferstanden sein, wenn es Gott selbst war, der ihn auferweckte. Damit hat Gott gezeigt, daß er auch uns eines Tages vom Tod auferwecken wird. In Korinth gab es Christen, die das bestritten. Sie meinten wohl, unsere „Auferstehung" sei schon geschehen. Sie sei dadurch geschehen, daß wir schon jetzt als Christen und Kinder Gottes in einem neuen Leben stehen. Darüber schreibt Paulus in seinem Brief ein berühmtes Kapitel. Er beginnt damit, daß er noch einmal klarstellt, woher und warum er so sicher weiß, daß Jesus auferstanden ist.

Du kannst die Geschichte nachlesen auf Seite 269.

Jesus ist auferstanden!

1. Korinther 15,1a.3–11

Liebe Brüder!
Ich erinnere euch an das Evangelium, das ich euch verkündigt habe. Als erstes habe ich euch das weitergegeben, was ich auch selbst empfangen habe:

Christus ist für unsere Sünden gestorben, wie es in den alten Schriften steht. Er ist begraben worden, und er ist am dritten Tag auferstanden, wie es in den alten Schriften steht. Und er ist gesehen worden: erst von Petrus, dann von den Zwölfen. Danach ist er von mehr als fünfhundert Brüdern auf einmal gesehen worden; die meisten leben heute noch, einige sind aber

Salvador Dalí

schon gestorben. Dann ist er auch noch einmal von Jakobus gesehen worden und auch von allen Aposteln.

Zuletzt schließlich ist er auch von mir gesehen worden, von mir, der „Fehlgeburt"! Ich bin ja doch der geringste von allen Aposteln, eigentlich unwürdig, Apostel genannt zu werden, denn ich habe die Gemeinde Gottes verfolgt. Aber durch Gottes Gnade bin ich, was ich bin!

Und seine Gnade an mir war nicht vergeblich: Ich habe viel mehr als die anderen Apostel gearbeitet. Aber das war nicht ich, sondern es war Gottes Gnade, die mit mir ist. Ob es sich aber nun um mich handelt oder um die anderen: Es ist eben diese Botschaft, die wir predigen, und dadurch seid ihr zum Glauben gekommen!

1. Korinther 15, 12–19

Die Auferstehung der Toten ist nichts?

Wenn Gott aber Jesus auferweckt hat, dann hat er doch in diesem einen Fall schon gezeigt, daß er Tote auferwecken kann und will. Wenn also jemand unsere zukünftige Auferstehung bestreitet, dann leugnet er damit auch die Auferstehung Jesu!

Wenn aber doch gepredigt wird, daß Christus von den Toten auferstanden ist, wieso sagen dann einige von euch, die Auferstehung der Toten sei nichts? Es gäbe keine Auferstehung der Toten?

Wenn es keine Auferstehung der Toten gibt, dann ist auch Christus nicht auferstanden. Wenn Christus aber nicht auferstanden ist, dann ist unsere ganze Predigt umsonst – und euer Glaube vergeblich! Dann wären wir auch als falsche Zeugen Gottes entlarvt. Wir haben ja von Gott bezeugt, er habe Christus auferweckt! Aber wenn die Toten nicht auferstehen, dann hätte er ihn ja auch nicht auferweckt!

Wenn die Toten nicht auferstehen, dann ist Christus auch nicht auferstanden. Wenn Christus aber nicht auferstanden ist, dann ist euer Glaube nichts. Dann aber seid ihr immer noch in euren Sünden und seid getrennt von Gott. Und dann sind auch die verloren, die schon als Christen gestorben sind. Wenn wir nur für dieses Leben auf Christus hoffen, dann sind wir die elendesten aller Menschen!

1. Korinther 15, 20–26

Wir werden auferstehen!

Diese Geschichte kannst Du nachlesen auf den Seiten 11–14.

Jesus aber ist auferstanden, daran gibt es für Paulus keinen Zweifel. Aber was hat das mit unserer Auferstehung zu tun? Paulus erinnert an Adam als den ersten Menschen und nennt Jesus einen neuen „Adam": So wie durch den ersten Adam der Tod in unsere Welt kam, so kommt mit Jesus das neue Leben. Damit aber ist der Tod besiegt, der bisher diese Welt beherrscht; Jesus ist der neue Herrscher.

Aber nun ist Christus auferstanden von den Toten, als Erster aller Gestorbenen. Und so wie durch den einen einzigen Menschen der Tod in die Welt gekommen ist, so kommt auch durch einen einzigen Menschen die Auferstehung der Toten: So wie nämlich in Adam alle sterben, so werden in Christus alle lebendig gemacht werden.

Jeder aber, wenn er an der Reihe ist: zuerst Christus, dann – bei seiner Wiederkunft – alle, die zu ihm gehören. Danach kommt das Ende: Nachdem Christus alle andere Herrschaft, jede andere Obrigkeit, jede Gewalt vernichtet hat, übergibt er die Herrschaft Gott, dem Vater. Denn Christus soll solange herrschen, bis Gott ihm „alle Feinde unter seine Füße legt."

Und der letzte Feind, der vernichtet wird, das ist der Tod!

Wie werden wir auferstehen?

1. Korinther 15,35–45

Und wie genau wird das sein mit der Auferstehung? Wie werden wir dann aussehen? Niemand kann sich das vorstellen wollen, sagt Paulus. Gott macht jedenfalls alles neu. Es gibt keine Vergänglichkeit mehr, keine Schwachheit, denn der Tod ist ja besiegt.
Paulus benutzt wieder ein Bild: Das Samenkorn in der Erde vergeht. Gott schafft eine neue Pflanze. Die aber sieht ganz anders aus als das Samenkorn. So wird es auch mit uns sein:

Es könnte aber jemand fragen: „Wie genau werden denn die Toten auferstehen? Mit was für einem Leib?"

Du Narr! Das Samenkorn, das du säst, wird doch nicht wieder lebendig! Das stirbt doch, während Gott es keimen und wachsen läßt! Du säst doch nicht die Frucht, die erst werden soll! Du säst doch bloß das Samenkorn, ob das nun Weizen ist oder irgendetwas anderes! Es ist Gott, der daraus Neues wachsen läßt! Nach seinem Willen gibt er jedem Samen seine eigene neue Gestalt, seinen eigenen Leib.

Es ist doch auch nicht alles Fleisch das gleiche Fleisch. Das Fleisch des Menschen ist eine andere Art, das vom Vieh eine andere. Und wieder eine andere ist das der Vögel oder das der Fische. Auch gibt es himmlische Körper und irdische Körper, aber die himmlischen haben eine ganz andere Pracht als die irdischen. Der Glanz der Sonne ist einer und der des Mondes ist ein anderer. Und wieder ein anderer ist der jedes einzelnen Sternes, denn durch seinen Glanz unterscheidet sich ein Stern vom anderen.

So ist es auch mit der Auferstehung der Toten:
Es wird gesät verweslich, aber auferstehen wird es unverweslich.
Es wird gesät in Unehre, aber auferstehen wird es in Herrlichkeit.

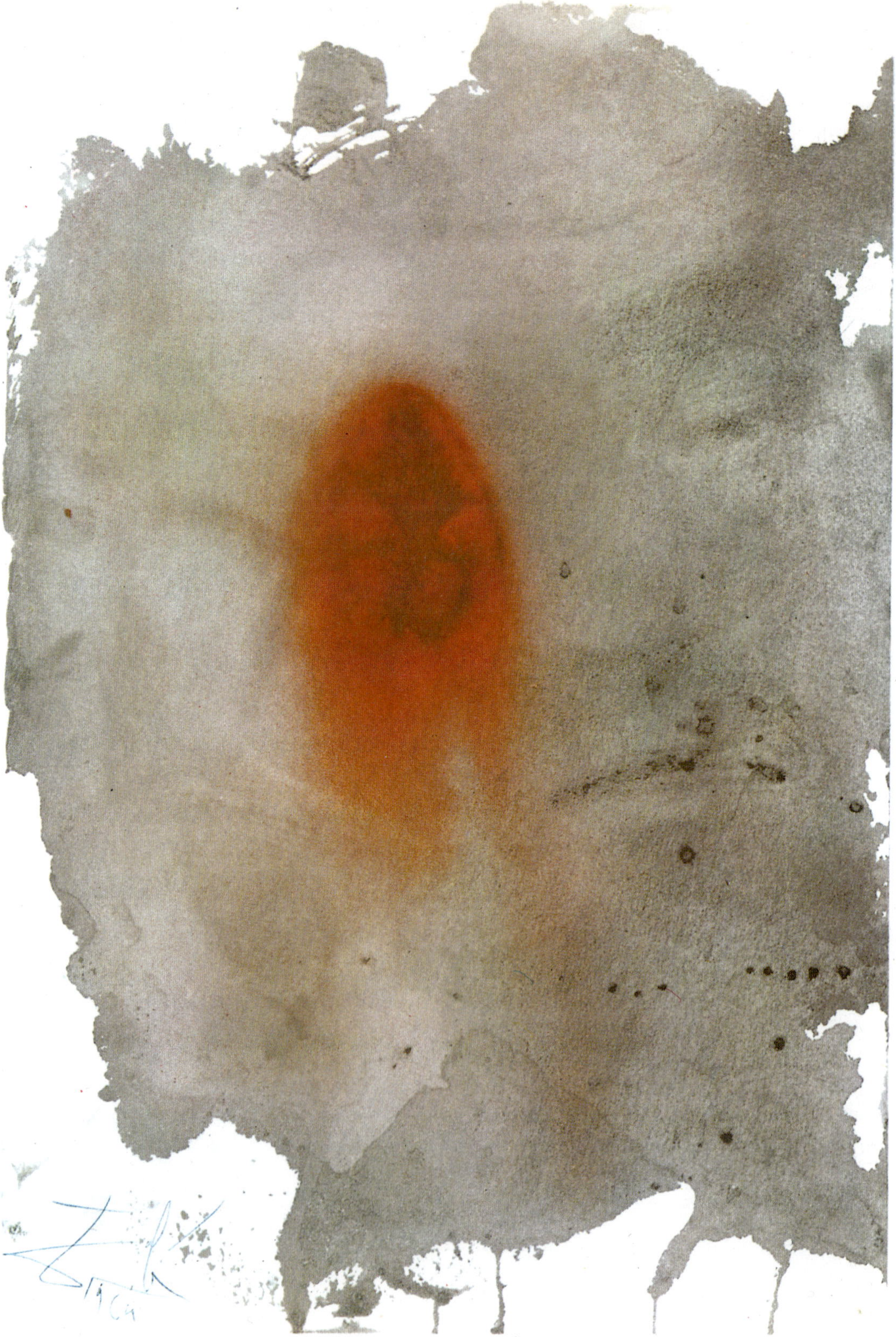

Es wird gesät in Schwachheit, aber auferstehen wird es in Kraft.
Es wird gesät ein natürlicher Leib, aber auferstehen wird ein geistlicher Leib.

Und so wie es einen natürlichen Leib gibt, so gibt es auch einen geistlichen Leib. Im 1. Buch Mose steht geschrieben, daß der erste Mensch, Adam, „zu einem lebendigen Wesen wurde". Und der letzte Adam wird zum Geist, der Leben schafft.

Lies das auf Seite 11!

Gemeint ist Jesus Christus.

Tod, wo ist dein Stachel?

1. Korinther 15,54b-55.57–58

Nur weil Paulus in diesen Fragen so sicher ist, hat er die Kraft zu seiner unermüdlichen Arbeit. Er nennt sie „Werk des Herrn", weil er sich als Gottes Werkzeug weiß. In seinem Auftrag verkündigt er die Botschaft von der Liebe Gottes zu seinen Menschen. Jeder, der davon überzeugt ist, wird selbst zum Verkünder, zum Arbeiter am Werk des Herrn:

Der Tod ist verschlungen vom Sieg.
Tod, wo ist dein Stachel?
Hölle, wo ist dein Sieg?
Gott aber sei Dank, der uns den Sieg gibt
durch unseren Herrn Jesus Christus!

Meine lieben Brüder! Seid deshalb fest und unerschütterlich! Nehmt immer mehr zu im Werk des Herrn, denn ihr wißt ja, daß eure Arbeit im Herrn nicht vergeblich ist!

Was bedeutet Taufe?

Römer 6,3–11

In seinem Brief an die Christengemeinde in Rom schreibt der Apostel Paulus über die Taufe. Dabei geht er von der folgenden Überlegung aus:
Wenn Gott die Sünder so sehr liebt (davon hat auch Jesus immer wieder gesprochen), dann könnte ja einer auf die Idee kommen: Ich muß ein ganz besonders großer Sünder werden, damit mich Gott auch ganz besonders liebt!
Nein, schreibt Paulus, das kann so nicht sein. Denn in der Taufe ist unser alter Mensch im Wasser gestorben. Über den konnte die Sünde herrschen, aber der ist jetzt tot! Und dann schreibt er weiter:

Ihr wißt doch, daß wir alle auf Jesus Christus getauft sind. Damit sind wir auch mit ihm in seinen Tod hinein getauft. Und damit sind wir auch mit ihm begraben. Christus ist aber dann durch die Herrlichkeit Gottes, des Vaters, von den Toten auferweckt worden. Und damit wandeln auch wir jetzt mit ihm in einem neuen Leben.

Salvador Dalí

Durch die Taufe sind wir mit Christus verbunden; wir sind ihm in seinem Tod gleich geworden. Und damit werden wir ihm auch in der Auferstehung gleich sein. Wir wissen doch: Unser alter Mensch ist mit ihm gekreuzigt. Dadurch ist unser Körper für die Sünde vernichtet, und damit dienen wir jetzt der Sünde nicht mehr. Wir sind von ihr frei geworden.

Und wenn wir mit Christus gestorben sind, glauben wir, daß wir auch mit ihm leben werden. Christus ist von den Toten auferweckt, also stirbt er jetzt nicht mehr; über ihn kann der Tod nicht mehr herrschen. Denn durch seinen Tod ist er ein für allemal der Sünde weggestorben, und was er jetzt lebt, das lebt er für Gott. Also gilt das auch für euch: Ihr seid der Sünde weggestorben und lebt jetzt in Jesus Christus für Gott!

Römer 8,31b-35. 38–39

Gott ist für uns, wer kann gegen uns sein?

Weil wir wissen, daß Gott uns liebt, so wie wir sind, können wir ganz selbstbewußt sein: Nichts auf der Welt kann uns von dieser Liebe trennen. Wir können ganz sicher sein! So schreibt Paulus:

Ist Gott für uns, wer mag gegen uns sein? Er hat seinen eigenen Sohn nicht verschont. Er hat ihn für uns alle dahingegeben; wie sollte er uns mit ihm nicht alles schenken?

Wer will die Auserwählten Gottes beschuldigen? Gott ist hier, der uns gerecht macht. Wer will uns verdammen? Christus ist hier, der gestorben ist. Ja, es ist noch viel mehr: Er ist auch auferweckt und sitzt zur Rechten Gottes und vertritt uns.

Wer will uns scheiden von der Liebe Gottes?
Weder Trübsal noch Angst,
weder Verfolgung noch Hunger,
weder Gefahren noch das Schwert des Krieges!

Denn ich bin gewiß,
daß weder Tod noch Leben,
weder Engel noch Mächte noch Gewalten,
weder Gegenwärtiges noch Zukünftiges,
weder Hohes noch Tiefes
noch eine andere Kreatur uns scheiden kann
von der Liebe Gottes, die in Christus Jesus ist, unserm Herrn.

Den Lobgesang auf Jesus Christus aus dem Brief des Apostel Paulus an die Philipper kannst Du auf der Seite 166 nachlesen.

19. Zur Ehre Gottes

Aus der Offenbarung des Johannes

Gruß an die sieben Gemeinden

Offenbarung 1,4a. 1a.3.5a.7a.8;3,22

Johannes schreibt an die sieben Gemeinden in der Provinz Asien:
Dies ist die Offenbarung Jesu Christi, von Gott gegeben:

Selig, der liest die Worte der Weissagung.
Selig, die sie hören und behalten. Die Zeit ist nahe.

Gnade sei mit euch und Friede von Jesus Christus,
dem treuen Zeugen,
dem Erstgeborenen von den Toten
und dem Herrn über die Könige auf Erden!

Siehe,
er kommt mit den Wolken,
alle Augen werden ihn sehen,
es werden ihn sehen alle,
die ihn durchbohrt haben.
Ja! Amen!

„Ich bin das A und das O,“
spricht Gott der Herr,
„Gott, der Herr,
der da ist,
und der da war,
und der da kommt,
der Allmächtige.“
Wer Ohren hat, der höre,
was der Geist den Gemeinden sagt!

Im griechischen Alphabet ist das „O“ der letzte Buchstabe.

Vor dem Thron Gottes

Offenbarung 4, 2–5a.6–9a.10–11

Danach wurde ich vom Geist ergriffen:
Siehe, ein Thron stand im Himmel,
und auf dem Thron saß einer.
Der war anzusehen wie die Steine Jaspis und Sarder.
Um den Thron war ein Regenbogen wie von Smaragd.

Und um den Thron noch vierundzwanzig andere Throne.
Darauf vierundzwanzig Älteste
mit weißen Kleidern und goldenen Kronen.
Blitze gingen aus von dem Thron, Stimmen und Donner.
Vor dem Thron war's wie ein gläsernes Meer,
gleich dem Kristall.

Um den Thron, in der Mitte, vier himmlische Gestalten:
Die erste Gestalt – gleich einem Löwen.
Die zweite Gestalt – gleich einem Stier.
Die dritte Gestalt – ein Gesicht wie ein Mensch.
Die vierte Gestalt – gleich einem Adler im Flug.

Sie riefen Tag um Tag,
Nacht um Nacht sangen sie,
ohne Anfang, ohne Ende:

„Heilig, heilig, heilig ist Gott der Herr,
der Allmächtige,
der da war und der da ist
und der da kommt."

Wenn sie dem auf dem Thron Preis, Ehre und Dank gaben,
dann fielen die vierundzwanzig Ältesten nieder
vor dem, der auf dem Thron saß.
Sie beteten den an, der lebt
von Ewigkeit zu Ewigkeit
und legten ihre Kronen nieder vor dem Thron:

„Herr, unser Gott,
würdig bist du,
Preis, Ehre und Kraft zu nehmen.
Alle Dinge hast du geschaffen.
Durch deinen Willen waren sie,
durch deinen Willen wurden sie geschaffen."

*Facundus-Handschrift
aus dem 11. Jahrhundert*

Offenbarung 21,1–7

Lies dazu Seite 153!

Das neue Jerusalem

Und ich sah:
Einen neuen Himmel und eine neue Erde.
Denn: Der erste Himmel ist vergangen,
und die Erde ist vergangen,
und das Meer – es ist nicht mehr!

Und ich sah:
die Heilige Stadt,
das neue Jerusalem,
von Gott aus dem Himmel herabkommen,
bereitet wie eine Braut,
die für ihren Mann geschmückt ist!

Und ich hörte
eine große Stimme von dem Thron her erschallen:
„Siehe da,
die Hütte Gottes bei den Menschen!
Bei ihnen wird Er jetzt wohnen,
sein Volk werden sie sein,
und Er selbst wird ihr Gott sein!

Abwischen wird Gott
alle Tränen von ihren Augen,
nicht mehr sein wird der Tod,
nicht mehr sein werden Leid, Geschrei und Schmerz,
denn vergangen ist das Erste!"

Und ich hörte den auf dem Thron sprechen:
„Siehe, ich mache alles neu!"
Und er sprach:
„Schreibe es auf! Denn:
Diese Worte sind wahrhaftig und gewiß!"
Und er sprach:
„Geschehen ist es schon! Denn:
Ich bin das A und das O,
der Anfang und das Ende!
Dem Durstigen will ich geben
von der Quelle des lebendigen Wassers – umsonst!
Das alles wird ererben,
der überwindet;
sein Gott werde ich sein,
mein Sohn wird er sein!"

Verzeichnis der Künstler und der Bilder

Seite 3 oben: *Bavaria Bildagentur GmbH, Gauting (Riecke)*
unten: *Bildagentur Schapowalow, Hamburg (Nebbia)*

Karel Malich (*1924) tschechoslowakischer Maler:
S. 4 Licht I, 1989
S. 6 Licht VI, 1988
S. 8 Ich habe es gesehen, 1989
© *Karel Malich, Prag*

Mosaiken aus Monreale (12./13. Jh.):
S. 12 Erschaffung des Mannes
S. 16 Dankopfer und Regenbogen
© *Foto Lo verso, Monreale/PA*

Alexej von Jawlensky (1864–1941) dt.-russ. Maler:
S. 20 Kopf mit offenen Augen (Marie 2.), 1901
S. 26 Stilles Leuchten (Helene), 1904
S. 30 Warmes Licht (Mädchen mit Strohhut), 1905
S. 34 Urform (Helene), 1904
© *VG Bild-Kunst, Bonn, 1992*

Rembrandt (1606–1669) niederl. Maler:
S. 38 Jakobs Schmerz
S. 40 Traumauslegung
S. 42 Vor Pharao
S. 46 Brüder berichten dem Vater
S. 48 Josef gibt sich zu erkennen

Marc Chagall (1887–1985) frz.-russ. Maler:
S. 50 Moses wird aus dem Wasser gerettet, 1931
S. 54 Moses und Aaron vor Pharao, 1931
S. 58 Israeliten essen das Osterlamm, 1931
S. 64 Moses empfängt die Gesetzestafeln, 1931
S. 66 Die Hebräer beten das goldene Kalb an, 1931
© *VG Bild-Kunst, Bonn, 1992*

Byzantinische Miniaturen, Buchmalerei (13. Jh.):
Oktateuch Miniaturen von Watopédi
Das Buch Josua – Das Buch der Richter
S. 72 Eroberung Jerichos
S. 79 Simsons Hochzeit und Rätsel
S. 81 Simsons Rache

Jean Dubuffet (1901–1985) frz. Maler:
S. 84 Sie halten Rat, 1947
S. 90 Bart der Gefechte, 1959
S. 94 Orangefarbene Erde mit drei Männern, 1953
S. 98 Sans titre, 1985
S. 102 Madame Mouche, 1945
S. 108 Chaussée aux passants, 1981
S. 112 Mademoiselle Mine Orange, 1950
© *VG Bild-Kunst, Bonn, 1992*

Jerry Zeniuk (*1945) amerikanischer Maler:
S. 116 Untitled No. 131, 1989
S. 122 Untitled No. 119, 1988
S. 126 Untitled No. 113, 1987
S. 130 Untitled No. 126, 1989
© *Konrad Fischer, Düsseldorf*

Rafael Canogar (*1935) span. Maler:
S. 134 El Desolado, 1970
S. 138 oben: La Demonstración, 1969
unten: Fraternidad, 1969
S. 142 Botella Flamenca, 1986
S. 146 Personalje Presuntuoso, 1984
S. 150 Romeo y Julietta, 1986
S. 154 Composiciòn II, 1986
S. 158 Imagen de un Tumulto Callejero, 1967
© *VG Bild-Kunst, Bonn 1992*

Katakombenmalereien (4. Jh.):
S. 163 Der vom Walfisch ausgespuckte Jonas
S. 165 Der ruhende Jonas

S. 169 oben: *Bildagentur Schapowalow, Hamburg (Loos)*
unten: *Transglobe Agency, Hamburg (Koene)*

Joan Miró (1893–1983) span. Maler:
S. 172 Blau III, 1961
S. 174 Blau I, 1961
S. 176 Blau II, 1961
© *VG Bild-Kunst, Bonn, 1992*

Emil Nolde (1867–1956) dt. Maler:
S. 180 Gebirge
S. 184 Freundin
S. 188 Familie (dunkelblau und grün)
S. 192 Der singende Greis
S. 198 Alte Männer und Frau
S. 202 Streitgespräch
S. 206 Gruppe mit Kindern
aus: „Ungemalte Bilder" 1938–45

S. 208 Eremit im Baum, 1931
S. 211 Sonnenaufgang, St. Gallen 1895
© *Nolde-Stiftung Seebüll*

Arnulf Rainer (*1929) österr. Maler:
S. 212 Atomisation, 1950–51
S. 214 Christusgesicht, 1983/84
S. 218 Totenmaskenübermalung, 1982/84 (Adolph von Menzel)
S. 222 Christusübermalung, 1981–84
© *Atelier A. Rainer, Wien*

Georges Rouault (1871–1958) frz. Maler:
S. 226 Flucht nach Ägypten I, um 1945
S. 230 Abenddämmerung, 1937
S. 234 Clown, um 1907/08
S. 238 Der alte König, 1937
S. 244 Die Frau mit dem schwarzen Handschuh, 1908
S. 248 Ecce Homo (Profil), um 1913

S. 252 Ecce Homo, vollendet 1942
© VG Bild-Kunst, Bonn, 1992

Pablo Picasso (1881–1973) span. Maler:
S. 256 Sitzende Frau in einem Sessel, 1948
S. 260 Schwimmende Frau, 1929
© VG Bild-Kunst, Bonn, 1992

Paul Klee (1879–1940) dt.-schweiz. Maler:
S. 264 Auserwählte Stätte, 1927, 238
S. 268 Schwarzer Fürst (Prinz), 1927, 24
S. 270 Garten im Orient, 1937, 167 (S7)
S. 274 Götzenpark, 1939, 282
© VG Bild-Kunst, Bonn, 1992

Salvador Dalí (1894–1989) span. Maler:
S. 278 Abendmahl, 1965
S. 282 Auferstehung, 1964
S. 286 Kreuzigung, 1964
*© VG Bild-Kunst, Bonn 1992 *1, Demart pro arte B. V.*

Facundus-Handschriften des Beatus (1047):
S. 290 Das himmlische Jerusalem

Nachweis der original abgedruckten Texte aus der revidierten Lutherübersetzung von 1984

S. 17: Solange … Tag und Nacht. 1. Mose 8,22
S. 31: Siehe, der … wer dich segnet! 1. Mose 27,27b–29
Siehe … reißen wirst. 1. Mose 27,39b–40
S. 61: Laßt uns … ins Meer gestürzt! 2. Mose 15,21b
S. 65: Die zehn Gebote. 2. Mose 20,2–17
S. 117: Der ist wie … gerät wohl. Psalm 1,3
S. 119–120: Der gute Hirte. Psalm 23
S. 120–121: Eine feste Burg ist unser Gott. Psalm 46 (außer V. 5)
S. 123: Das Lied von Gottes Barmherzigkeit. Psalm 103 i. A.
S. 125: Herr, wie … Güter. Psalm 104,24
S. 125/127: Woher kommt mir Hilfe? Psalm 121
S. 129/131: Das große Halleluja. Psalm 150
S. 131–133: Weisheit. Aus den Büchern Sprüche und Prediger
S. 139: Denn mein Volk tut … und kein Wasser geben. Jeremia 2,13
S. 147–148: Jesaja bringt dem Volk die frohe Botschaft. Jesaja 52,7–9a. 10b–12
S. 148: Gott wird sein Volk wieder annehmen. Jesaja 54,4a.7–8.10
S. 155: Das Volk, das im Finstern … Friede-Fürst. Jesaja 9,1.5
S. 156–157: Wir sahen ihn … vor seinem Scherer. Jesaja 53,2b–5.7
S. 157: Der Prophet Sacharja singt vom Messias. Sacharja 9,9
S. 162–163: Ich rief … mein Gott. Jona 2,2b–7
S. 171: Und der Engel kam … wird kein Ende haben. Lukas 1,28–32.33b
S. 177–178: Jesu Geburt. Lukas 2,1–21a
S. 189: Blinde sehen … ärgert an mir. Lukas 7,22b–23
S. 200: Bittet, so wird … dem wird aufgetan. Lukas 11,9b–10
S. 201: Es sind Letzte … die Letzten sein. Lukas 13,30
S. 207: Wer sich selbst erhöht … erhöht werden. Lukas 18,14b
S. 215: Und er nahm das Brot … das für euch vergossen wird. Lukas 22,19–20
S. 225: Und du … weiden soll. Matthäus 2,6
S. 227: ein Geschrei … aus mit ihnen. Matthäus 2,18
S. 228: Selig sind … Matthäus 5,1–10
S. 229: Vater unser … Matthäus 6,5–13
S. 231: Seht die Vögel unter dem Himmel … das alles zufallen. Matthäus 6,26.28–29.31–33
S. 232: Kommt her zu mir … erquicken. Matthäus 11,28
S. 237/239: Ich bin hungrig gewesen … das habt ihr mir getan! Matthäus 25,35–40
Ich bin hungrig gewesen … mir auch nicht getan. Matthäus 25,42–45 (nur direkte Reden)
S. 254: Mir ist gegeben … der Welt Ende. Matthäus 28,18b–20
S. 257: Ich bin das Brot … nimmermehr dürsten. Johannes 6,35
Ich bin das Licht … des Lebens haben. Johannes 8,12
S. 258: Ich bin die Auferstehung … der wird nimmermehr sterben. Johannes 11,25–26
Ich bin der Weg … durch mich. Johannes 14,6
S. 259: Ein neues Gebot … Liebe untereinander habt. Johannes 13,34a.35
S. 266: Sie blieben aber beständig … und im Gebet. Apostelgeschichte 2,42
S. 279: Der Herr Jesus, in der Nacht … zu meinem Gedächtnis. 1. Korinther 11,23b–25
S. 288: Denn ich bin gewiß … unserem Herrn. Römer 8,38–39

Inhalt

Das Alte Testament

Das Neue Testament

987 654